本书获 2016 年度教育部人文社会科学研究规划基金一般项目

"联合国教科文组织语言规划观及其中国实践研究"

（项目编号 16YJA740009）资助。

多语环境下的
母语建构与母语社区规划研究

方小兵 ┃ 著

中国社会科学出版社

图书在版编目(CIP)数据

多语环境下的母语建构与母语社区规划研究 / 方小兵著 . —北京：
中国社会科学出版社，2017.10
ISBN 978 - 7 - 5203 - 1363 - 6

Ⅰ.①多…　Ⅱ.①方…　Ⅲ.①母语 – 研究　Ⅳ.①H003

中国版本图书馆 CIP 数据核字 (2017) 第 273488 号

出 版 人　赵剑英
责任编辑　宫京蕾
特约编辑　李晓丽
责任校对　沈丁晨
责任印制　李寡寡

出　　版　中国社会科学出版社
社　　址　北京鼓楼西大街甲 158 号
邮　　编　100720
网　　址　http://www.csspw.cn
发 行 部　010 - 84083685
门 市 部　010 - 84029450
经　　销　新华书店及其他书店

印刷装订　北京君升印刷有限公司
版　　次　2017 年 10 月第 1 版
印　　次　2017 年 10 月第 1 次印刷

开　　本　710 × 1000　1/16
印　　张　20.75
插　　页　2
字　　数　355 千字
定　　价　89.00 元

序

　　什么是"母语"？学界内外目前对此没有统一的认识。"母语"是"最先学会的语言"吗？是"最贴切表达个人的思想感情的语言"吗？是"感觉最亲切的语言"吗？是地域认同或民族认同的语言吗？或者都是，或者都不是？有兴趣的读者，可以在本书中找到有关答案。从学术角度看，本书是目前关于"母语"概念的最详尽的讨论；书中也提供了许多详尽生动的语言习得、语言使用和语言认同的研究案例。

　　无论是从语言学理论还是从语言规划研究的视角，"母语"课题都是一个高难度的前沿课题。关于"母语"，一些有影响的学术著述中已经提出了一些彼此矛盾的观点，缺乏系统性的理论研究也对语言规划的实践带来了不利的影响。方小兵是一位严谨的学者。他选择以"母语"为研究课题，首先是从学科本身的需要出发。目前，关于"母语"概念的片面的、模糊的理解以及混乱的使用已经开始限制和影响语言学的发展，本书的研究成果及时地填补了有关基础研究的空白。与此同时，方小兵也选择了语言规划的视角并且紧密结合了我国的实际。从这一点看，研究方向和研究内容的选择也体现了研究者的"家国情怀"。

　　本书不仅提供了母语研究的详尽的文献综述，讨论了已有的典型个案，还报告了作者自己设计的实验研究的过程和结果。在此基础上，作者应用社会建构理论、语言习得理论、言语社区理论等对"母语建构""母语能力""母语权利""方言母语""双母语"等问题进行了多维度、多视角的讨论，提出了一系列新观点。

　　什么是母语？方小兵在此给出了一个迄今为止最充实的答案。他的答案兼有语言学的学科视野和跨学科的思考和领悟；既有对前人成果的继承，也有自己的综合和创新；既有理论的建设，也有贴切的例证。难能可贵的是，在国内现有的图书信息条件下，本书作者跟踪了国内外学者的最新研究成果。以此而论，本书的理论创新已经领先国际，充分显示了新时期我国人文社会科学研究的新水平。从本书中我们看不到"独树一帜"的国别语言学的影子，看到的是我国青年学者走向世界、融入世界，攻克难题、领先国际的踏实学术成果。

　　作为方小兵曾经的论文导师、多年的同事和朋友，我在此对他这本专著的出版和取得的其他成果表示衷心的祝贺。同时也期望他再接再厉，取得更多的成果！

徐大明

2017 年 5 月 24 日

于澳门

目　录

第一章

绪　论

第一节　研究缘起

在各类语言学类著作中，"母语"是一个高频词，有许多相关的术语和概念，如"（非）母语者""母语能力""母语习得""母语迁移""母语磨蚀""母语维持""母语优势""母语社区""母语认同""母语资源""母语濒危""母语权利""国际母语日"，等等。即使在其他学科（如人类学、教育学、心理学、社会学、认知科学等）文献中，也常常可以看到诸如"母语文化""母语文学""母语教育""母语教材""亲近母语""母语思维""母语污染""母语危机""母语传承""民族母语""母语保护""母语安全"之类的表述。

乍看上去，母语概念似乎明白无误、毋庸置疑。目前关于母语的研究也几乎不涉及母语概念本身，而是把母语看作一个不言自明的概念，研究内容主要是关于母语的应用性研究，很少有探讨母语的性质、特征、功能、地位的专门性研究，更缺乏系统的母语理论的整体建构。另一方面，由于长期以来"母语"一词使用的广泛性和随意性，它甚至已经变得不太像一个专门的术语了。一些语言学词典（如《牛津语言学词典》、《现代语言学词典》）不再将"母语"作为单列的条目。有的词典即使单列，也采用参见"本族语"或"第一语言"的导引形式。

然而，母语并非一个内涵和外延都清晰明确的概念。实际上，它是一个充满争议的话题，比如：为什么是"母语"而不是"父语"？聋哑儿童有没有母语？（或者：手语是聋哑人的母语吗？）是否存在没有母语的民族（如200年前的犹太人，以及当今中国的回族人，他们的民族母语是什么)？普通话是中国人的母语吗？有没有双母语的人（如族际婚姻家庭儿童)？母语习得有无截止期（或曰"临界期")？如何确定母语能力评测标准——是可懂度、流利度，或是句法敏感性？在非白人国家（如新加坡、印度等)，英语是否具有（个人或群体）母语地位？如何解决母语权利中的"伦理学悖论"（政府鼓励学习，家庭却自愿放弃)？诸如此类，不一而足。

传统的母语概念主要是以单语社区的单语人为研究对象的，母语既是"家庭中最先习得的语言"，也是"所属民族的语言""使用能力最强的语言""具有身份和归属感的语言""使用最广泛的语言"，等等。在单语环境下，这些属性基本上是重合的。然而在多语环境下，母语的界定与识别就遇到了问题。斯古纳伯－康格斯（Skutnabb-Kangas，1981）指出，对于双语和多语人，上述每一个标准可能都会给讲话人赋予一种母语，很难说哪一种是母语。

尽管大多数语言学工具书在定义母语时都有"一个人从小（自幼)……"之类的表述，学者也都基本认可这一说法，但是在实际调查研究中，并不真正遵守这一界定。比如，《中国语言生活状况报告（2013)》收录了《北方较小民族母语衰变与语言保护》一文，作者丁石庆（2013）将鄂伦春族"母语习得的时间"分为三个类型："从小就会""上学后""工作后"，比例分别为70.9%、8.1%和21.0%。也就是说，许多鄂伦春人是在工作以后才"习得"本民族语的，这样的"母语"概念似乎与工具书中的"从小（自幼)"不相吻合。同样，有学者提出将标准语称为"社会母语"（如王宁、孙炜，2005）或"国家母语"（如王珏，2009)，这种群体性定义似乎忘记了工具书定义中"一个人……"的个体性界定。在这里，是工具书的定义不够完善，还是学者的观点存在疏漏？事实上，研究者们对"母语"的理解一直存在重大分歧，也从来没有停止过对这一术语的争论。

在全球化背景下，移民规模迅速扩大，族际婚姻家庭急剧增多，语言接触面扩展和接触程度加深，儿童同时习得两种或两种以上语言的情形比比皆是，那种基于传统的单一民族家庭、单语言语社区的母语概念已经不能完全解释新的语言事实了。由母语界定和识别而引发的争论在当今世界许多地区上演着，母语概念的现实困境正是母语理论研究困乏的真实写照。

母语困境在新加坡尤为凸显。在新加坡的四种官方语言中，华语、马来语和泰米尔语被认定为"母语"，分别代表新加坡的三个主要族群，而英语是主要的工作媒介语，不是"母语"。然而近年来不断有人提出英语已经成为新一代新加坡人的母语了，因为这些新加坡人从小习得英语，更愿意认同英语作为他们的母语。有人甚至指出，将英语作为母语有利于建立一个"新加坡核心"，有助于"新加坡英语"在国际上得到认同。这一观点在新加坡引发了激烈的争论，有的附和之，有的鞭挞之，但仍未见到为大众所能接受的结论。

从马来西亚教育部长在 1986 年 11 月 27 日的发言也可以看出母语困境的端倪："所有马来西亚人，不论属于任何种族，都必须把大马国语视为他们的母语。……他们必须能够接受和以更广阔的涵义来重新为母语一词定义，而不再指华语、淡米尔语或甚至马来话是他们的母语，这是说如果他们以被认为或被视为马来西亚人而自豪的话。这必须是今天所有马来西亚人都持有的一般态度，他们不应该继续坚持对母语一词的狭隘的认识，因为这样只能导致马来西亚人之间继续出现极化"（转引自柯嘉逊，2001：273）。

在中国，对母语的理解也远未达成共识。虽然中国从 2006 年起就在各地举行一年一度的"国际母语日"纪念活动，但各地"母语日"的宣传内容却很不一样：一些地方在当地语委的指导下推广普通话，将普通话视作中华民族的母语；有的地区大力宣传保护当地方言，因为方言是一个人最先学会的语言，是"实实在在"的母语；有的则宣传保护少数民族语言，因为在各类文献中，"母语"和"民族"总是紧密联系的，而且少数民族的母语保护也符合联合国教科文组织设立"国际母语日"的初衷；还有的大力提倡"国学"，举办者认为母语的真正内涵是祖先语言的传承，母语的精华在国学经典中。由此不可避免地引发了"我们的母语到底是什么？"的疑惑。母语概念本身的混乱必然会影响现实生活中母语权利等保障措施的实施。

母语概念的争议不但是语言研究的障碍，而且常常令政府的语言规划无所适从，进退失据，出台的语言政策缺乏可操作性，最终流于形式。所谓母语平等、母语权利、母语教育、母语安全等这些价值观念都不是抽象的，而是有其具体的社会内容的。虽然联合国教科文组织和许多国家政府一直强调母语教育的重要性，然而究竟什么是一个人的母语，似乎并未引起人们注意。事实情况是，双语（多语）的家庭和社区成长起来的儿童究竟选择哪一种语言作为其母语来进行教育，以及谁有权选择，一直存在争议。关于"方言母语"的性质、地位的争论在世界各地广泛存在。2009 年 7 月 25 日在我国广州发生的"撑粤语"事件就是真实写照。①

在全球化日益深化，语言接触日渐频繁，双语双言人日渐普遍的当下，对母语问题进行讨论既有理论建设上的必要性，又有重大的实践意义。然而国内迄今为止也未出版过母语理论研究方面的专著。多年来，教育部人文社科基金和国家社科基金项目中很少见到母语理论研究方面的课题。基础理论研究的匮乏在一定程度上影响了母语的应用性研究质量。时代转型呼唤母语研究的理论创新，创新的理论也将更好地反映真实的语言生活，指导语言规划与语言政策的实践。

第二节　研究现状

一　国外研究

在欧洲民族国家兴起、母语意识兴盛的进程中，一批学者起到了重要的推动作用。其中首推威廉·洪堡特（Wilhelm von Humboldt）和莱奥·魏斯格贝尔（Johann Leo Weisgerber）。

德国语言学家、语文学家洪堡特认为，"我们的母语是我们所看到的第一个世界"，因为语言为一个民族划定了他们的生活世界的范围和意义的边界，因此，语言本身就是一种世界观，负载着一个民族特点的印记，表达了它的民族精神，"民族的语言即民族的精神，民族的精神即民族的语言"（2002：17）。洪堡特的语言思想博大精深，以至于寻求普遍语言能力的乔姆斯基声称自己的认识来源于洪堡特，而母语精神论者（如语言相对论者）也纷纷从洪堡特的语言思想中获取动力（姚小平，2011：400）。

----

① 2009 年 7 月 5 日，为提升广州亚运会软环境水平，广州市政协提交《关于广州电视台综合频道应增加普通话节目播出时段的建议》，引起"粤语存废"之争，进而出现"捍卫粤语"的一些活动，最终酝酿成逾 2000 名广州民众集会抗议。参见《2010 年中国语言生活状况报告》等文献。

　　德国"新洪堡特主义者"魏斯格贝尔认为母语可以塑造一个民族的"世界图像",提出要通过学校的母语教育,唤醒和增强对母语的自豪感和忠诚感。从1929年发表第一部专著《母语和精神构成》起,直到他在1984年为《哲学历史词典》撰写词条"母语",魏斯格贝尔的母语研究时间跨度长达半个多世纪。在其出版物标题中,母语这个词至少出现40次(转引自彭彧,2010)。魏斯格贝尔将母语的功能归纳为"塑造精神"、"创造文化"和"承载历史",认为正是通过母语才"形成个人",而且人们在母语的世界图景外别无选择,"不是我们驾驭母语,而是母语控制我们"。魏斯格贝尔认为母语对集体的影响是在"语言社团"(Sprachge-meinschaft)和"民族"(Volk)两个层面展开的。语言社团更着重于内部的凝聚力,同母语的相互关系也更密切,而民族这个概念,即使不上升到国家政治的高度,更多地也是在同外族发生接触的场合被提及(彭彧,2010:33—41)。

　　与洪堡特类似,美国人类学家爱德华·萨丕尔(Edward Sapir)也认为,人的思维完全受母语的影响,人类通过自己语言中的范畴和区别特征来认识世界。这个真实的世界建立在一个群体的语言习惯的基础之上(Sapir,1921)。

　　结构主义语言学奠基人费尔迪南·德·索绪尔(Ferdinand de Saus-sure)在《普通语言学教程》中也常涉及"母语"的概念,不过书中并未展开讨论。《教程》中的"母语"有两种意义,既指历史语言学中描写语言谱系用的"母语",也指社会语言学等学科中个人自然习得的"母语"。在中文版(高名凯译,1980)中,两种意义都统一译为"母语"。如:

　　　　"绪论·第二章":语言学的任务是(a)对一切能够得到的语言进行描写并整理它们的历史,那就是,整理各语系的历史,尽可能重建每个语系的母语。(1980:26)
　　　　"第一编·第二章":我们也可以考虑一下一个人学会自己的母语需要花多大力气,从而判定全面的变化是不可能的。(1980:109)

　　美国描写语言学主要代表人物莱纳德·布龙菲尔德(Leonard Bloom-field)认为母语是外在的,必须通过重复模仿才能习得。他首次将"母语人"（native speaker）这一术语引入现代语言学，其研究成果为行为主义的母语习得理论，以及基于语言特征对比的母语迁移理论奠定了基础。布龙菲尔德《语言论》中的"言语社团""方言地理学"等章节都涉及母语问题的讨论，布龙菲尔德还为"双语"下了如下定义："如果学外语学得跟本地人一样，同时又没忘掉母语，这就是产生了双语现象（bilingualism），即同时掌握两种语言，熟练程度和本地人不相上下。"（1984：43）

诺姆·乔姆斯基（Noam Chomsky，1965）从"儿童如何习得母语"这一语言学难题出发，建构了包括"语言天赋论""语言获得机制""普遍语法"等概念在内的转换生成语法体系。乔姆斯基认为语言是人类的一种内在的生理遗传特征（genetic property），语言能力是人类区别于其他动物的一个主要特征，是与生俱来的，儿童不需要有意识地学母语，最终也会获得语言能力。在研究方法上乔姆斯基倡导采用内省语料，以母语语感作为判断标准，排斥以社会语言学的实证方法。在研究对象上，将"理想的讲话人/听话人"头脑中的句子作为分析的单位。乔姆斯基的心智主义母语观对当代语言学产生了深远影响。

韩礼德（M. A. K. Halliday，2003）是系统功能语言学的创始人，他认为语言是一种社会符号，反对乔姆斯基的"天赋论"，坚持认为母语是建构起来的，声称研究母语"必须采取一种互动的、功能的和以意义为本的或为符号的观点"。他反对乔姆斯基的"刺激贫乏说"，强调儿童并不是在有限、残缺、不足的语料输入基础上构建其语法的，认为"前母语（pre – mother tongue）交谈中不存在句法结构。因此，如果说语言发展是和句法习得画等号的话，那么，在前母语阶段所发生的一切就必须忽略不计"；提出"儿语"（child tongue）和"母语"（mother tongue）是前后两个不同的阶段，"母语是孩子所认识到的第一个全面分层次的系统：这个系统具有语义层、词汇语法层和语音层"。《韩礼德语言学文集》（2006）的第四卷名为《婴幼儿的语言》（*The Language of Early Child-hood*），收录了韩礼德关于儿童早期语言发展的研究，共16篇，包括《论儿语到母语的过渡》（On The Transition from Child Tongue to Mother Tongue）、《儿童语言发展的三个方面：掌握语言工具、通过语言学习、了解语言知识》（Three Aspects of Children's Language Development：Learning Language，Learning through Language，Learning about Language），等等。在该书中，韩礼德通过用纸笔记录儿童话语的方法，详尽研究了自己儿子奈吉尔在 9 个月到 2 岁半之间语言能力发展的情况。

　　全球化的深入发展也在一定程度上对"母语"概念的有效性形成了冲击。随着英语在全世界的传播，英语成了名副其实的世界通用语（Lingua Franca）。随之而来的是大量英语区域变体的产生，如新加坡、印度、南非、尼日利亚、加勒比海地区国家的英语变体。从小习得这些英语变体的讲话人，其母语是不是"地道的（native）的英语"？这些人算不算"英语母语人"（native speaker of English）？这些问题引起了很大的争议，有的甚至对"母语"概念的合法性产生了怀疑，这一点从当时出版的图书书名就可以看出，如生成语言学者 Thomas M. Paikeday（1985）的专著《母语人已死！》（*The Native Speaker Is Dead!*）和应用语言学家阿兰·戴维斯（Alan Davies，2003）的专著《母语人：迷思与现实》（*The Native Speaker: Myth and Reality*），等等。

　　还有一些学者从社会语言学和语言规划学的视角，探讨语言关系对母语的影响。例如，斯波斯基（Spolsky，2004）指出，一些国家没能妥善处理母语问题，使其转变为深刻的社会矛盾，进一步成为民族冲突、国家分裂的导火索；赖特（Wright，2004）剖析了英语在世界范围内的传播如何挤压一些国家（甚至包括法国这样的大国）的母语使用空间，造成相关社会的隔膜与裂隙。另外，语言接触与文化融合背景下的母语认同与民族认同、国家认同之间的关系也是近年来研究的重点。学者们认为母语以及语言多样性与个人的身份认同息息相关，在全球化和城市化进程中，母语差别对社会认同差异的主要来源，而母语教学是消除歧视和帮助边缘化人群的有效工具（Edwards，2009；Joseph，2004）。

　　联合国教科文组织成立于 1946 年 11 月 6 日。作为一个国际组织，它关注的不是各个主权国家国语和官方语言的设立，而是世界上每个人的母语教育、母语人权，以及世界各民族的母语保护问题。教科文组织成立不久就召开母语教育会议（1951 年），后来又创立"国际母语日"活动（1999 年），倡导"语言多样性"，并聚集了来自国际社会的一批学者，如从事母语教育和双语教育研究的 Colin Baker 和 Debi Prasanna Pattanayak，前者著有《双语教育基础》（*Foundations of Bilingual Education*，2001），后者出版了《多语现象与母语教育》（*Multilingualism and Mother Tongue Education*，1981）；有从事母语人权研究的学者，如匈牙利的米克洛什·孔特劳（Miklós Kontra）、英国的罗伯特·菲利普森（Robert Phillipson)、芬兰的托弗·斯古纳伯—康格斯（Tove Skutnabb-Kangas）和匈牙利的蒂博尔·瓦劳迪（Tibor Várady），他们四人联合编著了《语言：一种权利和资源——有关语言人权的研究》（*Language*：*A Right and a Resource. Approaching Linguistic Human Right*，1999）；还有从事语言濒危和母语保护研究的 David Crystal 和 Christopher Moseley 等人，前者著有《语言死亡》（*Language Death*，2000）等，后者著有《世界濒危语言百科全书》（*Encyclopedia of the World's Endangered Languages*，2007）。联合国教科文组织通过召开母语问题国际会议，发表相关宣言、建议书，设立"国际母语日"，颁发"国际语言和平奖"等活动，凝聚国际学者的共识，倡导符合时代发展的母语理念，对母语研究和各国母语政策的制定都产生了深刻影响。

二　国内研究

在我国，"母语"的学术关注度一直呈现上升的趋势。通过对中国知网综合数据库的文献检索，发现 1965 年以来国内学者以"母语"为关键词的研究成果超过 8000 项，但现有研究主要以二语习得中的"母语迁移""母语干扰""母语磨蚀"和语言教学中的"母语学习""母语教材"为主，而关于母语概念的理论探究（包括母语的定义、特征、类别等），以及母语在语言规划与语言政策中的应用研究，比例非常小，还不及 1%。

另外，基于"国家社科基金项目数据库"的统计结果，在 1994—2016 年间立项的国家社会科学基金项目中，项目名称含有"母语"的共 8 个，但没有一项是关于母语的理论研究，也没有语言规划视角的母语研究。同样，教育部人文社会科学研究项目中关于母语研究的课题也非常少，而且绝大部分是语言习得领域内的微观研究。

国内学者关于母语基础理论的研究总体较少，以下是一些代表性研究。

戴庆厦、何俊芳（1997：59—64）的《论母语》（《民族研究》第 2 期）是国内较早对母语概念进行探讨的文献。[①]文章将 mother tongue 译为

---

①　文章在题注中特别写道："关于母语的概念，是个比较复杂的问题，过去尚未有人进行过专门的讨论。本文将我们的一些不成熟的看法提出来，供大家参考。"

"母语"，而将 native language 译为"本族语"，并指出"对有些借用或转用了其他民族语言的民族团体或民族而言，外族语有可能行使其母语的功能"，认为基于单语制和单一民族家庭的"母语"概念已不能完全适应"现代社会民族语言生活的巨大变化和双语现象的大量普及"，建议按照语言和心理两个标准来区分"母语"概念："按语言标准，母语是一个人从小习得的第一语言，不管这个第一语言是否是其本民族语言；按心理标准，母语是个人在主观方面从感情上认定的语言，是对本民族语言的民族感情、心理特征的反映"；并提出"第二母语"的概念，即"一个人在异族语言环境中同时或先后习得两种语言，其中外族语言像自己的民族语言一样，甚至比本族语更熟练"。"第二母语"是兼用的语言，不能行使民族特征、民族标志的功能。

几个能够相互通话的族群是共享一种母语，还是在使用不同的母语？这关系到语言身份识别标准的问题。孙宏开（1988）提出了"互通度与语言结构差异度相结合"的语言身份鉴定方法，指出"本民族对母语间的差异是最敏感的，哪些语言能够通话，通到什么程度，他们心里都有一杆秤，他们对语言内部的差异比较敏感"。"一般一个语言内部存在方言或土语差异的，一开始互通可能有困难，但经过一段时间以后就会慢慢地沟通。但语言之间的差异，必须通过系统学习才能够学会另一种语言"（2013：457）。除了母语识别工作外，孙宏开也多次参加联合国教科文组织的语言活力与语言濒危标准制定工作，为我国的少数民族母语保护、母语文字创制做了大量工作。

李永燧（1999：41—44）的《论民族语、母语和第一语言》一文指出，在我国"有的民族有一种以上语言，有的民族兼用别的民族语言，还有的民族转用了别的民族语言，形成了民族语、母语、第一语言之间相互交错的局面"；母语可以转移为非本族语，第一语言有条件地表现为民族语、母语或外族语；不赞成戴庆厦、何俊芳（1997）提出的"心理母语"的说法，认为"如果父母的语言为本族语，即使儿时习得外族语，也不应把外族语当作母语，本族语仍为母语，但属'母语中断'状态。如果非本族语沿用了几代人（至少两代），非本族语也可以转换为自己的母语，如满族人不再使用满语，转用汉语并形成传承关系，汉语就成了他们的母语。在此情况下，把非本族语认作母语也是合乎理性的，不是什么感情上的问题"。作者提出的"母语与民族概念的非对应性"以及一个群体"母语中断"两代以上形成母语替换的观点具有一定的创新意义。

额·乌力更（2000：117—119）的《也论母语和民族语言》（《黑龙江民族丛刊》第3期）指出："无论如何也不能把民族语言和母语分离开来讨论，因为两者根本就是一致的。"有些人的第一语言不是本民族语言，然而"不能误解为他们所最先习得的语言就是他们的母语。应该说，他们未能习得的民族语言仍然是他们的母语，以这部分人而言，只能说失去母语的同时，获得了第一语言"。作者认为"把个体最先习得的语言视为他们的母语是一种错误，这种看法实质上把语言的转用现象简单地视为母语的转移问题"。"对于一个民族整体来讲，不存在第二母语，更不会有母语的转移问题，只要是这个民族还在生存。"作者列举了母语的三种存在形式：一是以第一语言的形式存在；二是与另一种语言并存（双语现象）；三是"以隐蔽的形式存在，这是由于在语言的转用过程中，其他语言占居第一语言地位的时候，母语就处于隐蔽状态，我国满族的母语就是以这种形式存在着。这一民族的母语始终是这一民族的本民族语言，哪怕该民族早已不使用本民族语言，而改用其他民族语言"。作者把母语完全等同于本族语，没有考虑到族际婚姻家庭儿童的民族身份可以自由选择、被收养儿童的民族身份不明、一个民族可以有不止一种民族语（我国56个民族的语言数量达到120多种），因而得出的结论有失偏颇。

李宇明（2003：48—58）的《论母语》是深入探讨母语概念的一篇力作。作者提出了"母语即民族共同语"的观点，但承认这会导致两个难以解决的问题：一是没有民族语言的民族（如回族）的母语识别，二是民族共同语不止一种的民族（如瑶族和景颇族）的母语识别。作者还根据前面的观点推断出"方言不是母语而是母言"的结论，并特别指出"决定母语的不是语言获得的顺序，而是民族或自己的语言认同"。作者指出，在双语家庭、双语社会、语言转用和语言死亡等复杂语言生活中，会出现"双母语"和"母语失却"现象。作者还创造性地提出，虽然母语权利不可剥夺，但是"个人和群体也有自愿放弃母语而使用其他语言的权利"；并主张，母语并非在任何情况下都是"思维和交际的自然工具"或"自我表达的天然工具"，不应该简单强调母语教育，建议由儿童的父母（包括监护人）来决定教育语言的选择。李宇明的母语研究提出了许多新颖的观点，也能解释许多语言现象，对后来的研究产生了巨大影响，对语言规划与语言政策的制定也有一定的启示。

王宁、孙炜（2005：73—77）在《论母语与母语安全》一文中提出，"母语的概念最初产生于语言教学领域"，"母语的社会意义在于它是民族的标志之一"；当今社会，"母语的民族性与习得途径之间的矛盾日益加深"，母语问题的意义"与民族平等、民族独立问题联系在一起"。作者建议将母语分为"自然母语"和"社会母语"：个人幼年时自然习得的语言是自然母语，大多为民族语言的方言；社会母语"是与外语相对应的，是整个社会对外交流的语言，因此它必然是也只能是这个民族的标准语"。作者认为"较多的香港人因为自然母语多为粤语，基础教育语言也用粤语，而误以为普通话是'第二语言'，这种认识的形成就是因为没有树立'社会母语'的概念造成的"。同时作者还讨论了"母语安全"问题，并特别指出"所谓母语安全，指的是社会母语的安全"，包括社会母语的本体是否出现大量不规范现象，以及社会母语的地位能否得到保障。应该说，任何一种母语都同时具有个体性与群体性，作者将社会母语与自然母语二元对立，将社会母语与外语二元对立，而且全文没有将少数民族的母语问题考虑在内，论证存在一定的缺陷。

冯学锋、李晟宇（2006：60—66）在《母语与母语教育》中指出，母语是人们最初"习得"的民族共同语，是人们交际和思维的"自然"工具，因此母语与个人和民族的关系都十分密切。鉴于从小习得"标准"的标准语是罕见的，可以认为"母言就是母语，母语往往是以母言的形式出现的"。作者还特别讨论了母语教育问题，认为母语教育不仅仅是语言技能的获得，更重要的是文化传承，呼吁人们重视国内学生汉语水平低下，对外语盲目崇拜的现象。作者关于"母语往往以母言的形式出现"的观点是对李宇明（2003）"母言"观点的进一步发展。

班弨（2008：113—116）在《论母语与"半母语"》（《暨南学报》第5期）中将母语定义为"幼儿时期通过模仿而掌握的语言"，并将"幼儿时期"确定为"10岁以前"。作者认为将母语等同于"本族语"的做法不符合语言实际，每个人都享有母语教育的权利，"而如果母语指的是民族语甚或民族共同语，对于那些根本不掌握民族语或民族共同语的人来说则没有多少意义"。作者强调"母语有时不只一种语言，因为有不少人幼儿时就掌握了两种以上的语言"；"母语可以是本族语也可以是外族语"；"母语失却"的说法不科学。作者还特别提出了"半母语"的概念："一些人在幼儿时期有机会在一定范围里接触某种语言而在一定程度上、部分地掌握这种语言，但对这种语言的能力和熟练程度没有达到母语的程度（与他们的母语和同龄人的母语程度相比而言）"，这种介于母语与非母语之间的中间状态可以称为"半母语"。应该说"半母语"是作者的一个创新，但对于半母语的语言学性质、识别标准、主要类型等，还缺乏有深度的理论探讨。

王珏（2009：248—264）的《母语及与之有关的八大关系》一文载于潘文国主编的《汉语国际推广论丛（第3辑）》。文章围绕母语问题讨论了与之有关的八大关系：母语与普通话和母方言的关系、母语与母文的关系、母语与母文化的关系、母语与和谐人格的关系、母语与华语和华文的关系、母语与民族认同感的关系、母语与全球一体化的关系、母语与汉语国际推广的关系。作者运用王宁、孙炜（2005）提出的"自然母语"与"社会母语"概念区分来讨论母语与普通话和母方言的关系，指出"只要一个人不是文盲，总会首先习得自然母语，而后学得社会母语。……虽然只有社会母语而无自然母语的人很少，但有时也会遇到一些交际尴尬局面。但是，如果一个人只有自然母语而无社会母语，则难以适应改革开放的社会，难以融入社会的主流文化"。王珏将"自然母语、社会母语细化为口语、书面语等下位概念"，提出了下面的"母语"关系图：

$$
母语\begin{cases} 自然母语\begin{cases} 口语 \\ 书面语 \end{cases} \\ 社会母语\begin{cases} 口语 \\ 书面语\begin{cases} 日常语体书面语：书信、日记等 \\ 特殊语体书面语：科技、政论、文艺 \end{cases} \end{cases} \end{cases}
$$

（王珏，2009：254）

作者关于"书信、日记等"只能使用社会母语的书面语之类的说法，以及文盲没有自然母语的观点都值得商榷。从总体看，作者的论述似乎很全面，但还不够深入，也缺乏观点的创新。

劲松（2011：102—105）在《多民族和多语言国家中的母语确认》一文中指出，联合国教科文组织按照欧洲学术界对母语的片面理解，将母语同时定义为第一语言和本族语，造成相当的混乱，这"不仅不利于科学研究的发展，有时候更会伤害民族的感情"。作者对一系列母语概念进行了辨析，最后将其定义为"儿童初始习得并延续使用或当前作为思维和交际工具的语言"，这一定义将母语的概念与语言的使用水平和频率区别开来。作者指出"母语与习得的次序无关，母语可以变化或重新选择"：少数民族讲话人在学习汉语后，不再使用并完全忘记了初始习得的本族语，那么汉语就是其母语，因为通用语言已成为"当前作为思维和交际工具的语言"。作者建议不要随意使用"母语"去替代本国语、通用语或汉语等语义明确的术语；反对把母语与本族语挂钩而提出"母语失却"的概念，认为孩子没有母语，或者从有母语变成没有母语的说法不合情理。作者呼吁将母语从民族学的概念中解脱出来，回归到语言学的概念，以便"从理论和实践上说明和解决社会语言生活中的实际问题，把语言平等政策落到实处"。

达·巴特尔（2011：161—164）的《母语与语言安全问题》是为了纪念第十二个"国际母语日"而作。作者认为"母语是语言问题的核心，也是国家语言安全问题的重中之重"，并以内蒙古自治区的语言资源现状为例，讨论了母语活力、母语转用等问题，提出要时刻关注母语安全，保护语言和谐。

徐大明近年来对母语话题的探讨取得了一系列研究成果，其中《母语平等政策的政治经济效益》（2013）提出了一项具体的政策建议："开展针对汉族的少数民族语言教育，将一部分或大部分的外语教育资源转移到民族语言教育方面。"作者认为该举措不仅会收到语言教育方面的切实成果，而且会带来一系列政治和经济方面的效益：政治进步带来社会和谐、语言经济能够改善民生、扩大就业。在2014年11月"第五届中国语言经济学论坛"（扬州）上，徐大明提出的"语言交换理论"就是基于"母语习得成本"的概念，认为某些民族放弃自己的本族语，而使用其他民族的语种作为自己的母语，会涉及母语习得成本问题，必须获得补偿。

肖建飞（2012：19—23）在《语言权利的研究：关于语言的法律政治学》一书中指出，"原生主义视语言如体质、地域、宗教等特征一样，是先在的、给定的"；"当某一个语言群体对自身的境遇不满而提出权利主张和诉求时，对于政治动员及其操纵过程而言，族群的母语意义重大"。"母语情结"是一种普遍存在的社会心理，"维护母语是有其正当性和号召力的"。民族国家的语言存在着"建构与反建构"：国家通过政治、经济体制、大众教育机构、国家传媒政策、语言法等建构起国家语言，"实现了国家领土与语言社区相一致"，而少数民族则通过民族自治、语言权利合法化、语言保护等方式进行"反建构"。类似地，郭友旭在《语言权利的法理》（2010）一书也对"母语权利"和语言立法进行了讨论。

陈建伟（2014：48—50）在《对母语概念的理论述评》一文中指出，"母语概念理解偏差有可能导致种族冲突，危及民族和谐及社会稳定"，作者将母语概念理论归纳为"语言社会化论"（第一语言）、"文化—政治论"（民族语言）、"情感判断论"（语言认同）、"社会功能论"（思维语言）和"综合判断论"（语言起源、认同、能力、使用）五种类型，认为"母语概念应该是动态的"；母语的界定既要使用"外部联系的标准"，又要使用"内部认同的标准（即从语言使用者的角度出发)"，指出"母语具有社会性、可塑造性和可共存性"：可以是最初习得的语言，也可以是后来学习的语言；可以是熟练使用的语言，也可以是从来都不会的语言；可以是最有情感的语言，也可以是感觉陌生的语言；可以是家庭语言，也可以是族群记忆语言。该研究理论色彩较浓，但体系还不够完善，一些观点缺乏实证研究的有力支撑。

从上面的回顾可以看出，学者们对母语研究的兴趣点存在很大差异。有的关注微观层面的母语问题，如儿童的母语习得机制（如语音、词汇、句法层面的母语习得）；有的关注宏观层面的母语问题，如母语教育、母语人权、母语保护等；有的关注微观层面与宏观层面的相互影响，如母语与民族精神和世界观的同构等问题。

从学科层面看，有的从人类学角度讨论母语的地位，认为每一种文化都有一种相对应的母语，母语既是文化的重要组成，文化的灵魂，同时也是文化的主要承载者；有的从民族学层面讨论语言的作用，认为母语是民族领域的概念，是民族形成的标志和维系的手段，一种母语就是一种民族精神，母语是身份的重要组成部分，能起到身份认同、情感依存的作用，一个族群的母语消亡会对正常的自尊感产生巨大的影响；有的从社会学层面看待母语的作用，认为一个人社会化的过程就是一个充分习得一套母语的过程，而且大部分社会行为规范的掌握是通过母语进行的；有人从法律学的视角审视母语，认为每个人都有选择和抛弃某种语言的权利，即所谓的语言权，母语的地位最主要体现在母语权上，而且每个人的母语是平等的；还有人从认知科学看待母语的功能，认为母语是最有效的思维工具，甚至可以影响说该母语的人的思维方式；而更多的人从语言学和教育学出发，强调母语教育的重要性，二语习得中的母语迁移，双语和多语环境下的母语习得，等等。

本书将基于上述研究，进一步探讨母语的界定标准，以便更好地解释语言接触背景下的复杂的母语现象，并论证母语的建构性特征，证明个体母语和群体母语都具有可塑造性，以弥补已有研究中关于母语本质论（原生论）的不足。同时，本书将提出母语的二重性特征，以阐释学者提出的"社会母语""母言"等现象；提出母语的共生性特征，即母语可以同时建构，两种母语可以在同一个体或群体上共存，以解释学者提出的"双母语"和"第二母语"等概念；最后本书将基于母语的建构性特征，提出母语建构过程中可能发生建构失败、解构和流变等现象，以解释上述研究中提到的"半母语""母语失却"等现象。本书提出的各种观点最后将落实到家庭、社区、民族、国家语言规划和语言政策的实践环节。

第三节　研究内容

本书拟通过对母语基本问题的思考，结合实地调查结果，探讨母语的性质、特征、类别、功能等理论问题，尝试构建一个较为完整的母语理论研究框架；然后，以语言政策为出发点和立足点，分析世界各地多语环境中的各种相关案例，探讨"母语人权""母语保护""母语安全""母语经济"等实际应用问题，以追问的方式来完成对母语基本问题的思考，并尝试对语言规划中出现的与母语相关的问题给予合理的解释，以助于提升多语环境下语言政策的实际效果。

本书的标题是"多语环境下的母语建构与母语社区规划"，其中涉及三个主题词："多语""母语建构"和"母语社区规划"。之所以选择"多语"，是因为在单语的言语社区，母语的识别相对容易。多语环境使母语概念难以把握，语言接触带来了复杂多变的语言生活，双语或多语人的母语界定和识别成为有争议的话题，母语不再是一个明白无误的概念。因此要描述能够解释当今语言生活的母语概念，必须着眼于多语环境。

之所以选择"母语建构"，是因为母语建构理论是本书的理论基础，而且书中讨论的母语二重性、共生性和流变性都是从母语建构性派生出来的特征。事实上，目前反对母语建构论，认为母语是与生俱来、不可选择和不可改变的观点还大有市场；在学术界，也有许多人在潜意识中将母语等同于"摇篮语言"（cradle language）或"民族语言"（ethnic language）。因此，探讨母语的本质属性就必须凸显母语的建构性特征。

之所以选择"母语社区规划"是因为语言规划和母语政策是本书的出发点和落脚点。本书主要通过辨析当今语言规划中的母语概念，描述现实语言生活中母语的特征与类别，对比中外语言政策中母语的功能与作用，为语言规划提供学理上的依据，为语言政策制定提供参考建议。本书关于母语问题的研究成果能否成功运用到实际的语言规划中，正是检验其应用价值的标尺。因此，必须将母语研究与语言规划结合起来。

具体地说，本书拟研究以下一些问题：

（1）在历史上，"母语"概念是何时在何种背景下产生的？为什么中西方语言学（语文学）史上，"母语"一词都出现相对较迟？在普通语言学中，"母语"和一般所谓的"语言"概念最本质的区别在哪儿？

（2）"母语"究竟是什么？是否能用一个标准来界定母语概念（如习得顺序、民族归属、语言能力或语言认同，等等）？如果能，应该是什么标准？若不能，应该使用哪几个标准？

（3）母语是先天注定的（本质的、原生的），还是后天建构的？或是既有遗传因素又有社会因素？如果都有，对于语言规划而言，哪个因素更为重要？

（4）母语是一个无法改变的客观存在，还是一种可以改变的主观认同？母语是不是一个具备主客观二重性的实体？如果是，其背后的实践基础是什么？

（5）母语是个体性概念，还是群体性概念？如果个人的母语习得状况与所在群体的母语不一致，应该以哪个为主？如何兼顾个体的母语权利和集体的母语权利？

（6）双语或多语人是否可以同时拥有两种母语？如果可以，需要具备什么样的条件？"双母语"理念对于当前的语言规划和语言政策制定有何裨益？

（7）母语磨蚀是否会导致母语解构？在哪些情况下，母语会流失和转用？了解这些因素对于语言规划有哪些启示？

（8）母语社区对于母语资源保护、母语传承等有哪些作用？母语社区规划的主要理念体现在哪些方面？在多语多言的时代背景下，母语识别对于语言规划与语言政策有何特别的意义？

为此，本书将由以下几个方面的研究内容组成：

第一，对近百年来国内外有关母语问题的研究进行回顾，包括母语意识的形成、母语的界定标准、母语概念的主要争议话题等几个方面。通过将分散的母语论述汇总，对历年来邻近学科的母语文献进行梳理，使研究概貌能够得以呈现，为母语研究史的创立打下基础。

第二，对"母语"这一概念重新进行审视和界定。深入探讨"母语"概念的内涵与外延，提出新的母语识别标准，深化对母语的认知，为构建较完整的语言规划学理论框架提供一个基础性概念，使其能够充分阐释全球化和多语时代的社会语言生活特征。

第三，将言语社区理论拓展到母语的形成、认同与维持的研究之中。通过考察多语环境下儿童早期的同步语言习得，以及双重认同的建构，从理论层面论证双母语现象的合理性，以弥补以往母语研究中理论建构的不足。

第四，运用问卷调查、深度访谈、配对语装、斯瓦迪士核心词表调查等实证研究的方法，分析当代语言生活对母语传承、母语声望等方面的影响，探讨影响双母语形成的社会因素，以及"双母语"现象在当代社会语言生活中的表征。

第五，将"母语"作为语言规划中的显性概念，提出"母语社区规划"的基本原则及其应用领域。以语言经济学为视角，分析将少数民族母语能力转换为文化资本和经济资本的可能性与可行性。依托以上理论和实证研究，并借鉴国外在相关问题上的理论、政策、措施，探讨全球化语境下的母语认同、母语人权、母语经济、母语安全、母语教育等问题，以及如何通过制定合理的语言政策，为"科学保护各民族语言"和"构建和谐语言生活"的构建提供理论支持和政策参考。

第四节　研究意义与研究方法

一　研究意义

本研究的学术价值主要体现在以下几个方面：

首先，目前的母语研究散布于文化学、民族学、社会学、教育学、语言学等学科领域，不同研究范畴内的认知角度差异直接导致母语研究成果的零碎性和案例性，尚未形成系统的理论。本书尝试在语言学领域，特别是语言规划领域，深化母语认知，探索母语的根本属性，清除关于母语概念的无谓纷争，提出新的母语界定标准，有助于阐释全球化和多语社会的时代语言生活特征，为完善母语理论框架构建及双语学的发展做出贡献。

其次，目前的母语研究更多关注母语本身，而忽视了母语讲话人。本研究强调"母语人"的概念，认为言语社区规划是一种以说话者为中心的语言规划，语言认同不仅表现为语言使用（语言使用的场域与频次）、语言态度（工具性和情感方面的评价），还体现为成员对自身言语社区身份的判断。本书的研究结果不但为母语问题探索提供新视角和新方法，而且对丰富社会语言学的言语社区理论有一定的意义。

再次，迄今为止，关于母语在语言规划和语言政策中的作用与地位，国内尚未有特别的研究；国际社会在语言规划中凸显母语（如母语教育、母语资源、母语人权等）的经验也没有得到总结和理论提炼；对于母语认同在建设和谐社会中的地位和作用还没有得到足够的认识。本书提出的"母语社区规划"理念有利于将母语作为语言规划中的显性概念，有利于维护母语生态，保护母语人权，发展母语经济，充实语言生活理念，完善语言规划学的学科体系。

最后，本研究为多语环境下的母语认同和母语习得提供了丰富的原始材料，同时为全球双语社区的对比研究提供了许多可供比较的案例。本研究得到的九个记录翔实、话题深入、内容有趣的访谈记录，还可以为相关研究提供进一步研究的基础。

本研究的应用价值体现在以下几个方面：

首先，本书的研究成果可以为相关部门提供语言政策咨询，有助于消除因母语概念不清而导致的政策上的矛盾和混乱，有助于国家语言政策的制定和在地方及各个社会群落中的贯彻实施，有利于提高国民的母语能力，维护民族情感，构建和谐的语言生活。

其次，本书探讨母语在语言规划中的重要地位，从一个具有重要社会现实价值的角度突破语言本体研究，有助于发挥母语在地方经济发展、民族文化传承和社会和谐创建中的巨大作用。本书对母语经济价值的论证，不但可以促进地方和少数民族地区及海外华语社区语言服务和语言经济的发展，有利于国家发展母语教育，而且对国内低效耗时的外语教育也有一定的警示意义。

再次，本研究通过对母语建构性特征以及母语解构特征的论证，可以唤起民众对母语习得过程的重视，消除母语原生论者认为母语是与生俱来，可以无需成本自动习得的错误观念，提醒国人重视母语习得空间和实践过程，重视外语教育低龄化对正常母语习得的影响，减少因母语能力建构不足而对母语文学素养、文化积淀、母语认同的不良影响。

最后，本研究倡导的"双母语"理念有助于消除母语认同焦虑，消除习得双母语是民族文化"背叛"的观念，有利于提高双母语人的社会声望，使之更好地融入社会；有助于普通民众理解双母语是现代社会正常的语言现象，从而培养双语人使用两种语言的信心；有利于弱势语言的保持，减少因为负面的语言态度而导致的放弃母语的行为；有利于方言、民族共同语与国家通用语的并存，提醒和启示人们对宝贵的语言资源进行管理和配置，防止语言资源的流失和浪费。

二　研究方法

母语研究的理论建构不仅要采用质的研究方法，还要采取定量统计的研究方法，对调查所获的第一手资料进行多种方式的分析，从而最大限度地做到科学、客观和可信。因此，本书拟采用质性和量化相结合的研究方法，具体包括：问卷调查法、个案访谈法、自然观察法、实验法、测试法和文献法。

除了个案访谈的部分内容是在江苏省南京市进行的以外，本书所涉及的其他所有实地调查均在云南省。之所以选择云南省作为调查点，是因为云南少数民族种类众多，多种民族语言并存发展，历来是语言调查和研究的黄金之地。根据《云南年鉴2012》（第27卷），云南是民族种类最多的省份，除汉族以外，人口在5000人以上的世居少数民族有彝族、哈尼族、白族、傣族、壮族、苗族、回族、傈僳族等25个。少数民族交错分布，表现为大杂居与小聚居的特点，其中小聚居的地方大部分是双语社区。

本次调查集中在下面三个地点：（1）西双版纳傣族自治州，包括州教育局双语教材编辑室、云南佛学院西双版纳分院，以及景洪市嘎洒镇曼真村；（2）昆明市禄劝彝族苗族自治县团街镇下播罗村；（3）大理白族自治州，包括大理镇和镇北的下鸡邑村，以及喜洲镇和镇附近的沙村和城北村等（见图1-1）。

图 1-1　三个双语调查点的位置

现将各类材料数据的搜集方法和研究步骤简单介绍如下。

（一）问卷调查法

自行设计了"云南双语状况调查问卷"，主要涉及"基本情况""语言习得""语言使用""语言能力"和"语言态度"五个部分的内容。此调查方法的优点是省时省力，效果显著，适合大样本或双语社区使用。不足之处是，少数答卷人自报的双语能力跟他们实际的语用水平，可能存在着一定的出入，有的填报可能偏高，有的填报可能偏低。

被调查者主要是傣族、彝族、苗族、白族等少数民族的双语人口。集中调查的对象来自云南省大理白族自治州喜洲镇中学，分散调查的对象则由来自多个双语地区的工人、农民、私营业主、学生、村干部、导游等组成。被试选择均为民族语—汉语类型的双语人。

问卷中的诸多提问，在试点研究中，曾以口头形式进行提问，并根据反馈情况进行了修改。在此基础上，又反复征求过当地学者的意见，对问卷的设计做了较大的语境化处理，形成了正式的调查问卷。调查问卷样表见"附录一"。

（二）个案访谈法

通过大量民族志式访谈，运用多种诱导技巧，搜集了大量生动鲜活的双语建构案例，其中包括双语人多种类型的语言习得经历、复杂的心理认同和母语磨蚀的体验，等等。

应该说，在实地研究中，个案访谈与问卷调查是同等重要的资料收集方法。通过深入细致的访谈，可以获得较为丰富并有深度的个性资料，洞察内在的深层原因，这些都是问卷调查无法取代的。戴庆厦（2013：225）在《语言调查教程》中提出"要重视运用人物访谈法"，认为"选取有代表性的人物进行面对面的访谈，能够直接获取许多真实的，活生生的信息"。

本书的个案访谈主要针对问卷调查难以获得的信息，访谈内容包括：母语习得过程详情、母语在各领域的使用状况、双语能力、对不同语言的态度与评价，等等。目的是了解调查对象的具体的语言生活，以证实或证伪问卷调查的结果，并发现一些通过问卷形式无法获得的双语人的语言生活情况。

本书在访谈实施前，先拟定了访谈提纲，访谈形式是半结构式的。访谈提纲、访谈名录及访谈文字记录见"附录二"。

（三）配对语装实验研究

问卷调查是直接测量语言态度的方法，但由于受试者可能会掩饰自己真实的态度，或有意给出社会易接受的回答，或是给出他们认为调查者最满意的答案，因此会出现自我报告数据与真实情况不一致的情形，导致问卷调查测量的低信度（俞玮奇，2008）。

为此，研究者发展出了间接测量的方式来揭示被试的真实的语言态度，其中使用最为广泛的是配对语装（matched-guise technique）实验方法，又称"配对变码法""变语配对法"，最初由加拿大麦吉尔大学的兰伯特设计（Lambert，1960），目前已经广泛应用于社会语言学的语言态度研究之中。

"配对语装"实验的具体方法是找一些双语能力很强的讲话人，让他们分别用所要研究的两种语言说同一段话并录音。然后将通这些声音的顺序打乱（有时还会插入一些干扰声音），并告诉受试者是不同的讲话人。

然后让受试者仅通过声音判断讲话人的各方面特征，并进行打分。一旦着不同"语装"的同一个讲话人受到不同的判断，那么就可以看出，这些判断所反映出来的态度不是针对那个讲话人的，而是针对他的特定"语装"所代表的特定语言的。这个实验至今已经为世界各地的学者应用过成千上万次，一般总是可以得到有用的结果（徐大明，2011）。

可见，"配对语装"实验的实质就是利用语言或方言的转换诱导出某个语言集团成员对另一集团及其成员所持的偏见或是带倾向性的看法（沙平，1988：23），目的是确定人们对特定语言或特定语言形式的态度，从而将其与针对特定讲话人的态度剥离。

为了调查白汉双语社区青少年对待白语和汉语的主观态度，我们设计了一个配对语装实验，通过看图说话的形式获得双语人的语料，然后让受试者听取录音，以了解他们对汉语和白语的态度是否存在认同上的差异。

"配对语装实验调查表"及"配对语装实验看图说话材料"见"附录三"。

（四）斯瓦迪士核心词测试法

斯瓦迪士核心词表（Swadesh list）是由美国语言学家莫里斯·斯瓦迪士（Morris Swadesh）20世纪50年代提出，是一个人类语言共享的核心词表。斯瓦迪士从统计学的角度分析了多种语言（以印欧语系语言为主），从而得出一个200词左右的核心词列表。一般认为，基本上所有语言的词汇都包含这200个词语，而且认识了这200个词语就可以进行最基本的沟通。

在后来的实际工作中，斯瓦迪士发现200词中也有的可以借用，就又从中筛选出100词（Swadesh，1955）。这100词是人类语言中最基本、也是最底层的词，具有很强的稳定性，因为"语言的接触是有阶的，越是核心的词汇受到冲击的量越小"（陈保亚，1995）。迄今为止，该词表一直是调查研究中公认的一项重要参考标准。

本研究选择斯瓦迪士核心词，目的是从语言本体出发，对母语习得情况进行微观研究。尝试通过检测斯瓦迪士核心词的掌握情况，揭示双语儿童早期语言习得状况。

"斯瓦迪士100核心词习得调查表"见"附录四"。

（五）自然观察法

自然观察法（naturalistic observation method）是研究者凭借自身的感

官，有目的、有计划地对被观察者的言谈、举止行动和表情等进行全面细致的察看和记录，获取自然状态下真实的原始资料，从而揭示其本质和规律的研究方法。直接观察言语活动发生的现实场景，更能够记录真实的语言状况，客观地反映社区的语言生活状况。

语言认同可以在具体的语音、词汇、语法层面上表现出来。在一次谈话中，讲话人可能混合运用两种语言的各种成分，形成语码混合（code - mixing）的局面，例如，香港语言交际中的汉英夹杂现象，又如非洲东部的斯瓦希里语和英语之间转换的实例，都可以证明讲话人在不同的社会情景下，会有意运用语言的转换来显示自己的认同，淡化或突出交际双方的社会距离（徐大明，2010：181）。本研究将观察法作为辅助手段，通过观察大理白族自治州大理镇下鸡邑村"小天使幼儿园"中白族幼儿的语码转换情况，考察儿童早期母语能力发展和语言认同情况。

观察内容包括幼儿园小朋友在教室里主要使用什么语言，对不同的交际对象（如教师和玩伴）的语言选择差异，每一种语言在话题选择和使用域上的差异，语言转换的主要模式，言语事件开始的征兆、持续的时间、结束时的特征，等等。

为了减少排异效应的影响，本研究采取非结构性观察和非参与性观察。同时，邀请本村高三年级的杨×娟（案例编号0805A，详见附录二）等同学做辅助观察，并进行耳语口译（whispering interpretation）。

（六）文献法

利用高校图书馆提供的期刊和图书数据库，特别是中国知网的期刊和硕博论文数据库以及 Ebsco 和 Springer - Link 的西文数据库文献；通过互联网下载西文电子图书和相关论文，主要包括社会语言学、双语学、语言规划学等方面的内容；由于本研究很大一部分是探讨母语概念，因此还重点检索了一些中英文语言学辞书，包括14卷本的《语言与语言学百科全书》（*Encyclopedia of Language and Linguistics*，2006）和10卷本的《语言与教育百科全书（第二版）》（*Encyclopedia of Language and Education*，2*nd*，2008）。这些都是文献法的重要内容。另外，许多报刊，如《中国社会科学报》、《联合早报》会经常报道母语方面的话题，联合国教科文组织网站也常由于母语人权、母语教育、母语保护、国际母语日等方面的信息，因此，它们也是重要的检索对象。最后，本书涉及哲学和社会学方面的一些术语，如建构主义、二重性、社会互动与社会认同等，因此这方面专著的参考也是必不可少的。

通过以上各种方法收集到相关资料后，首先对资料进行审核、录入和清理，然而对资料展开分析。根据资料的性质，分为质性分析和量化分析。质性分析所依据的资料主要通过个案访谈和结构性观察获得，其中一些数据导致了意外的发现与新的整合，帮助笔者超越了第一印象并修改概念架构。量化分析的数据主要来自于问卷调查、实验和测量，分析工具是SPSS19.0，采用了其中的频数统计、t检验、卡方检验、方差分析、相关分析等手段。质性分析和量化分析的结果相互补充，相互印证。社会学的问卷调查方法拓展了研究的广度，配对语装心理语言学实验保证了研究的质量，个案访谈的民族志学的方法加深了研究的深度。

第五节　本书的研究框架

基于上述考量，本研究采用文献回顾—理论建构—实证研究—应用研究的框架。首先对母语概念进行梳理评述，在批判的基础上提出新的母语界定标准，然后通过对双语人的母语习得与母语认同的实证研究，来完善母语研究的理论架构，最后论述理论创新在中国语言规划与语言政策中的应用。

全文共分七章。第一章"绪论"主要介绍研究背景、内容、目的、方法和意义。

第二章"母语概念的研究史"介绍母语意识的起源与"母语"一词的来源，概述中西方学者的母语研究成果，梳理母语的界定标准和基本特征，对传统母语界定中存在的问题进行述评，最后对母语研究中的若干争议问题进行综述。

第三章论证母语的建构性特征，并结合问卷调查和自然观察的结果分析，讨论母语能力和母语认同的建构途径，最后是关于个体母语和群体母语建构的个案研究。

第四章论证母语的二重性特征，并结合国外相关案例和国内个案访谈结果，探讨母语的主客观二重性和个体群体二重性，着重分析学界关注的"社会母语"和"方言母语"问题。

第五章讨论双母语现象，指出双母语的必要条件是"同步习得"和

"双重认同"，并通过斯瓦迪士核心词习得测试考察同步习得，通过配对语装实验考察双重认同；对"早期双语"与"半母语"现象进行分析，最后讨论双母语理念对于语言规划的启示。

第六章是"母语的流变性与母语社区规划"，通过母语的建构、解构与重构情形分析，讨论母语的流变性特征，指出个体母语可能会因为不完全习得与认同消解而解构，群体母语可能会因为使用域缩小与声望降低而解构；提出"母语社区规划"的概念，讨论联合国教科文组织的母语理念在中国的发展，最后论证母语安全对国家安全的重要性。

第七章是结语部分，对以上诸章节内容的研究发现进行了系统的总结，进一步论证了本研究的一些启示，并陈述了研究的不足之处及对未来研究的展望。

图 1 – 2 呈现了全文的论证框架。

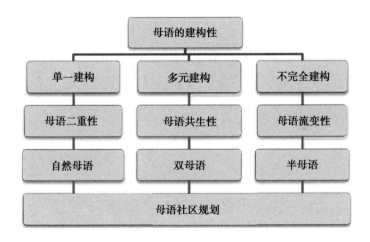

图 1 – 2　本书的论证框架

第二章

母语研究的关键问题

汉语中的"母语"一词有两个完全不同的概念，在语言学词典中作为两个义项分列。一是历史语言学的术语，指具有发生学关系上的一群亲属语言的原始共同语，又称原始母语，与"始源语"及"祖语"（proto-language）同义，例如，印欧语原始母语（Proto-Indo-European）、藏缅语原始母语（Proto-Tibeto-Burman）等（《中国大百科全书·语言文字卷》，2002）；另一个主要是社会语言学、语言规划学和语言教学等领域的术语，根据大多数工具书（如《现代汉语词典》（第6版）、《辞海》（第6版）、《语言学名词》等）的定义，通常指一个人自幼自然习得的，并以之作为思维和交流思想的工具的语言，大致与第一语言、本族语等概念相当。这一术语也是联合国教科文组织母语教育，以及"国际母语日"等系列活动的概念依据。本书所要讨论的就是后一种概念。①

第一节 母语意识与"母语"词源

母语概念是建立在母语意识（mother language awareness）基础上的，而母语意识是人类历史上出现相对较迟的一种语言意识。人类在比较动物与自身交际方式的过程中形成了语言意识，而在比较自身与他人交际方式的过程中形成了母语意识。母语意识的核心是将语言作为认同对象。探析"母语"

---

① 2013年，商务印书馆翻译出版了帕默尔的《语言学概论》，该书第17页有这样一段译注："亲语"原文为 parent language，是本书作者的一贯术语，但在别的语言学文献中有一个同一的可替换术语 ancestor language；而此词便于用来指辈分较高的始源语，故可汉译为"祖语"。我们在译文中随宜交替使用"亲语"和"祖语"二名。注意，有人把 parent language 和 ancestor language 译为"母语"，不妥。"母语"应该用来对译 mother language。

的词源和语义发展轨迹，可以发现这一术语在中西方语言研究中产生都较晚。

一　语言意识与母语意识

（一）语言意识

母语意识是语言意识中最重要的类型。广义上，语言意识是关于语言的认识和看法，尤指关于语言结构和语言使用的合理及合法性的认知、态度和信仰（方小兵，2016）。当人们用语言来思考，开始"注意"词语，就产生了"语言意识"，进而认识到语言是构造世界的一种手段，于是对语言产生了一种强化了的自觉性和敏感性，并促使个体把语言本身作为探究对象，而不仅仅将其作为与他人交流的工具。

"语言意识"强调语言存在对于人类根本存在的意义。然而由于语言与人的关系太密切，我们常常意识不到它的存在。实际上，要认识到语言的存在并非一件轻而易举的事，我们的先民们就常常把词语和词语所指称的事物混为一谈。语言意识协会的创始人之一 Van Lier（1995：xi）就说："有些人可能一辈子都没有意识到语言在生活中的存在，就像鱼儿不知道水的存在一样。"关于语言的存在，我们就像长久以来站在窗前往外看但并没有注意到玻璃存在的人。语言就是那层玻璃。

我们用语言来思考，要在思考中反观语言是否具有自身独立的存在，实际上是很困难的。比如，隐喻是一种常见的语言手段，我们每天都在使用。Lakoff and Johnson（2003）发现，隐喻是人类的基本思维方式，是我们"赖以生存"的工具（其专著的名称就是 *Metaphors We Live By*）。然而在使用"山腰""河口""梯田"这类词语时，大多数人并没有意识到自己在运用隐喻这一语言手段。

语言意识不是与生俱来的，而是通过后天有意识地开发和培养而产生的。有些家长认为，跟婴儿说话没有意义，因为他们根本听不懂。其实从婴儿一出生就开始进行大量的语言刺激有助于其建立语言意识，尽早意识到语言和人的关系，即说话是人们生活中不可少的，人们能够"以言行事"（do things with words）。当学习语言成为婴儿的一种内在需求，就可以帮助他们尽早进入人类美妙的语言世界——人类真正的"家园"。

语言意识的缺失对于人类生活会产生一定的影响，这一点在正常的成年人那里可能表现得并不明显，但在聋儿那里就可以清晰地看出。安妮·沙利文就是通过让海伦·凯勒意识到语言的存在，理解人类语言的意义和作用，才给她打开一扇通往新生活的大门："现在，每件东西都必须有一个名字了。不管我们走到哪里，她都热切地问着她在家里还没学到的东西的名字……新词语的获得给她以新生般的喜悦。我们都注意到，她的脸一天天变得越来越富于表情了。"（卡西尔，1985：43—44）意识到人是生活在语言的世界里，语言赋予世界以意义，这一点对于聋哑儿童尤其重要。可以说，正是语言意识的形成，才真正改变了海伦·凯勒的生活方式。

吕明臣（2002）也提出，对聋儿进行的早期干预有助于其语言意识的建立，促进聋儿的语言康复。语言意识可以用来解释为什么"语后聋"的孩子比"语前聋"的孩子康复得快，效果也好。最关键的原因在于：语后聋的孩子具有了一些语言意识，感知语言的存在，语前聋的孩子则完全没有这种语言意识。因此，对聋儿进行早期干预，使聋儿在尚未发展手势语时就接触人类语言，可以避免非语言交际方式对语言学习的干扰。如果等聋儿习惯了手势语后再去教人类语言，将会花费更多气力，因为这不仅仅是转换交际工具的问题，而是意味着改变一种生活方式——获得了语言意识，就获得了新的生活方式。

"语言意识"强调语言的实在性和对人类生存的不可或缺性。语言不仅仅是对于外在事物的指称和表说，而是具有自身独立的存在。语言既是人的一部分，也是人类的生活方式。世界就存在于语言中。

（二）母语意识

毋庸置疑，作为最自然的交际工具、文化载体、社会纽带、民族标识和身份象征，母语对于个人和民族的生存和发展至关重要。因而在语言意识中，以母语意识最为重要。母语意识就是对母语本质的认知以及对母语的文化承载、身份认同、情感依存等功能的敏感和主动察觉。

与语言意识不同，母语意识除了包括"元语言意识"外，还包括母语认同意识和母语权利意识两个方面的内容，而认同意识和权利意识正是母语意识的关键特征。[①]

人类的母语意识之所以出现较迟，一个原因是元语言意识建构起来相

---

① 汉语"语言意识"一词在英文中有两个对应词：language awareness 和 language ideology。前者是一种"认知"，后者是一种"意识形态"；元语言意识属于前者，而语言认同意识和权利意识属于后者。

对困难。元语言意识是对母语的一种强化了的自觉和敏感性，是一种反思自身语言的能力。母语实践作为一种自然的不带明显意图的实践活动，使母语成为长期沉浸于社会世界而形成的一种知觉、评判和行动的身心图式，成为积淀于个人身体和集体记忆中的惯习（hatitus），不易被注意到，难以形成元语言意识。

　　人类的母语意识之所以出现较迟，更重要的原因是母语认同意识和母语权利意识的建构需要一定的社会历史条件。母语认同意识是指将母语视作自身的民族身份标识，对母语文化具有归属感，认可自己的母语身份。认同意识是最基本的母语意识，有的语言学家甚至把"认同"作为界定母语的最重要标准（如朴永馨，2006：213）。人们常说，想要毁灭一个民族的文化，必先毁了这个民族的语言。母语是民族凝聚力的来源，没有凝聚力，就没有归属感，民族生存和发展就很困难。放弃母语而转用其他语言，最主要的原因就是缺乏母语认同意识。

　　母语认同意识是随着近代民族国家逐步登上历史舞台而发展起来的。以德语为例，发源于 16 世纪德国的宗教改革运动既是思想解放和民族独立运动，实际上也是语言去拉丁化和趋于"本土化"的运动。宗教改革家马丁·路德（Martin Luther，1483—1546）为了号召群众批判教会，坚持采用德语演讲，并用德语翻译希腊文本的《新约》和希伯来文本的《旧约》，印量非常之大，有效提高了德语作为民族共同语的地位和民众的母语认同意识。当时的一些德国学者也极力支持德语母语意识的建立。如哈曼（Hamann，1730—1788）认为"热爱母语就是热爱民族，热爱祖国……语言是民族的象征，是一个民族从事一切精神活动和维持社会联系的必要基础；一个民族的语言，记录着该民族走过的漫长的历史道路。对于民族的独立和统一，语言的作用和地位是至关紧要的"。赫尔德（Herder，1744—1803）认为每一民族的民族特性的主要载体是语言。所以母语意识，虽说是个人意识，但更重要的是属于民族意识。洪堡特（1767—1835）的论述更为深入："语言受到民族起源的制约，这一点相当明显地反映在语言按民族来划分这个事实上。这种制约是不言而喻的，因为民族起源极其强烈地影响着个性，而每一具体语言则极为紧密地与个性联系在一起。"（转引自何九盈，2007：217—218）

　　民族国家成立之后一个亟待解决的问题就是塑造新的集体认同。民族主义的神话、共同的民族记忆、象征符号和仪式成为社会内聚力的基础。

1789 年法国大革命时，只有约半数的法国人说法语，只有 12%—13% 的法国人能说比较流利的法语。在意大利统一初期，说意大利语的比例就更少了。然而大革命后的法兰西共和国和法兰西民族相互促进和加强，法语很快得到普及，被冠以"法兰西民族母语"的称号。这些事实一方面说明语言不是构建民族认同的充分和必要条件，另一方面说明民族认同是先于民族共同语的产生。这一点对于母语概念形成的研究非常关键。

由此可见，母语认同意识实际上是近代欧洲民族运动的产物，是社会发展到一定阶段才产生的。而在中国历史发展的进程中，母语认同意识呈现了另一条轨迹。

中国不是西方民族国家概念框架下的民族国家。其实，近代以来，中国内部的民族数目并不稳定，而是在逐渐增多：由晚清的时期"满汉两族"发展到民国的"汉、满、蒙、回、藏五族"，最后经过 20 世纪 50 年代的民族识别，形成了当前的 56 个民族。张海洋（2006：28）指出，"民族"概念发轫于西方乃因近代西方人有此需要。在西欧语言里，state（国家）是与军队、警察、法庭、监狱等暴力专政工具联系在一起的，加上了 nation，就有共同语言、共同地域和共同文化的含义。这样 nation - state（民族国家）的实质就是语言、文化、国民加政府。而在中国与西方接触之前是不需要"民族"这个概念的。"国家"是"国"与"家"的结合体。国是天下，家是故乡，已经有共同语言、共同地域和共同文化的含义。

中国文化中，存在一种超越于地方和民族之上的历史文化大传统。这种大传统不专属于汉族而共属于中国各民族（张海洋，2006：11）。更准确地说，古代并无"汉族"这一专门称谓。可以说，国内各民族之间的整体认同即国民认同（national identity）和文化认同（cultural identity）要比族群认同（ethnic identity）更为凸显。

中国古代的"大一统"思想造就了中国文化多元一体（diversity in u-nity）的特点，产生了超越族群、地域和语言差异的凝聚力。而士人的

"天下体系"世界观①意味着一种中国式的兼容普遍主义，在一定程度上排斥了西方的民族国家体系（赵汀阳，2008）。因此以居住区域为特征的方言很早就获得学人的关注，而作为民族标志的"母语"迟迟没有出现。事实上，汉语中的"民族"这一术语本身就是从西方引进的。②正如何九盈所言：

> 从中国的情况来看，古代根本就没有"母语"这样的词，也很少有类似"母语"这样的意识。一个漂泊者、一个身陷异域的人，也可能"乡音"不改，对自己的"乡音"很有感情，但都不是从民族的高度来认识母语的意义的。（2007：213—214）

其实不仅是中国人，在尼加拉瓜的苏莫—玛雅格纳人也没有完全接受起源于欧洲的"民族"概念，他们更乐意接受"苏莫大家族"的观念，这其中包括帕纳马卡人、图阿卡人和住在洪都拉斯的塔瓦卡人这几个族群——他们的身份认同体现在他们所使用的方言上，而不是所谓的"民族"上，因为根据这些方言之间大量的相同点，人们认定它们为同一种"语言"的不同变体（Benedicto，2004）。语言是"大家族"，方言是"小家庭"（托尔夫森，2014）。

母语认同意识不仅在民族认同、国家认同中起着关键作用，而且对于儿童的母语教育非常重要。据新加坡华文教研中心的一项调查，华人家庭6岁儿童在家中与兄弟姐妹用华语沟通的约为14.7%，比以英语沟通的24.5%少。3—4岁儿童的情况更是如此。③调查还发现，高学历的家长在与孩子沟通时，使用华语的频率偏低。照理，受过高等教育的年轻家长，母语的水平应该比一般人的水平高，为什么他们反而会觉得没有必要和孩

---

①　中国古代的"天下观"与西方近代的"民族观"不同。士人大多有"修身齐家治国平天下"的情怀，相信"普天之下，莫非王土；率土之滨，莫非王臣"。马丁·雅克也指出，"中国更多是一个文明国家（civilisation - state）而非民族国家（nation - state），它的文明延绵2000多年，但作为民族国家只有百多年历史。民族国家是西方对现代国家的定义，特征之一是以特定领土为疆域，但中国本身独特的历史和文化超越了民族国家的概念。参见高健康《西方观察中国老犯错》，《联合早报》，2014年11月9日。

②　清代郝懿行《尔雅义疏·释亲第四·宗族》："宗，尊也，主也；族，凑也，聚也。"可见，"族"的本义是"宗族"，而不是现代意义上的"民族"。

③　参见新加坡《联合早报》2013年9月14日社论《家长应在家中营造双语环境》。

子讲母语呢？新加坡《联合早报》2013 年 9 月 17 日社论指出，"这显然不是出于对母语的掌握能力不足，而是一个意识上的问题。换言之，是对母语重要性其实还没有真正的认识，因此也就不会有意识地去认真为孩子营造一个学习母语的家庭环境……因此，如何有效唤醒和提高年轻家长重视母语教育的意识，应是各界共同努力的方向，也应是讲华语运动必须设法攻克的一道难关"。

母语意识的建构还有一项很重要的内容，那就是母语权利意识。所谓母语权利意识，指的是个体和民族对所拥有母语的习得权、使用权和传播权的认识（方小兵，2016）。西方在文艺复兴和资产阶级革命，特别是法国大革命之后，公民权利意识蓬勃发展。到第二次世界大战之后，母语权逐渐成为一种基本人权，就像享有宗教信仰自由一样，个人享有选择、使用和传播母语的权利。母语权利意识伴随着母语认同意识一道发展起来。

而中国在长达几千年的专制统治下，农工商兵以及妇女被排除在文字的使用之外，民众根本没有语言权的意识。"近代以前，中国这片土地上不仅缺少公民身份的实践，而且也缺乏公民身份的想象。不论是在统治者还是被统治者那里，真正根深蒂固的是一种'臣民'、'草民'、'子民'、'小民'甚至是'贱民'的心理观念"（郭忠华，2013：131）。

清末以来，第一批"睁眼看世界"的学者对语言与人的关系进行了全新思考，发现不管是个性的解放，还是民众的唤醒，进而到国家的富强，都离不开"人"对使用语言文字权利的获得。"西国与东洋则所谓民之众，降而至于妇女走卒之伦，原无不识字知书之人类。且四民并重，从未尝以士为独尊。独我华人始翘然以知书自异耳"（严复，2002：317）。可以说，母语权利的觉醒和"人的发现"是同步的（张向东，2010：153—156）。应该说，母语权利意识与前面的母语认同意识对于母语的形成同样重要。

综上所述，在人类历史上，"母语"概念之所以出现较迟，主要是因为母语意识的形成需要基于特定社会状况的母语认同和母语权利意识的建构。人类历史上最早的母语意识是在欧洲随着民族国家的出现而形成的，而在亚洲、南美、非洲等地区，这一概念的出现相对较晚。中国就是一个很好的例子。

二 "母语"术语来源考证

既然"母语"一词是欧洲文明的产物，不妨先考察一下西方"母语"

术语的词源。

　　在全国科学技术名词审定委员会公布的《语言学名词》（2011）中，"母语"对应的英文术语是 mother tongue。据《在线词源词典》（*Online Etymology Dictionary*），英语中"母语"（mother tongue）一词最早出现在 1380 年。而据加拿大蒙特利尔大学辛格教授（Singh，2006：489）的考证，欧洲"母语"的说法最早可以追溯到 19 世纪德国浪漫主义运动时期。德国的魏斯格贝尔是西方最早研究母语的学者之一，据他考证，延讷·黑索（Jener Hesso）是最早使用"母语"（muttersprache）一词的人，大约在 1119 年。德语的 muttersprache 是一个复合词，从构词上说就是由 Mutter（母亲）和 Sprache（语言）两部分组成。美国语言学家 Einar Haugen 也追溯了术语 mother tongue 的来源，认为在中世纪这个词语表示的是"女性和孩子有意忘掉的语言"，而到了文艺复兴时期，mother tongue 指"通过圣经表达出来的上帝的语言"，再到 18 世纪，mother tongue 演变成"人类的语言""人们内心的语言"（陈建伟，2014：480）。

　　其实英语中的 native language 也可译为汉语的"母语"。相对于 mother tongue 而言，native language 说法的出现更迟。其中的 native 来源于拉丁文 nativus，最初意思是"天生的，生来就有的"，在后来的语义演变中，又产生了"一直居住某地的"和"当地的、本土的"之类的含义（*The New Oxford Dictionary of English*，2003）。据 Davies（2003：ix）考证，native speaker 作为术语最早是由布龙菲尔德引入现代语言学的。

　　尽管大多数工具书都将 mother tongue 和 native language 译为"母语"，但仔细考察可以发现两者还是存在一定区别的。

　　首先，mother tongue 关注语言的源起、传承和共同记忆，着眼点是时间，强调语言的过去（习得经历）。这似乎与其中的 mother 一词有关，在汉语中"母"也有"起源""传承"的隐喻义（《辞源》，2015）。因而在谈论语言转用、语言维持、语言濒危等话题时，涉及的母语一词大多采用 mother tongue。而 native language 则关注讲话人来自的区域，着眼点是空间，这可能与 native 含有"本土的"语义有关。《新英汉词典》就将 native language 译为"本国语"。随着全球化时代的到来和英语的快速传播，西方对 native language 概念的研究一直热度不减。比如，现在一些非盎格鲁—撒克逊（Anglo-Saxon）族系的国家也将英语作为其通用语言或官方语言，像印度、南非、尼日利亚等，那么这些国家的人如果在幼时最先习得的语言是英语，这些人能否被称为 native speakers of English（语言母语人）？这方面的争论至今仍在继续。

当人们的第一语言在文化传承属性（"时间"）和语言社区所属（"空间"）上发生冲突时，他们就会分别使用 mother tongue 和 native language 来表示两者。如：

> "我的第一语言是阿拉伯语，是我从小在家学习的语言，这是我的母语（mother tongue）。五岁时我移民到美国，成了美国人，开始说英语，现在英语和当地人一样流利（*native* fluency），我觉得英语是我的本国语/母语（native language）。"［见附录六　国外网络论坛母语视点选译："（一）First language vs Mother tongue"］

又如：

> "我是爱尔兰人，从小在家中我从父母那里学到的是英语，因此我的母语（mother tongue）是英语。但是因为爱尔兰语是爱尔兰的本土语言（Irish is native to Ireland），因此我觉得爱尔兰语是我的本国语/母语（native language），尽管我说得不太流利……"［见附录六国外网络论坛母语视点选译"（二）Mother tongue vs. native language?"］

其次，mother tongue 关注讲话人的语言认同与语言态度，常常涉及民族、家庭、父母的语言，因此，如果讨论的是语言身份和归属感，强调语言忠诚，带有"温暖""怀旧"等感情色彩时，就会更多地选择 mother tongue。而 native language 强调语言的规范性和地道性，关注讲话人是否具有判断句子合法性、可接受度的能力。Rampton（1995：336—337）就指出母语人（native speaker）这一概念突出讲话人对语言的充分和完美掌握。这也符合乔姆斯基所谓的"理想的母语讲话人——听话人"（an ideal native speaker - listener）概念。应该说，native 一词所具有的"天生的""与生俱来的"等含义，与乔姆斯基的"语言天赋论"非常契合，都隐含着对语言有"直觉的""本地人般的""充分的"或"完善的"理解和掌握等含义。

再次，两者出现的学科领域略有差异。社会语言学、语言规划学、语言教育学学科中提到母语，大多选择 mother tongue，话题常涉及语言濒危、语言生态、语言保护、语言人权、家庭语言教育和双语教育等，其中常出现对政府的呼吁、对社会的规劝和对家庭的要求，等等。而 native language 更多地出现在结构语言学（特别是生成语言学）、认知语言学、心理语言学等领域的文献中，其中更多的不是呼吁与规劝，而是分析与思辨。这从前面提到的两本专著的书名可以看出：《母语人：迷思与现实》（*The Native Speaker: Myth and Reality*）和《母语人已死!》（*The Native Speaker Is Dead!*）。

表 2-1 概括了 mother tongue 与 native language 的主要区别。

表 2-1　　　　　　英文 mother tongue 与 native language 的区别

	mother tongue	native language
概念基础	传承与习得（时间）	区域归属（空间）
关注重点	语言态度与语言认同	语言地道性与规范性
应用学科	社会语言学等	生成语言学等

考虑到本书主要从语言规划的角度立论，故而不选用 native language；又鉴于在英文中 language 比 tongue 正式，更适合作术语使用，因此本书的英文标题采用 mother language 来表示"母语"这一术语，这也与联合国教科文组织"国际母语日"（International Mother Language Day）的英文表达相一致。

在汉语中，"母语"一词同时表达了英语中两个概念的内容。不论是重时间起源还是重区域来源，不论是重情感归属还是重语言规范，汉语使用同一个字眼，而不必在两个语词（mother language/native language）之间徘徊选择。

汉语"母语"一词的出现要比西方迟很多。可以说，这一术语在中国古代文献中的空缺是母语意识缺少的标志。据《大成老旧刊全文数据库》、《中国基本古籍库》、《二十五史研习系统》、《汉籍数字图书馆》、《明清实录》、《南大图书馆馆藏民国期刊》、《南大馆藏民国图书》、《申报数据库》（全文）、北大语料库（古代汉语）等电子资源库的检索结果，均未发现有现代意义上的"母语"使用。①

同时，根据文献考证，《马氏文通》（马建忠，1898）、《新著国语文法》（黎锦熙，1924）和《现代汉语语法讲话》（丁声树等，1961）等语言学著作中均未出现"母语"一词。另外，在《辞源》（第三版，2015）"母"字条下面收录了"母党""母范""母兄""母昆""母教""母钱""母仪"等词语，但没有"母语"这一词语。作为一本古汉语辞书，《辞源》收录的词语截止到鸦片战争（1840 年），之后出现的词语不再收录。这也可以说明清末前，汉语中还未出现现代意义上的"母语"一词。

商务印书馆在 1960 年出版了《语言学名词解释》（北京大学语言学教研室编写），书中指出，"英国人常常把一个人自小从母亲那里学来的语言叫做 mother tongue，其实那只是'祖国的语言'的意思……"，对什么是母语没有作具体解释（转引自戴庆厦、何俊芳（1997：59—60）。陈建伟（2014：48）指出，"至于我国何时开始使用母语概念，尚无从考究"。但据严学窘（1997：87），"所谓母语一词是近三十多年形成的"。艾力·伊明（2011：28—29）也指出，母语是中国"现代教育系统中新出现的一个专有名词"，同样地，王宁、孙炜（2005：73）认为"母语的概念最初产生于语言教学领域"。

根据"中国知网"CNKI 全文数据库（数据始于 1915 年）提供的"全文检索"结果，作为语言学术语使用的"母语"一词在国内最早见于施效人的"福州市小学和幼儿园教学拼音字母和普通话问题的调查研究"一文（《文字改革》1961 年第 6 期）。文章提出了"方言母语"的观点；另一篇较早提及"母语"的文献是 1965 年第 5 期的《语言学资料》中俞约法的文章"苏联外语教学界近年来的论战和变革"，文章认为"母语"是相对于"外语"而言的。《中国大百科全书》（第一版）（1988）虽然没有设立"母语"词条，但在《语言文字卷》（1988：478—479）的"语言教学"词条下，对母语进行了界定。

---

① （清）王之春《椒生随笔》卷一，有一处出现"母语"，抄录如下：释其缚曰："太夫人训我素严，岂肯作好言语，汝后述者，乃真我母语也。我闻之如见母矣。"遂赍仆而忻悦者累日。公之纯孝如此。——此处"母语"意为"母亲的话语"。

另，（清）屈大均《广东新语》卷二十《禽语》，有一处出现"母语"，抄录如下：琼州所产多绀绿，羽有极细花纹，名曰鹦哥。儿女喜与之狎，故哥之。以其如婴儿之学母语，故曰鹦母。——此处"母语"意为"母亲的语言"，仍不是现代意义上的"母语"。

实际上，"母语"术语的出现要迟于"外语"一词。据高晓芳（2007），"外语"的一词在明代外语被称为"番文"，清代自同治元年（1862年）起开始使用"夷文""夷语"的说法，到光绪五十二年（1899年），逐渐被"洋文""洋语""西文""西语""外国语言文字"等名称所代替。当然，"母语"与"外语"并不是同一个层面的术语。"母语"是民族层面的概念，而"外语"是国家层面的概念。"'外语'完全建立在国家认知的基础上，一种语言如果不是一个国家固有民族的母语，通常就被认为是外语"（赵蓉晖，2014：2）。

通过上面的考察，我们可以初步得出结论，中文的"母语"一词是辗转翻译而来的，它经历了从德文的 muttersprache 到英文的 mother tongue，然后到中文的"母语"的"术语旅行"。国内母语研究的起点大致可以定在20世纪60年代。当然，"说有易，说无难"，60年代前是否有关于母语的零星研究，"母语"名词是否是辗转来自于日语中的译词，都还需要更多的文献支持。①

"母语"概念在中国的产生自然是西学东渐的结果。然而它一经导入和产生，就完全被纳入了中国的话语系统和观念系统，并改变着这一话语系统和观念系统。从此母语成为多个学科的基本概念，逐渐为世人所熟知。如今在大陆，"母语"一词的使用域要远远广于"国语""官方语言"和"民族语"，然而因为概念阐释而引起的纷争也是最多的。

第二节　母语界定标准的多重阐释

"母语"这个词经常出现在学术著作和论文中，但学者们对它的界说

---

① 下面是日语词典《广辞苑》的"母语"词条：

《広辞苑》：母語：1.（Muttersprache（ドイツ））幼時に母親などから自然な状態で習得する言語。第1言語。母国語というと国家意識が加わる。2. 与"祖语"第二义项同。

另外，在私下交流中，日本成蹊大学文学部石刚教授（广东外语外贸大学"云山学者"）告知，日语中，"母语"和"母国语"这两个词都存在，而且大多数人将其为同义词。日本学者田中克彦第一个指出其间有巨大差别，不应该混用。在他的呼吁下，已逐步得以扭转。现在，基本没有人使用"母国语"表述了。在历史上，汉语中的"母语"术语是从日本输入的，这个有史料佐证。

却存在较大差异。对于双语和多语人而言，其第一语言、本族语言、主导语言（优势语言）、认同语言、熟练语言皆可能被用作母语的界定标准（之一）。本节将梳理出五种经典的母语界定标准，以说明世界各国母语界定现实困境的深层原因。

一　语言习得：第一语言

以语言习得顺序来界定母语是学术界最通行的做法，比如，将母语定义为"第一语言"（first language）或"摇篮语言"（cradle language），或"幼儿时期最先习得的语言"，用来"区别于长大后在学校或在社会通过书本学习或通过与其他民族成员之间交流而习得的第二语言"（周国炎，2004）。类似地，《剑桥高阶英汉双解词典》（外语教学与研究出版社，2008）将"母语"定义为"小时最先学习的语言，不是在学校学习或长大后学习的语言"。在《简明牛津语言学词典》（*Oxford Concise Dictionary of Linguistics*，Matthews，1997）中，"母语"是"儿童时自然习得的语言，与后来通过正规教育学到的语言相对"。

1951 年联合国教科文组织在巴黎召开了一个有关母语的会议，将母语定义为"一个人自幼习得的语言，通常是其思维与交流的自然工具"（the language which a person acquires in early years and which normally becomes its natural instrument of thought and communication）（UNESCO，1953：46）。《语言与语言学词典》（哈特曼・斯托克，1981：227）认为母语是"人在幼儿时期通过和同一语言集团其他成员的接触而正常地掌握的第一种语言"。《新编英汉语言学词典》（戴炜华，2007）将母语定义为"人在幼儿时期通过和同一语言集团其他成员的接触而掌握的第一种语言"。在工具书《语言学名词》（国科学技术名词审定委员会，2011）中，"母语"（12.178）词条的定义是："人在幼儿时期自然习得的语言。通常是第一语言。"《朗曼语言学词典》（理查兹等，1993）特别指出，母语是"在家里习得的第一语言"。

以上都是从儿童语言习得的视角对母语进行定义的，基本上将母语等同于第一语言，偶尔涉及语言使用，但都没有涉及讲话人的民族归属，也与语言认同无关。Hamers（2008）更明确提出"母语是语言发展初期获得的语言体验，与目前的语言能力和语言使用情况无关"。

二　民族归属：本族语言

很多学者在论文、专著中提到"母语"时，将其直接或间接地等同于民族语言。如《剑桥语言百科全书》（克里斯特尔，1995）中提到，"1970 年美国 100000 多人要求使用母语，1979 年统计的百分比又有增加"。这里所说的母语就是指本民族语。

新加坡教育部对"母语"的定义，并不按照学生所学的家庭用语或第一语言，而是根据学生父亲的种族。例如，父是华族福建人，母是印度族泰米尔人，学生会自动被分配学习华语作为其母语（转引自维基百科："新加坡语言"）。

将母语定义为本族语（ethnic language）或民族共同语（national common language）的做法在国内更为常见。如"一个人的母语是他或她这个人所属的民族社会使用的语言，而他或她已经掌握了这个语言"（严学宭，1985：57）。《中国大百科全书·语言文字卷》（1988）指出"第一语言也称母语。在大多数情况下，第一语言就是一个人所属民族的民族语言，所以也称本族语"。肖德法、张积家（1994）认为"母语指本民族的语言，与外族语和外国语相对立。美籍华人的子女而言，虽然他们先习得的是当地的语言，但作为华人，他们的第二语言（即汉语）还是其母语"。额·乌力更（2000：117）指出："无论如何也不能把民族语言和母语分离开来讨论，因为两者根本就是一致的。当然，这是从民族整体角度来讲的。"李宇明（2003）认为"母语是个民族领域的概念，反映的是个人或民族成员对民族语言和民族文化的认同，它直接指向民族共同语"。

将语言习得与民族归属结合起来定义母语的做法更为常见。如《现代汉语词典》（第 6 版）对"母语"的释义是"一个人最初学会的一种语言，在一般情况下是本民族的标准语或某一方言"。《辞海》（第 6 版）将"母语"定义为"儿童习得的第一语言。多为本民族或本国语言"。[①]

戴庆厦（2013：208）在《语言调查教程》中指出："有的民族的儿童第一语言已不是母语，而是汉语，母语成为第二语言。"这里所谓的"第一语言已不是母语"，其实是典型的将母语视作本族语的做法。

---

① 《辞海》（1989）的"母语"定义为"母语指本族语。如汉语为汉族成员的母语"。但在《辞海》（第 6 版，2006）改为"儿童习得的第一语言。多为本民族或本国语言"。

"母语"即"民族语言"的说法在我国根深蒂固，非常流行。这一点从北京大学"现代汉语"语料库的检索结果也可以得到证明。仅举几例：

1. "语言学对于民族教育而言，主要……分析母语教育的民族文化性、复杂性、重要性。"
2. "香港为中国领土一部分……为何不能以中华民族的母语向世界发言？"
3. "少数民族以母语捍卫文化平权和文化多元的愿望，反抗中心，挑战主流……"
4. "这是美国历史上首次由华裔候选人用母语——汉语进行竞选辩论……"
5. "朝鲜华侨青少年虽然生长在异国他乡，但没有忘记自己的母语。他们在家庭中使用中文，在课堂上学习中文。"
6. "科学家最近对巴西的一个部落居民进行了研究，结果发现由于他们的母语中缺乏关于计数的词汇……"

虽然"本族语"是民族学的视角，而"母语"是语言学的视角，但仍有一些辞书将两者等同起来，如《语言学百科词典》（戚雨村，1993）等辞书。

三　语言能力：主导语言

鉴于语言习得与语言接触带来的各种复杂情况，有时很难用第一语言或本族语言来界定母语，于是有人就以语言使用来界定一个人的母语，主要是通过语言的使用情况（使用频率）来判断讲话人的母语，认为母语是一个人最常用、使用最频繁、使用域最多最广的语言，从而将母语等同于主导语言（primary language，又译"首要语言"）或优势语言（dominant language）。如朴永馨（2006：213）认为，母语是"一个人在一定时期内使用最多的那种语言，又称主要语言"。

作为一种功能性手段，这一界定标准在国外运用得较多。如瑞士1860—1980 年的人口普查中，尽管标注的是"母语"，实际上指的是"主要使用语言"（De Vries，2006：618）。在苏联1926 年的人口普查中，母语就被定义为"说得最流利和最频繁的语言"。Pattanayak（1981：47—

48）也指出：印度人口普查经常涉及母语（mother tongue）问题，在1961年的普查表中，母语的定义是"儿童时期母亲所说的语言，如果母亲早逝，则以家中说得最多的语言为准"。

通过语言使用情况来判断一个人的母语，这是在日常生活中人们最直接的、最方便的，也是下意识情形下的一种做法。

四　语言态度：认同语言

"认同"（identity）起源于拉丁文 idem，即"相同"之意；在英语中，identity 通常有两个含义：一是指人的"身份"，二是表示"某些事物是相同的、一致的"；"认同"一词在《现代汉语词典》（第6版）里指"承认、认可或认为跟自己有共同之处而感到亲切"。认同作为概念强调的是对身份和观念的承认、接受和皈依。语言认同就是指个人或群体对某一语言承认、认可的过程或趋同的结果（张先亮、苏珊，2011）。

Skutnabb - Kangas（1981）认为母语固然是儿童语言习得的结果，表征为一种语言能力，但在使用这个词时更多的是一种主观感受，因而可以定义为"人们最初学习并认同的一种或数种语言"。戴庆厦、何俊芳（1997：59—64）指出，"按心理标准，母语是个人在主观方面从感情上认定的语言，是对本民族语言的民族感情、心理特征的反映"。朴永馨（2006：213）认为母语可以定义为"一个人识别自己或被他人识别的语言"。Davies（2004：446）更是直言不讳地提出"母语是自我认同的结果，而不是被指定的结果"。

以群体的认同为例。1996年12月，美国加州奥克兰学校董事会通过了一项决议，将非洲裔美国黑人说的语言称为"埃伯尼语"（Ebonics），以示与美国标准英语（Standard American English）是完全不同的语言。虽然当时许多媒体都反对这一举措，但美国主流社会还是逐渐承认美国黑人也是"英语母语讲话人"（native speaker of English），并将非裔美国人的语言视作英语的一个方言，即"非洲裔美国黑人英语"（African American Vernacular English；AAVE），简称"黑人英语"（Black English）。这样，说这一英语变体的人就享有了英语母语讲话人的身份。很明显，"黑人英语"成为英语母语的一部分，并不是因为语言本身变了，而是人们对它的认同变了。

语言认同既包括向内的自我认同，也包括向外的他者认同。自我认同实际上是一种"语言忠诚"（language loyalty，language allegiance），将自己视作是某种语言的使用者（membership）和所有者（ownership）。他者认同就是语言使用群体根据个体的语言能力、语言使用规范等指标来识别其母语身份，将该人纳入语言群体或排除在群体之外。大多数双语和多语人的语言能力都不是均衡发展的，因而有时候自我认同的母语得不到他者认同，就像在双语调查中常常听到的"他们觉得我说的不是××话——这可是我的母语啊！……"

当然，将语言认同看作母语的界定标准，不能完全依照"一个人自己认为哪种语言是母语，那么那种语言就是他的母语"的标准，而是要通过使用语言认同量表来调查语言态度、语言认知、语言使用倾向，然后通过统计分析来判断一个人的母语。来自群体的他者认同虽然主要考虑身份属性，但也在一定程度上考虑语言能力。换言之，语言认同的界定标准必须有客观基础。

五　其他标准

将母语看作"一个人掌握得最好的语言"（朴永馨，2006：213）其实是从语言能力的角度进行界定。Skutnabb-Kangas and Phillipson（1994）指出，母语可以定义为"一个人最熟练、最流利、最精通的语言（proficient language）"。李如龙（2007：105）也认为母语是"一个人最先熟练掌握的语言"。加拿大人口普查手册规定，如果本人在儿童期间习得了两种以上的语言，并且无法确认哪一种是最先习得时，则将说得最流利的语言作为其母语。

与前面的"主导语言"界定标准关注语言使用（使用频度和语域等）相比，"熟练语言"界定标准考虑的是语言能力，如语言的地道性、得体性、流利度等；而与"认同语言"界定标准相比，"熟练语言"强调语言能力维度的另一端，也就是说，从"认同语言"标准看，一个人只要主观上认可某一语言是其母语，哪怕语言能力很弱，都应该承认该语言的母语地位。"熟练语言"标准则将母语看作是一个客观事实，认为母语语言能力支撑的认同是"虚假认同"（pseudo - identification），这样的母语就是"伪母语"（pseudo - mother language）。

如何评估语言使用者的母语能力？生成语言学认为，母语人是具备了天赋的稳态语法（steady state grammar）的讲话人。因此，可以设计一个由一系列句法敏感的句子组成的量表，让受试者对这些句子的语法性和可接受程度进行判断，通过该检测的语言使用者就可以判定为该语言的母语人。[①] 应用语言学则强调自然语感，认为语言能力包括语音（有无异域口音）、词汇（是否熟悉该语言中的习语和隐喻）、句法（能否识别歧义句）等等。Lee（2005：155—159）曾经提出了界定母语能力的具体语言标准：能地道使用习语，正确判断语法形式，发音自然，话语流畅，熟悉文化特征词，词汇量达到平均水平，了解非言语交际方式，懂得话题的适宜性，能预测对方的交际意图，等等。这些大多不是乔姆斯基的语言能力（language competence），而是 Hymes（1972）等倡导的交际能力（communicative competence）。

有人提出，母语能力的最高标准就是看它能否用来进行思维和创造，从而将"思维语言"当作母语的界定标准。如 1953 年联合国教科文组织的母语定义："母语是指一个人自幼习得的语言，通常是其思维与交流的自然工具。"类似地，"母语是一个人进行自我表达的天然工具"（周庆生，2001：525）。将母语作为思维工具的观点自古就有，但这一界定标准的可操作性较弱。检测人们在下意识情况下（如做梦时或醉酒后）说的语言，或检测人们在数数或计算时所用的语言，在目前的条件下还无法真正确定所谓的"思维语言"。

另外，偶尔有人将母语视作"母亲的语言"或"从母亲那里学到的语言"。[②] 这可能是考虑到幼儿大部分时间与母亲生活在一起，从母亲那儿学习语言。但在现实生活中，大多数民族都是女性出嫁迁徙到男性所在的言语社区生活，因此孩子更多的是学习父系的语言。2011 年 9 月 9 日出版的《科学》杂志刊登了英国剑桥大学遗传学家福斯特（Peter Forster）和考古学家伦弗鲁（Colin Renfrew）的论文，文章通过分析 Y 染色体和线粒体 DNA 的办法发现：父亲才是全世界各种方言的主要来源，"母语"应改名为"父语"（转引自袁越，2011）。还有人指出，儿童成长过程中，主要影响其语言发展的并不是母亲或父亲，而是周围的玩伴，特别是那些比他们大一两岁的玩伴（Mesthrie，2010：601）。由于上述原因，将"母

---

① 感谢美国威斯康星大学李亚非老师关于句法敏感度检测方法的指导。

② 捷克在语言普查问卷的注释中说母语是"母亲或祖母所说的语言"；斯洛伐克的问卷指出"如果父母操不同语言，请写母亲的语言"。

亲的语言"作为母语界定标准的做法并没有被广泛接受。

最后，某些人会将母语视作"讲话人所在国家的语言"，如认为爱尔兰人的母语是爱尔兰语，意大利人的母语是意大利语。这其实是"一个国家，一个民族，一种语言"的思维模式，是"用单语社区的思维和管理来对待多语社区"（徐大明，2013）。事实上，世界上大部分国家是多民族、多语种的国家。斯波斯基（2011：159）指出，即使在宪法上宣称实施单语制的国家，也都具有复杂的社会语言库：土著语、移民语和官方语言，而且几乎每一个国家还面临着英语这一日益重要的全球性语言问题。因此，将"国家语言"作为母语的界定标准遇到了阐释力缺乏的问题。

上面回顾了母语界定的五种经典标准，现列表总结如表2-2。

表2-2　　　　　　　　　　"母语"界定的不同标准

	界定标准	英文名称	界定依据	测量指标
母语	第一语言	first language	语言习得	习得顺序
	本族语言	native language	民族归属	本族（共同）语
	主导语言	dominant language	语言使用	使用频率
	认同语言	identification language	语言态度	语言态度
	熟练语言	proficient language	语言能力	语言熟练度

从上面的文献回顾可以看出，大多数母语定义都是选择其中一项作为主要界定标准，然后加上一到两个辅助标准。遗憾的是，这些做法并不能从根本上解决问题，目前亟待依据语言调查和相关语言学理论来寻找一个能够充分解释当今各种语言现象且对语言学和应用语言学具有较强指导意义的界定标准。

第三节　母语研究若干争议问题

除了母语及母语人的界定标准存在争议外，母语研究还经常遭遇以下一些棘手的问题：母语是生物遗传，还是社会养成（nature or nurture）？方言可以视作一个人的母语吗？一个仅习得方言而没有习得民族共同语的人，是否具有"民族母语"或"社会母语"？母语首先是个人的，还是集体的？个体母语与民族母语不一致时，应该选择哪个作为教育语言？是否存在"国家母语"？个体或群体的母语会转用、失却或被剥夺吗？是否存在没有母语的个人或没有母语的民族？诸如此类，不一而足。

上述争论涉及母语的性质、类别、属性等，也部分涉及母语的界定标准。下面分为"方言母语""群体母语"和"母语失却"三个话题进行综述。

一　方言母语："母言"与"母语"的纷争

一个人的母语是方言还是民族共同语？换言之，是否存在"方言母语"的概念？比如，通常情况下，广州汉族儿童的母语是粤语，还是普通话，或是汉语？

周有光（1997：149）认为："方言比普通话更具母语特性。方言是语言存在的形式，人们日常使用的是个别的方言，而不是一般的语言。方言是母语，是乡音，而乡音是最令人魂牵梦萦、最让人难以忘怀的。"

许多学者都使用"方言母语"的说法。例如，"来自福建省莆田市学生的方言母语是莆仙话，他们不仅方音浓重而且掌握普通话的障碍特别大，在学校历次普通话水平测试中，莆田市学生的总体水平总是倒数第一"（沙平，1988）。"据1980年的统计，华人以方言母语为家庭语言的仍然占81.4%。其中以厦门话最多"（邹嘉彦、游汝杰，2001：280）。又如，"推广普通话不是也不可能是为了消灭方言，而是要使方言区人们除说方言母语之外再学会普通话"（陈恩泉，2011）。

一些工具书也将方言认定为母语。如《现代汉语词典》（第6版）给"母语"下的定义是："一个人最初学会的一种语言。在一般情况下是本民族的标准语或某一方言。"

但也有的工具书不赞成"方言母语"的概念。例如，张志公为《中国大百科全书·语言文字卷》（1988：478）撰写的词条"语言教学"指出："第一语言也称母语。在多数情况下，第一语言就是一个人所属民族的民族语言，所以也称本族语。……普通话对汉语各方言地区的人来说，仍是第一语言，因为无论是普通话或是方言，同属汉语，这里不存在第一语言的问题。"这里所谓的"不存在第一语言的问题"其实就是说"不存在方言母语的概念"。

有些学者也否定"方言母语"的说法，例如，李宇明（2003：48）认为"母语直接指向民族共同语，但不指向共同语的地域变体。方言只能成为母言，不应视为母语"。李宇明在《论母语》一文中举例说："假如问一个说达斡尔语海拉尔方言的人的母语，他的回答可能是'达斡尔语'，而不一定是'达斡尔海拉尔方言'或'海拉尔话'。当一个说湘方言的人到英国，英国人问他的母语是什么时，这位湖南人的回答很可能是'汉语'。母语的传统解释将方言视为母语，难以圆说这种现象。"

由此，李宇明（2003）指出：

> "语"是语种的意思，指的是民族共有的语言，是在民族这一层面上对语言的表述；"言"指方言，是语种的地域变体，是在民族之下的亚文化社团的层面上对语言的表述。语与言的关系，是民族的语言与民族内部的地域方言间的关系。
>
> ……当说一个人的母语是什么时，问题的指向是民族共同语；当说一个人的母言是某某方言时，问题的直接指向是民族共同语的地方变体，但也隐含着某人的母语是民族的共同语。例如，一个从小习得湘方言的儿童，他的母言是湘方言，但是他的母语仍然是现代汉民族共同语。（2003：51）

由此，李宇明（2003：52）认为，"所谓母语权利主要是关于民族语的权利，而不是关于母言的权利"。"华族儿童的母语当然是华语而不是各种汉语方言。""又如香港，多数人的母言是粤方言，但是其母语仍然应当看作是汉民族共同语……关于母语、母言的区分，对于香港探讨教学语言的问题，对于香港人的母语表述，都是有意义的。"

"母言"的说法得到一些学者的赞成。如"什么才是足以致一种语言或方言于死地的病因呢？那就是停止在家里和日常生活中说母语或母言"（姚小平，2012）。又如，"汉民族的本族语2000多年以来一直延续着两种形式：一为摇篮里学会的言语形式，可称方言、母言；一为接触启蒙读物时的书面语（文字）读音形式，可称民族语、母语。母言是各方言区的方言口语，母语则是整个民族的、超区域的、以汉字表达的语言形式，包括历史文献的语言"（侍建国，2014）。

有的工具书将"母语"和"母方言"进行分列。如在全国科学技术名词审定委员会公布的《语言学名词》（2011）中，"母语"词条出现在"社会语言学"部分，定义是"人在幼儿时期自然习得的语言。通常是第一语言"。没有指明是方言还是共同语。"母方言"词条出现在"方言学"

部分，定义是"一个人在语言习得的过程中首先学习、掌握并熟练使用的方言。一般是一个人出生地点或幼年时学话期间的方言"。《语言学名词》没有交代"母语"与"母方言"的关系，但这两个术语的英文对应词都是 mother tongue。

国外有学者（Kaplan and Baldauf，2014）指出，标准语是人为的，没有任何人自小就会讲标准语，就是说，没有谁的母语是标准语。即使在方言差异不大的国家（如澳大利亚），也没有人生来就讲标准语。维基百科的"方言保护"词条也写道：

> 现代标准汉语（普通话、国语、华语）是由北京话的语音加上白话文词汇融合而成的新语言，尽管它与北京话十分相近，但没有北京人会认为它是"母语"。母语是人在成长过程中首先接触与使用的语言，普通话绝不是任何一个地区的人的母语。

据《现代汉语词典》（第 6 版）"共同语"条目，"现代汉民族的共同语是普通话"；同时该词典对"标准语"的定义是"有一定规范的民族共同语，是全民族的交际工具，如汉语的普通话"。如果这里"普通话绝不是任何一个地区的人的母语"的说法能够成立，那么所谓母语是民族共同语的说法就需要修改了。

将民族共同语作为母语的语言学依据是什么？方言母语是否与共同语母语存在矛盾关系？有没有必要区分"母语"和"母言"？共同语母语和方言母语有什么本质区别？迄今为止，这些问题都还没有找到令人满意的答案，需要我们进一步去探索。本书将在第四章"方言母语"小节继续讨论。

二　群体母语：社会母语、国家母语与广义母语

就本质而言，母语是个人的还是集体的？换言之，母语是个人现象还是集体现象？哪个更应该优先考虑？一般而言，如果将母语看作民族（社群）存在的区别性标记，则母语是集体性的；如果用母语来指讲话人的自然语言能力和身份特征，则母语是个体性的。如何阐释这一对立，对此，不同的学者持有不同的观点。

庄永康（2006）认为母语是个集体的概念而非个人单独的概念，因

此"母语的传习与发扬光大是集体的使命"。李宇明（2003）也强调母语的集体性质，认为"母语直接指向民族共同语"，但同时指出"母语既是个人的，也是民族的"。曾晓洁（2011：113）认为，站在国家语言教育的角度，必须强调民族共同语能力以加强民族凝聚力，"应把母语确认为现代汉民族共同语"。同时，由于汉语在中国几十种语言中的事实影响力，"也可把现代汉民族共同语确定为整个中华民族的广义上的共同母语"。

然而许多工具书都将母语看作个人现象。如《现代汉语词典》（第6版）和《辞海》（第6版）给"母语"定义分别是："一个人最初学会的一种语言"和"儿童习得的第一语言"。"母语"在《汉语大词典》中的定义是"一个人最初学会的本民族标准语或某一种方言"。联合国教科文组织（1953）也将"母语"视作"一个人自幼习得的语言"。

郭熙（2008：7）对比了"母语""第一语言"和"第一语文"三个概念的内涵，认为"母语"的着眼点是民族，决定于所属的民族。新加坡所强调的母语教育指的就是民族语言教育；"华人的母语是华语，印度人的母语是淡米尔语，马来人的母语是马来语"。作者认为，"第一语言"从个人着眼，取决于个人的语言习得顺序；"第一语文"着眼于国家，是国家语言政策对语言地位的规定。在新加坡，不少华人的第一语言并非母语华语，英语是第一语文，华语是第二语文。简而言之，"母语"是一个民族层面的集体概念，"第一语言"是一个个体层面的概念，而"第一语文"是一个国家层面的集体概念。

为了解释母语的个体性和集体性问题，王宁、孙炜（2005）提出了"社会母语"的概念，与个人幼年时自然习得的"自然母语"相对；认为社会母语是集体现象，而自然母语是个体现象；指出"应从理论上加强对社会母语问题的研究与宣传"，因为"在任何社会，从小自然习得的语言经常跟居住地点、照料者的语言面貌等不确定因素发生关系，这些因素一般属于个人的、偶然的因素，只有当它产生了社会普遍意义后，才会引起我们的注意"。同时认为，"社会母语是与外语相对应的，它是整个社会对外交流的语言，因此它必然是也只能是这个民族的标准语……如果只把自然母语当成母语，不建立起社会母语这个概念，就难以建立社会语言生活的正常原则，难以解决语言和民族独立的关系。仅仅用自然习得这个条件来确立母语，不但会使母语这个概念的理论性减弱，而且会在讨论实际问题时产生思想混乱"。

这种区分得到了郭熙（2007：6）、艾萍（2009）等人的赞同。王珏（2009：250）更是明确表示"我们更欣赏王宁、孙炜（2005）所提的'自然母语'与'社会母语'这对概念，二者可有效区别个人与社会、自然习得与集体认同等有关因素，也有助于解释不少语文生活中的实际难题"。

然而，将母语分为"自然母语"和"社会母语"，会产生逻辑上的问题。因为任何一种个体母语都是在言语社区中自然习得的，都具备群体性，也同时是一种"社会母语"。而且这种二元对立的区分也会造成一些人只有自然母语，没有社会母语的现象（如未习得民族共同语和国家通用语的人），这样势必导致需要国家机构依据国民身份"赋予"某些人社会母语资格的做法。更进一步，片面强调"社会母语"，认为"自然母语"会导致"母语这个概念的理论性减弱"，最终结果必然是母语概念"空心化"，甚至沦为仅对国籍或文化的虚假认同上（方小兵，2013）。

周国炎（2004）则提出了"狭义母语"和"广义母语"的区分。在《仡佬族母语生态研究》一书中，作者指出，母语可以分为两种，一是"狭义母语"，指一个民族的共同语，如苗族使用的苗语、傣族使用的傣语等。它是一个民族区别其他民族的重要特征之一，是民族成员产生内聚力的重要标志。二是"广义母语"，指人们日常生活中使用频率最高的那种语言，强调语言的社会交际功能方面，与一个人的民族归属无关。很明显，周国炎所说的"狭义母语"是民族共同语，是群体母语，而"广义母语"是按照个体的语言使用标准来定义的，是个体母语。

其他学者也使用了"广义母语"和"狭义母语"的说法，但区分标准不大一样。如张治国认为，"从狭义上说，母语是指各自的民族语言，如蒙语是蒙古族人的母语，藏语是藏族人的母语。从广义上说，母语是一个民族国家的共同语，通常是一个国家的国语，如汉语就是包括中国56个民族在内的中华民族的母语，法语是包括法国各个民族在内的法兰西民族的母语"（张治国，2012：101）。

周国炎的"狭义母语"与王宁、孙炜的"社会母语"虽然都是群体母语，但前者是民族层面的，后者是国家层面的——因为王宁、孙炜（2005：74）认为"社会母语是与外语相对应的，它是整个社会对外交流的语言，因此它必然是也只能是这个民族的标准语"。大多数工具书都将

"外语"解释成"外国语",外语是国家层面的,将社会母语与外语相对应,自然也就出现了"国家母语"的说法。

还有些学者直接或间接地提出了"国家母语"的概念。早在1965年,俞约法就在《语言学资料》中提出"母语是相对于外语而言的"的观点。曾洪伟(2007)在谈论幼儿英语教育与国家语言文化安全时,也将母语概念看作是国家层面的概念。黄旭东(2009:74)将"中国母语"看作汉语和普通话,认为母语对"国家文化的存亡和发展具有重要意义"。"而对于我们国家的母语——汉语来说,第二语言指的就是外语"(矫福军,2006:65)。

"国家母语"的概念在许多地方或明或暗地存在。比如,洪宗礼、柳士镇、倪文锦(2007)主编的十卷本《母语教材研究》,包含了英、法、德、日、俄等四十多个国家的"母语教材",通常是"一个国家,一种母语教材",如加拿大就是英语教材、阿根廷就是西班牙语教材、以色列就是希伯来语教材,印度的母语教材也只是英语教材。这种编排方式背后的母语教育观念其实就是"国家母语"的意识。

将"以英语为母语的国家"作为检索词,在"中国知网"的"句子检索"中可以得到2620个结果。其实这个检索词本身就蕴涵了"国家母语"的概念。根据Kachru(1985)的"世界英语三大同轴圈"(The Three Concentric Circle)理论,内圈就是"以英语为母语的国家",包括英国、美国等。

英语在澳大利亚、巴哈马、爱尔兰等国家是第一语言,在巴西、加拿大、新加坡、南非等国家是主要语言,在斐济、印度、尼日利亚、巴基斯坦、菲律宾等国家是官方语言,但不是本地语言(转引自郑小四、李新平,2009:117)。那么根据什么来判断英语是不是这些国家的母语?"国家母语"的概念有没有存在的理据?现在的讨论还远不够充分。

从上面的文献回顾可以看出,"社会母语""国家母语"等概念还不够完善,需要进一步的研究。本书将在第四章"社会母语"小节继续讨论。

三 母语失却和母语磨蚀

个人或群体的母语是固定不变的,还是可以替代的?在这一问题上,存在两种截然相反的意见。

　　许多人认为母语是既定的，不可替换的——所谓的"母语血脉""母语之根""母语胎记"等比喻都与这一观点息息相关。朴永馨（2006：213）认为，母语是父母所讲的口语，在交往中自然学会，一生中不再改变。徐杰（2007：21—22）也指出"一旦是母语，终生是母语"。

　　与此相反，戴庆厦、何俊芳（1997：64）则认为："应当承认母语是可以转换的……现代社会随着经济的发展，不同地区、不同民族交往的增多，双语多语现象和语言转用现象的增多，母语的可变性、不一致性会进一步增多。"张宏莉（2007：188—189）也认为，"母语一是指一个人在孩童时期通过模仿成年人的言语而无意识掌握的语言，这种语言技能可能（或不能）保持到成年"。王鉴（2002：147）指出："当一个人从小就不在自己的本族语言环境中长大时，他族语成为第一语言，会出现'母语丢失'的情况。"陈昌来（2005：49—50）声称，"一个人的母语可以是他的本族语，也可以是非本族语，母语的转用和民族语的消亡就是很好的证明"。

　　在加拿大联邦统计局人口普查中心所使用的表格中，"语言栏"对"母语"的定义是，"儿童期间在家里最先学到的，并在人口普查时仍能被理解的语言"（First language learned at home during childhood and still understood by the individual at the time of census）。[①] Lee（2005：155—159）也指出，母语是儿童早期习得并维持使用的语言。这两个定义都是将第一语言作为母语，也都通过一些限定条件（如：仍能被理解、并维持使用），暗示一个人有可能会中途失去其母语，导致母语更替。

　　根据《语言学名词》（2011：195），语言替代（language shift，又译"语言替换""语言转用"）是指"一个民族或一个群体放弃使用自己的母语而用其他语言替代母语的现象"。[②]可见，语言替代实际上就是"母语替代"。目前，关于母语替代的研究主要有两个视角。一是将本族语视作母语，如果儿童未习得本族语而以外族语作为第一语言，则会出现"母语失却"（mother tongue loss）的现象；一是将第一语言视作母语，如果儿童在习得第一语言后，语言环境剧烈变化，则母语系统会受损害，出现母语磨蚀（first language attrition，也译作"语言损耗"）的情况，严重的

---

① 参见"加拿大传统文化"网站（canadianheritage. org）。

② 该定义没有将"个体"包括在内。

会产生母语系统丢失，母语被替换的结果。

　　李宇明（2003：54）用"母语失却"一词来指由于某种原因而不能习得或使用民族母语的现象。其中包括：（1）"个体型母语失却"，指儿童未能习得还在使用的本民族语。主要原因有：从小被外族人收养或从小生活在孤儿院等慈善机构中，缺乏母语习得环境；父母由于主观语言态度等原因，不让下一代习得母语；政府或其他社会机构实行语言同化政策，剥夺儿童习得母语的机会或权利。（2）"群体型母语失却"，指"由于群体的语言转用（language shift）或语言死亡（language death），儿童无从习得母语"。有的整个民族几乎都实现了语言转用，例如，满族经过几百年与汉族的接触和融合，99%的满族人已经放弃了满语而使用汉语；语言死亡是因为一种语言长时期无人使用而最后消亡，主要原因是战争、疾病、饥荒等灾难或民族灭绝措施而导致的语言群体分裂和散落。[①] 例如，在以色列建立前的1700多年间，犹太民族的儿童没能习得希伯来语，而是所在国家和地区其他民族的语言。

　　一个人没能习得本族语，或者一个民族不再使用作为民族标志的民族共同语，就会出现"母语失却"，那么对于母语失却的儿童，其母语是什么？李宇明（2003：55）认为，这取决于认同，"即儿童的父母认为什么语言是儿童的母语，或儿童长到一定年龄之后自认为什么语言是他的母语"。

　　母语替代的另外一个研究视角是母语磨蚀。母语失却既考虑群体的母语替代，也考虑个体的母语替代，而母语磨蚀仅关注个体的母语替代。以往的关于个体的语言替代研究主要是在代际（inter – generation）。如李嵬（Li Wei，1994）提出的3 – 2 – 1模型，即"三代人口、两种语言、一个家庭"，成功完成语言替代。有调查发现，许多美国家庭在三代以内完成了从非英语到英语的母语转变，少数学生家庭在四代或五代内完成这个转变——这些是美国社会母语转换的典型代表（周明朗，2009：49）。而对于代内（intra – generation）的语言替代研究主要以语言磨蚀为代表。Stevens（1985：74—83）指出，语言磨蚀与语言替代、语言消亡的本质区别是语言磨蚀发生在代内而不是代间。

---

　　① 民族群体死亡确实会导致语言死亡，但这似乎与"群体型母语失却"无关，因为群体死亡了，就不存在群体未能习得其母语的问题了，也谈不上"失却"了。

Seliger 出版的《母语磨蚀》（*First Language Attrition*，1991）标志着母语磨蚀与外语磨蚀研究的分离。母语磨蚀的过程被分为三个阶段：（1）偏离阶段。母语能力维持稳定，但母语应用出现偏离；（2）过渡阶段。母语能力降低。（3）变更阶段。母语能力发生不可回复的改变。研究发现：儿童较易进入第三阶段，其语言系统可能重建，从而表现出母语能力的改变。尤其是儿童被外国人收养，其母语磨蚀不仅非常快而且彻底。相对而言，成人的母语系统基本完善，只有个别人会进入第三个阶段。

基于受蚀语种和受蚀环境两个维度，Van Els（1983）将语言磨蚀分成四种类型：（1）母语环境中的母语磨蚀，如方言磨蚀；（2）外语环境中的母语磨蚀，如移民的母语磨蚀；（3）母语环境中的外语磨蚀，如在学校学习的外语磨蚀；（4）外语环境中的外语磨蚀，如老年移民的外语磨蚀（转引自 Mirela Cherciov，2011：7）。

2012 年 12 月 6 日的《新京报》报道了福建留守"洋娃娃"的故事。这些儿童的父母通过各种途径取得外国国籍，孩子也降生在美国，出生后留下手印脚印，自动获得美国国籍。由于父母打工时间长，无力照顾，通常先被送回国由祖父母抚养，并在中国接受幼儿园教育，故称留守"洋娃娃"[①]：

> 在福州闽江入海口一带，有这样一群留守儿童——他们跟着爷爷奶奶等亲人生活在村里，但他们是外国公民，具有外国国籍。这些孩子被称为"洋留守"。这些留守的"洋娃娃"在国内接受学前教育，5 岁左右回到国外，往往要从头开始。统计资料显示，福州有近万名这样的"洋娃娃"。……猴屿华侨中心幼儿园共有 32 个孩子，其中有 15 个是"美国小公民"。园长说，大部分"洋留守"都没真正见过父母的模样，有的孩子会抱着女老师的腿直呼"妈妈"。……这些孩子回到移居国居住后，幼时对家乡的记忆逐渐淡化。……等他们到国外后，要从零开始，往往跟不上当地同龄人的步伐。

这些"洋娃娃"从祖父母和幼儿园那里初步习得汉语，"母语"与

---

① 冯军、王磊：《留守的"洋娃娃"》，《新京报》2012 年 12 月 6 日。

"母亲的语言"没有太多关系。由于过早离开原有的语言环境，进入到一个完全陌生的语言环境，他们很有可能会经受程度较高的母语磨蚀，最后母语替换的比例也会比其他儿童高很多。可以说，这些个体的母语替换就是从母语磨蚀开始的。

瑞士学者认为，如果大幅减少一门语言的使用，即使没有完全弃用，遗忘过程也已开始。[①] 儿童在 10 岁前改变语言，其母语会忘得比较干净。法国科学家曾经专门找来一批小时候被法国家庭收养的韩国人，这些人长大后能说流利的法语，且不带外国口音。对这批韩裔的语言测试显示他们无法区分韩语和其他外语，不能识别韩语词汇，对韩语的陌生程度与普通法国人无异，只是在功能性核磁共振的大脑扫描中发现，他们听到韩语后的反应稍大一点。研究结论是：这些当年被收养的儿童的韩语确实被遗忘了（伍君仪，2012）。

丁石庆（2007）注意到，进入美国的移民工作时间长，对生存的关心要比对语言的关心多。当父母认识到英语已经成为孩子的优势语言时，往往是太晚了而无法扭转。由于英语成了优势语言，孩子们可能缺乏自信和能力去讲父母的语言，并且害怕受到批评，或者是受到其他讲话流利的人嘲笑而出现了母语失却的现象。研究还发现一些语言转用者的母语复归案例。

母语磨蚀或母语失却在语言习得和语言认同两个方面都有表现。从儿童语言习得来看，由于某种原因，母语习得停滞或中断，出现母语磨蚀，结果母语水平不断降低，语感渐渐消失，丧失了对曾经掌握的语言的自我调节水平，回到了以前的"见物不见词"的阶段（Schmid, et al. 2004：69，转引自张治国，2012：107）。有的儿童语言发展阶段会存在一个本族语"半语人"（semi-lingual）的暂时状态，出现"半母语"现象（班弨，2008）。从语言认同看，母语的更替与一个人民族自我意识的淡化有关，而"掌握其他民族的语言有时会引起一个人在自我意识中对母语的更替"（戴庆厦、何俊芳，1997）。在新的认同建构后，原来的母语认同会被替换，这就像 Skutnabb-Kangas（2000：108）所说的，"一个人的母语在其一生中可能会改变"。关于母语更替这一现象，本书将在第六章"母语流变性"一节继续讨论。

---

① 伍君仪：《出国太早母语忘光》，《广州日报》2012 年 7 月 29 日。

第四节　"母语"概念的重新界定

一　传统母语界定中存在的问题

本节将结合各种语言习得案例来考察母语的五种经典定义。这些语言事实主要有两个来源。一个是 2013 年 7—8 月笔者在云南西双版纳、临沧、普洱、昆明、大理、丽江等地所做的语言调查过程中搜集到的语言案例；另一个是从美国 LiveJournal 网站的 Linguaphiles 论坛上获取的双语（或多语）环境下的语言习得案例，从中可以看出世界各地民众提供的关于各自的独特的语言习得经历。

（一）母语与第一语言

将母语等同于第一语言会带来以下几个问题：

第一，不止一种"第一语言"。有不少人在幼儿阶段就开始习得两种以上的语言，西方语言学用 simultaneous first languages 来描述这种同时习得几种"第一语言"的情形。澳大利亚西悉尼大学的 Qi Ruying（2011）曾有意识地让自己的孩子在家中同时习得汉英两种语言，并基于长期细致的观察和记录，撰写了关于儿童双语习得的实证研究专著《英语和汉语的双语习得：华裔儿童在澳大利亚》（*The Bilingual Acquisition of English and Mandarin：Chinese Children in Australia*）。除了这种移民家庭的早期双语习得外，中国境内民族杂居地区和跨民族婚姻的家庭中也普遍存在这种"幼儿双语"的情况。

第二，第一语言习得中断。有的儿童在幼儿阶段习得第一语言，但在随家庭移民或儿童被收养后，逐渐忘却了第一语言，甚至终身不再使用第一语言。这时候我们是否还应该依据第一语言的标准来判定他们的母语？这确实是一个棘手的问题。这类例子在国外很多，下面是 Linguaphiles 论坛上的两个案例：

- 🔲 dichroic

我有一个朋友，他的第一语言是他加禄语（Tagalog），这是他 5 岁前唯一使用的语言。但 5 岁左右他随家移居美国，现在已经不会讲他加禄语了，只能略微听懂一些。听他说英语，没有人会觉得这是他的第二语言。

- ● 🧑 redatdawn

我的女朋友在一到四岁时，生活在印度的寄养家庭，所以她的第一语言是印地语（Hindi）。四岁后，她回到亲生母亲身边生活。因此英语可以看作她的第二语言。但我仍然认为英语是她的母语，因为她很快就忘记了印地语，现在已经也不会说了。其实，我想，如果她重新开始学习印地语，这或许应该视为她的第二语言。

第三，不但儿童语言同步习得（simultaneous acquisition）会引起"第一语言"的纷争，儿童早期"先后习得"（sequential acquisition）两种语言有时也会带来母语界定的问题。下面是我们在云南省大理白族自治州大理镇下鸡邑村调查时，对高三学生杨×娟（案例编号 13080504）时的访谈片段：

调查人：你爸爸妈妈都是本村的白族人吗？

杨×娟：都是村上的白族，但我不是在村上长大的。我从小在大理古镇长大，那时父母在镇上做大理石生意。

调查人：那你小时候是说白语，还是说汉语？

杨×娟：我从小是先学会说汉语。因为客户来了，爸爸妈妈都用汉语，而且周围的小伙伴也大多讲汉语，所以在我记忆中，小时候都是讲汉语的。当然在家里爸妈有时也说白语，亲戚朋友来了也说白语，所以我还是能听懂他们说话的，但自己不会说白语。

调查人：那你什么时候开始学会说白语的？

杨×娟：后来要上小学，我们家就搬回村上住。村上所有的人都讲白语，同学在课后也用白语交流，我很快就学会了白语。现在我也没有觉得我的白语比哪个同学差。

调查人（问边上的几位同学）：你们觉得她的白语听上去有什么问题吗？

群答：没有啊，跟我们一样的。

在上面的案例中，汉语虽然是杨×娟的第一语言，但无论从民族归属、语言能力还是语言认同看，都不能把较后习得的白语排除在其母语范围之外。

第四，"第一语言"可以有多重理解。《语言学百科全书》（*The Linguistics Encyclopedia*, 2ⁿᵈ edition）（Malmkjaer, 2004：67）指出，英语中的"第一语言"其实并不像人们想象得那么明确，而是包含了许多意义重叠的解释，它至少可以指："最先学到的语言""能力排第一的语言""使用频率排第一的语言"。

在现实生活中，确定哪一种语言是第一语言有时是比较困难的。汤志祥（2005）在《广州话·普通话·上海话6000常用词语对照手册》的"后记"中说：

> 由于原籍是广东花县（现广州花都市）碳步镇石湖村，广州话自然是我的母语，即家中的"第一语言"。但四五岁时就随父母迁居上海，上海话当然就是家外的"第一语言"。而一进幼儿园又开始学讲普通话了，自然普通话成了学校里的"第一语言"。如此这般，"家庭—学校—社会"三点一线的生活使得这三种"第一语言"每天都在脑子里进行着"语码转换"，我早就分不清哪个是第几语言了。只是感到个个都重要，个个都有用。这就是我早年的语言生活。

许多学者都承认"母语"一词带有一些主观色彩——这也许是一些结构语言学家不愿意使用该词的缘由吧。英国作家、语言学家托尔金（Tolkien）在主题为"英语和威尔士语"的演讲中区别了"母语"（native tongue）和"初学语"（cradle tongue，直译为"摇篮语"，义同"第一语言"）。他认为后者只是在童年早期碰巧学到的语言，一个人真正的"母语"并不是最早学到的语言，而可能是由某种遗传的语言喜好（an inherited linguistic taste）决定的，也就是在以后生活中可能发现的具有强烈情感依附的某个特定语言（方言）。①

从上面的讨论可以看出，"第一语言"是单纯从语言获得的顺序着

---

① 参见网络文件 Tolkien：English and Welsh. 地址：http://www.qcenglish.com/author/J_ R_ R_ Tolkien.html。

眼，基本上是结构语言学的概念，它舍弃了语言的社会属性，主要从个体讲话人的角度考虑语言的生物属性。而"母语"是社会语言学的概念，既有客观性，也带有一些主观色彩，既有个体性，也有社会性。总之，第一语言不等于母语，不决定母语。第一语言和母语之间是交叉关系。

（二）母语与本族语言

母语也不能用"本族语"或"民族共同语"来界定，因为这不但不符合语言实际，而且还会带来其他许多问题。

第一，由于各种原因，有些人一辈子都没有能够习得自己的本族语，李宇明（2003：54）称这种现象为"母语失却"。那么这些人的母语还是他们的本族语吗？"爱尔兰语懂得英语的人数占全国总人口的98.37%，其中绝大部分是把英语作为母语来学习和使用的"（斯波斯基，2011：214）。如果因此认为只有1.7%的爱尔兰人拥有自己的母语，肯定不太恰当。

第二，有的民族并没有自己的本族语。例如，回族先民开始讲的是阿拉伯语、波斯语和维吾尔语，后来在民族形成的过程中逐渐转用汉语，汉语成为回族整个民族的使用语。既然不存在所谓的"回语"，回族儿童不可能习得本族语。我国浙江、福建的畲族人也有类似情形。

第三，个体的民族身份是可以改变的。国家民委在1990年5月颁发的《关于中国公民确定民族成分的规定》（〔1990〕217号）明确规定，"不同民族的公民结婚所生子女，或收养其他民族的幼儿（经公证部门公证确认收养关系的），其民族成分在满十八周岁以前由父母或养父母商定，满十八周岁者由本人决定，年满二十周岁者不再更改民族成分"。如果母语是讲话人的本族语，就有可能会出现这样一个不合理现象：讲话人的母语随着其民族成分的改变而突然变更。

更重要的一点是，群体的民族身份也是有可能改变的。萨仁娜（2011：59）在对青海省河南蒙古族自治县的调查中发现，在1964年第二次人口普查中，当地大部分阿柔部落的人都根据直觉声称自己的藏族身份，并在人口登记时选择其作为自己的法定民族身份。后来有关部门依据民族迁徙历史，重新将该族群识别为蒙古族。因而在1982年第三次人口普查时，许多阿柔部落的藏族人又改回了蒙古族。据当时在任的一位干部说，"这有可能是群众认识到了蒙古族身份在该县所可能带来的社会利益"。问卷调查时，有一对姐妹在问卷"民族"一栏填写"蒙古族"，但又对调查者说，"我们和藏族没什么区别，说是藏族也可以"。

第四，种族未识别群体的母语。香港、澳门回归以后，澳门人当中有葡萄牙和其他人通婚的后代，一般称为"土生葡人"。他们在学校接受葡萄牙语教育，大多会说汉语（粤语），但不认识汉字，更不会书写。澳门的葡裔，香港的英裔、菲裔等在中国都属于未识别人群。如果母语是讲话人的本族语或民族共同语，那么这些人的本族语是什么呢？马戎（2016：17）也指出，"中国有56个官方认定的民族，同时，在2010年，还有64万'未识别'的人口"。

第五，民族与民族语之间也不是一一对应的。中国有56个民族，但语言种类有120多种。一个民族使用一种以上语言是中国少数民族语言生活中的一个特点（李永燧，1999：41—45）。例如，景颇族就有景颇语和载佤语两种民族语言，这样景颇族的本族语或民族共同语就难以确立了。有的民族使用各种各样的方言口语，或者使用外族语，并没有形成本民族共同语，更不用说标准语了。例如，基诺语有攸乐、补远两种方言，相互通话困难，没有民族共同语，不同方言的基诺人使用汉语交际。类似的情况还有黎语、普米语、阿昌语等（李宇明，2003：50）。

第六，众所周知，民族这一概念非常复杂，不仅一直没有达成统一的认识，而且民族识别本身还需要依赖"共同的语言"这一要素，这就容易导致母语与民族之间的循环论证。[①]而且异族通婚、收养儿童还会产生民族身份选择的问题，有时"功利性"的选择会与子女的语言文化认同事实不符。仅以异族通婚为例，"中国各族群之间通婚的整体程度，高于20世纪70年代的苏联，更是远远高于今天的美国"（马戎，2004：454）。然而我国实行的少数民族优惠政策会使族际通婚的夫妻倾向于让子女选择少数民族身份，以便子女能够获得这种无形的"社会资本"。比如，如果父亲是汉族人，而母亲是汉蒙通婚的子女，那么子女身上的汉族成分自然会更多一些（只有四分之一的蒙古族血统）。尽管如此，父母仍然可能会为子女选择蒙古族的身份，根本不考虑子女成长的环境、少数民族民族语言水平、文化认同、民族忠诚度等因素（郭志刚、李睿，2012）。

---

① 按照其他国家的种族、族群结构和特征，我国的56个"民族"实际上相当于西方国家的"族群"（Ethnic groups），使用"民族"一词来表示这56个群体，很容易与具有独立政治实体和领土含义的另一个词汇"Nation"（也译做"民族"）相混淆（马戎，2001：156）。

在全球化深入发展的当下，个体的语言习得与民族归属不一致的现象已经司空见惯。尤其是在西方社会，除了移民、儿童收养、跨族和跨国婚姻外，家庭重组的现象并不少见，于是，除了 half brother（同母异父兄弟；同父异母兄弟）外，还出现了 step brother（a son of your stepparent by a former marriage）之类的说法，它指的是"继父与前妻所生的儿子；继母与前夫所生的儿子），这是家庭多次重组后的兄弟关系。在这样家庭中，如孩子都是未成年，则有望形成统一的家庭语言（home language）。但是如果将民族（族群）与母语挂钩，按照"母语种族基因论"思维，不考虑实际的语言能力和语言忠诚，家庭成员的母语就可能因为血统不同，而分属不同的语系、语族，这显然不利于家庭和谐。[1]

从上面的讨论可以看出，用本族语来界定母语存在许多难以克服的问题——无论在个体层面，还是在群体层面。这也许是目前西方一般不把民族身份作为母语界定标准的主要原因吧。应该说，将民族身份与母语概念脱钩，将语言的民族身份及文化认同标签改由祖传语（heritage language，又译"传承语"）这一概念承担，似乎更为合适。

（三）母语与主导语言

将语言使用作为母语的界定标准也存在不少问题。

第一，母语使用，无论是语种选择，还是选择后的使用频率或是流利度，都有可能随着环境的改变而改变，特别是对于移民、留学生等群体。而通常认为一个人的母语是不会随便改变的。

第二，语言习得与语言使用常常存在脱节的地方，使用最流利的语言不一定是最先习得的语言。薛才德（2009）通过对上海市民语言生活状况的调查发现，填报"幼年首先学会的话"是上海话的占了调查人数的63.14%，而认为"日常交谈中自认为说得最流利的话"是上海话的占了调查人数的60.18%，其间有3%的差距。而对于上海市大中学校学生语言生活状况的调查（2007）发现，这一差距达到了20%。这类例子在国外也很多，下面是 Linguaphiles 论坛上的一个案例：

---

[1]　比如，如果一位在美国的男孩，父亲是华人，母亲是德裔美国人，而继母是犹太人，继母原先的丈夫是波多黎各人，继母带来的儿子与华人父子重组家庭，便会出现 step brother 的兄弟关系。

● 🄰 cafecomics

葡萄牙语是我的母语（mother tongue），是我父母的语言，也是我讲的第一种语言。但法语是我的 first language（注：或许可以译为"首要语言"），是我的日常语言。我在上学前就开始讲法语。尽管我在学校里学了近十年的葡萄牙语，但还是很差劲。我用法语思维，用法语做梦。我的母语现在已经不够流利了，我总是在找词，在捞话（fishing for words）。我觉得我应该是地道的法语说话者（a native speaker of French）。

在上述例子中，如果按照语言使用的标准（使用最频繁、最流利），法语应该是其母语，但如果按照语言习得顺序来判断，其母语应该是葡萄牙语。

第三，对于弱势语言群体的母语人权保护不利。Skutnabb – Kangas and Phillipson（1994：71 – 110）反对采用语言使用这一功能性标准来定义母语，因为对于少数族裔语言群体（linguistic minorities）来说，他们儿童期间习得的第一语言常常不能成为长大以后的主要使用语言，而是被迫选择社会的优势语言作为自己的优势语言。因此这样定义出来的母语显得有失公平，也是不尊重语言人权（linguistic human rights）的表现。

第四，母语的界定最重要的指标应该是讲话人儿童语言习得经历，而不是讲话人目前语言使用的各种复杂状况。正如 De Vries（2006：618）所说："母语指的是一个人的过去，而优势语言指的是一个人的现在。"不能用现在的状态来定义以前的情形。

总之，语言使用尽管是母语界定中重要的参考依据，但绝不是最关键的和决定性的因素。

（四）母语与认同语言

母语具有对内认同和对外标记的意义。Davies（2004：446）提出"母语是自我认同的结果"。Skutnabb – Kangas（2008：86 – 88）也建议，为了维持少数裔民族的语言保持（language maintenance），即使儿童"缺乏（或完全没有）语言能力，也可以将该语言识别为'母语'"（It is possible to have a mother tongue that one does not have（any or "full"）competence in）。

然而与其他的母语界定标准相比，语言认同存在一定的主观性，目前争议还比较大。主要表现在以下几个方面：

第一，"认同"（也译作"身份"）是一个来自西方的社会心理学概念，20世纪80年代末引入中国后，在许多学科都得到广泛应用。但由于研究视角的多元化，常造成概念的滥用和术语的混乱，语言学界也莫能外。一些人常常把语言认同等同于语言态度（language attitude）、语言信仰（language belief），认为对一种语言的社会声望评价高就表明认同该语言。有研究者还提出了"被动认同"和"强制认同"的类型。如张先亮、苏珊（2011）认为畲族人放弃母语而认同汉语，是一种为了更好生计的"被动认同"，而日本占领东北时强迫中国人学习日语是一种"强制认同"。这里的"被动认同"和"强制认同"是否满足认同的基本指标，是否符合语言认同中"认同"的本意，有待商榷。

第二，认同是多层次的，一个少数民族人士可以既认同自己的方言，也可以认同民族语言，还可以认同国家通用语（或官方语言），而许多研究仅仅考虑其中一个层次；认同也具有多重性，跨越族群、性别、职业、区域、意识形态、宗教等维度，语言认同在不同的维度可能有不同的表现；认同既有个体性也有群体性，既有自我认同也有他者认同。这些不同种类和层次的认同之间很可能发生冲突。例如，张宏莉（2007：188—189）在《当代哈萨克斯坦民族关系研究》一书中指出，对于哈萨克斯坦的少数民族来说，俄语往往是许多人最早学会的语言，而本民族语言在很大程度上只是一种民族认同和象征。为了避免混淆，作为个人语言认同的"母语"用来专指孩童时习得的语言，而表示集体的身份象征的"民族认同语言"只能用"本族语"来表示。

第三，认同与语言习得产生的语言能力在绝大多数情况下是一致的，但有时也会出现两者不一致的情况。有时候，虽然语言能力较强，但并不认同该语言，只是将其作为交际工具而已；有时候虽然语言能力不足，但是因为环境、民族身份、文化特征、宗教信仰等原因，还是认同该语言；有时甚至会出现完全没有语言能力，而自报语言态度却显示具有语言认同的情况，导致因虚假认同而带来的所谓"伪母语"。

第四，认同不是万能的，认同的使用空间是有限的。仅仅根据自我认同来定义母语，常常具有不可靠性。例如，在英国历史上，威尔士语（Welsh）是一个被严重污名化的语言。19世纪的威尔士学校中常常备有刻着"WN"（Welsh Not）字样的模板，如果有学生不留神讲了威尔士语，就要被罚挂这块木板。威尔士人也有自卑感，许多家长坚决反对孩子学习威尔士语，孩子们努力掩饰威尔士语中的一些特殊腔调特征。人们缺乏对语言的依恋感、自豪感，没有乐于使用该语言的倾向。然而语言身份认同的缺失是否就能证明威尔士语不是这些人的母语？Pattanayak（2003：24—25）也认为仅仅根据认同来定义母语是不可靠的，如1961年印度的人口调查显示全国的"母语"有1652种，实际上，很多人心目中的母语只是一种外在认同标志，并非语言。

认同中的情感和归属意识是一些主观性比较强的特征，在现实生活中，认同对有些双语和多语人来说是个捉摸不透的东西，他们自己也说不清究竟更认同哪一种语言。同时，语言态度不是一成不变的，它会随着人的年龄增长或所处环境的变化而变化（郭骏，2013：34），而且"认同是一个动态建构的过程，可能存在的各种刻意操纵，对认同的建构更有实际的作用"（埃杰，2012：31）。可见只有将语言认同因素客观化、定量化和标准化才能作为母语界定的有效标准。

（五）母语与思维语言

一般认为，思维语言是语言能力的最高表现形式。母语的界定是否可以依据语言能力的测试结果，这其实是心理语言学的研究领域。至今为止，还没有得到肯定的答案。主要是因为存在以下一些难以解决的问题：

第一，母语是否可以通过"语言能力"的标准来界定？这其实涉及一个根本性问题：语言能力是母语的内在本质，还是母语的外在表现？换言之，母语能力是"根"还是"茎"？是"因"还是"果"？许多人认为，正因为已知某种语言是一个多语人的母语，我们才去能去考察该人的母语能力，而不能根据一个多语人的语言能力表现来断定其母语归属。二语或外语能力强于母语能力的例子数不胜数，更不用说母语磨蚀引起的母语能力下降了。语言能力至多可以用作识别母语时的参考标准，而不能作为定义母语的根本标准。

第二，"语言能力"至今没有明确的定义。《语言学词典》将"语言能力"定义为"在语言习得过程中获得的关于母语的（无意识的）理性知识，这是一个理想说者听者在一个语言同一的社团（即无地理方言和社会方言的语言社团）里所具备的能力"（布斯曼，2003：267）。同样，《现代语言学词典》也指出，"语言能力是一种理想化的语言概念，被视为与语言运用的概念相对立"（克里斯特尔，2007：60）。上面两种其实都是乔姆斯基的"语言能力"观，是个人通过"语言习得机制"（LAD）获得的。海姆斯（Hymes，1972：269—293）则将语言能力视为交际能力（communicative competence）的一个组成部分，而"交际能力"的外壳是语言的文化适宜性，其内核其实是萨丕尔—沃尔夫假说"语言相对论"的弱版本（Davies，2003：100—104）。而韩礼德（2004）指出，语言能力标准主要描述"能做某事"（can do），即完成语言任务的语言能力，而不是只描述语言知识和语言技能。

第三，母语能力的评估确实存在许多困难。"母语人是完美掌握一种语言句法的讲话人"（Chomsky，1965），然而什么是"掌握"？什么是"完美"？理论上的合理性不表示现实的可操作性。即使把"语言能力"看作是"语言水平"（language proficiency）来进行评估，也存在许多困难。每个人听说读写译各项能力都不均衡，究竟该以哪一项能力为准？比如，有些母语说话者的书面表达能力远远低于其口头表达能力，还有的人在某一领域表达流畅，在其他领域则很差。在现实生活中，对于语言发育迟缓、听力障碍患者的母语能力是否影响他们成为母语人？这些都必须进行考虑。

生成语言学提出通过句法敏感度测试量表来评估母语能力。该量表由一系列句法敏感度较高的句子组成，比如，歧义句、移位句、反身代词长距离约束句等，然后让受试对这些句子的语法正确性和可接受度进行判断。如果不能通过检测，则不能判定为该语言的母语人。[①]然而，即使是单语的母语人，其测试结果也会存在差异。如中华人民共和国成立之初，吕叔湘、丁声树等汉语语言学家对"打扫卫生""恢复疲劳""养病""救火"是否符合汉语语法就存在争议。况且语言中充满变异，不同区域（如苏格兰英语和英格兰英语）、不同族群（如美国黑人英语和美国标准英语）、不同年龄（新西兰的青少年英语和老年人英语），等等，都存在明显的句法变异。因此，是不是能够设计出一个可以真正检测出母语人的量表，还值得怀疑。不同背景的语言学家设计出的这个量表，也必然存在差异。也就是说，这种测定，也是存在主观性的。

第四，母语能力其实是一个连续统，即使制定出一套母语水平的检测

---

① 2012 年南京大学社会语言学实验室九周年庆典时，笔者就此问题向李亚非教授请教过。特此致谢。

标准，那么具有什么样的语言能力才能称为母语人？母语能力的最低要求或者说底线是什么？有没有所谓的母语"门槛"？其实，母语人的各类成员彼此之间也存在许多不同。他们不仅有不同的口音，而且有不同的语法，更不用说他们实际的语言使用水平的差距。就是说，母语能力不是"有和无"的问题，而是"多和少"的问题。语言习得的顺序具有模糊性、交替性，个体的语言认同具有渐成性（epigenetic）。因此，母语与非母语的边界是模糊的。Davies（2004：438）也认为用语言能力来判断母语人不是一个可行的标准，"因为这是一个无底洞。即使通过了某个句子测试，可能会想——若是再换一种句法现象呢？"以语言能力作为界定标准还面临一个"半语人"（semi‐linguals）的问题，有的人只能听懂大致自己的母语，不能表达和交谈，难道这些人是"半母语人"？因此，Kravchenko（2010：677）提出，语言能力对于母语人的界定没有实用价值。

　　Skutnabb‐Kangas（1981）认为，除了听说读写之外，用语言进行思维也许是语言能力的第五个领域，Cummins（1984）将其表述为语言的认知能力，即使用语言进行推理和想问题的能力。既然母语能力的最高标准或最佳体现常常被看作"语言用于思维"，那么如何判定思维时用的是哪一种语言？

　　关于思维是否需要母语的问题还有许多待解之谜。有人用做梦时的语言作为思维语言，然而许多双语人都有用两种语言做梦的经历。将母语作为思维工具，也无法解释一些人在经历某个突发事件后，"丢掉"自己的母语，改口说以前从来不说或根本不会说的语言——思维正常，母语"没了"。①

---

　　①　以下是笔者搜集到的部分案例："克罗地亚少女发高烧昏迷 24 小时，苏醒后忘掉母语说德语"（《扬州晚报》2010 年 4 月 14 日；英国《每日电讯》：http：//www. telegraph. co. uk/news/worldnews/europe/croatia/7583971/Croatian-teenager-wakes-from-coma-speaking-fluent-German. html；美国广播公司：http：//abcnews. go. com/ Health/Wellness/teen-wakes-coma-speaking-fluent-german/story？ id = 10395859）；"英 81 岁男子中风苏醒忘记母语，开讲'第二语言'"（环球网，2012 年 12 月 28 日）；"河南一妇女遭遇离奇车祸，苏醒后开口改说普通话"（《河南商报》2008 年 3 月 31 日）；"坠楼伤脑，丢了家乡话"（《重庆晚报》2005 年 7 月 25 日）；"乘客患旅途精神病忘掉家乡方言，突然会说普通话"（《东方今报》2009 年 2 月 3 日）。"湖南 94 岁老太脑梗入院，苏醒后说流利英文"，新华网：http：//news. xinhuanet. com/local/2015 ‐02/02/c_ 127448509. htm。

有人尝试通过"选择性关注"的认知心理实验来识别母语。①陈妍、邱小军（2011）在题为"母语为汉语的听者听英语时的空间去掩蔽现象研究"的论文中指出，选择性关注是听觉系统的一种适应能力，当周围的语音都不是母语时，人们可以感知到较远处的母语语音。通过这个实验，可以根据参与者对声源的关注和反应情形，大致判断其母语。通过声学辅助来确定一个人的母语属于心理语言学、神经语言学的研究课题，它有助于人类对语言脑加工机制的了解，但主要不是用来判断个体母语身份的。

虽然语言能力研究代表了脑科学的前沿，但母语更多的是社会语言学的概念，母语的界定不仅要考虑语言能力，还要考虑主观上的语言认同；不仅要考虑个体的语言能力，还要考虑群体对这种能力的认可度。因此，仅仅通过依据语言能力（包括所谓的"思维语言"）是无法界定母语的。

二　新的母语界定标准

一个学术概念所表述的应该是概念的内涵，是所反映对象的特有和本质属性。然而，现实生活中一些研究者常常直接以概念的外延（维度）来代替其内涵，有的虽然确定了其内涵，但并未揭示其真正的本质属性。"术语原则上要求能指与所指一一对应，即一个术语指称一个概念，一个概念用一种语言形式表示"（李宇明，2003）。与此类似，冯志伟（2011：35）也指出，"一个学科领域内，一个术语只表示一个概念，同一个概念只用同一个术语来表达"。

传统的定义中，无论是基于习得顺序、民族归属、语言能力、语言使用或是语言认同，都是从个体层面出发，都没有体现母语的群体性。然而在实际使用中，人们又常常以群体性为主，没有考虑"第一语言""最常用语言"与"民族母语保护""国家语言安全"不是同一个层面上的言说。国外语言学辞书也大多是从个人的语言习得角度对母语进行定义，然而人们在使用母语概念时，又往往是从群体层面的，如区域、民族、国家

---

① 所谓选择性关注（selective attention），是指人类天生具有选择听取自己关注的声音对象，并有效忽略周边背景噪音的能力。就像在鸡尾酒会上，虽然周围有音乐声、谈话声、脚步声、酒杯餐具的碰撞声等，吵到甚至连电话铃响都听不到，但是如果有人提到你的名字，你会立即有所反应，或者朝说话人望去，或者注意说话人下面说的话等。因此，这一效应也称为"鸡尾酒会效应"（cocktail party effect）。

等。而如果出现个体母语和群体母语不一致的情况——全球化背景下这种现象比比皆是，各类纷争就出现了。

王宁、孙炜（2005）提出的"社会母语"概念在一定程度上完善了母语概念，但没能完全解决这一问题，因为这一概念的实质是将个体性和群体性割裂开来，为各自寻求一个合法存在的归宿。我们知道，所有的母语都既有个体性，也有群体性，都既需要自我认同（个体自我认同或群体自我认同），也需要他者认同（同一社区中其他成员对于某一成员的集体认同，或不同群体对某一群体的集体认同）。

传统的母语定义在相当程度上反映了以往封闭、静态、同质的小乡村社区的语言现实，迄今仍然是我们研究的基本参照框架。然而社会语言生活的变化改变了语言学的实证基础，动态、多维、复杂交错的语言现象已经成为言语社区的主要语言特征和语言现实（徐大明，2010）。

本书将母语定义为"个人或群体通过早期言语互动建构起的身份认同语言"。从定义本身可以看出以下几点：

第一，母语是一种人类语言，需要符合某些特征。

第二，母语既是个体的，也是群体的。母语的个体性表现在每一个人都至少有一种自己的母语，母语的群体性表现在母语是言语社区的公共产品，在一定程度上属于一种社区规范。以往关于母语的定义仅仅认为母语是"一个人从小（自幼）学习的第一种语言"，忽视了母语的群体性。

第三，母语既有客观性，又有主观性。母语是客观的，因为母语是人们实实在在的交际工具，是可以观察到，学习到的；母语具有主观性，因为母语是一个人的身份认同。双语和多语人有时候只有一种母语，其判断标准就是"哪一种语言能够作为他（她）的语言身份（language identity）"。当然，母语的客观性中具有主观因素，因为在多语环境中，语言学习和语言使用都面临多种选择，而选择往往是主观的。同时，母语的主观性中又有一些客观因素，因为作为身份认同的母语，并不仅仅是自我认同，也包括社区的他者认同，因此，这样的母语认同属于一种集体意识，有较强的客观性。总的来说，母语的主观性中有客观性，客观性中有主观性。母语是主客观共同作用的产物。

第四，母语是建构起来的，而不是本质的、原生的。个体母语是讲话人在成长过程中与言语社区的其他成员进行言语互动中逐渐建构起来的，群体母语是一个言语群体在早期形成过程中逐渐建构起来的，包括母语的规范、对母语的情感以及对母语权利的意识，等等。作为某个群体的母语的汉语、英语、现代希伯来语、海地克里奥尔语都有一个明显的建构过程，都不是生来就有的。民族具有建构性，母语同样也具有建构性。母语的建构性是母语的最基本的特征，母语的二重性、共生性、流变性都是从建构性推导出来的。

之所以要确立这样一个新的母语界定标准，是因为以往的母语定义忽视了母语的这些基本特征，没有能够抓住母语的本质属性，因而不能完整准确地描写当代的语言生活，不能解释当前的"双母语现象"和"母语磨蚀""母语转用"现象，在讨论"母语教育""母语人权""母语资源"等话题时，也不能为语言政策和语言规划提供适宜的理论支持，因而在推行联合国教科文组织的"国际母语日"活动时，往往显得左支右绌，力不从心。

本书第三章将专门对母语的建构性进行论证，第四章则讨论母语的二重性：主观—客观二重性和个体—群体二重性，第五章则论证母语的共生性，即双母语现象，第六章将分析母语的解构情况，即母语的流变性，并在此基础上探讨母语社区规划问题——正因为母语不是原生的、本质的，所有母语是可以进行规划的。

本章小结

本章介绍了"母语"术语的起源，对时下流行的各种母语界定标准进行了回顾，并从方言母语、群体母语和母语失却三个方面对母语研究中的一些争议问题进行了综述。

从上面几节的文献回顾可以看出，在母语问题的研究中，中国学者做出了一些创造性的贡献，比如，戴庆厦、何俊芳（1997）基于人类学和民族学的"心理母语"和"第二母语"的研究；李宇明（2003）基于社会学和民族学的母语研究，及关于"母语权利"的研究；王宁、孙炜（2005）基于社会心理学，对为"自然母语"和"社会母语"的研究，徐大明（2013）关于母语经济的研究，等等。

然而目前的研究还存在一些明显的问题。概括起来，主要有以下几个方面：

一、母语研究散布于民族学、社会学、教育学、语言学等学科领域，不同研究范畴内的认知角度差异直接导致了母语研究成果的零碎性和案例性，尚未形成较系统母语理论框架。具体来说，当前母语研究的重心过多地被语言（负）迁移、语言濒危、语文教育等具象所困囿，常常流于描述性或应用性的研究，而对于母语本身以及理论上的关注极其有限。

二、大部分学者进行的还是母语的应用研究，而对于母语概念本身的探讨相对较少。多年来，母语概念一直内涵不清、外延模糊。母语性质和特征的理论探讨也很缺乏，有的即使指出了母语的一些特性，如母语是"可变的""带有主观性的""多元的"，等等，但没有从理论层面进行深入阐述，也没有指出这些特性对于语言学的启示，及对语言政策和语言规划的影响。

三、在关于语言的地位、作用及功能的研究中，没有将母语与外语和二语进行系统比较，有关研究成果无法成为制定语言政策所需的依据。国际社会在语言规划中凸显母语作用的经验也没有得到总结和理论提炼，对于母语认同在建设和谐社会中的地位和作用还没有得到足够的认识。母语的应用研究既无整体思路，又无热点话题，缺乏专门的研究成果。

总之，目前母语的理论研究缺乏系统性，在应用研究中，语言规划视角的母语研究还未得到重视。母语概念认知的巨大分歧，母语应用研究的欠缺，导致了人们对母语的地位、作用与功能的不同看法，并由此引起了语言规划、语言政策的制定过程中母语定位的偏差，以及在实践中人们对既定母语政策理解上的偏差。

最后要说的是，从事具体的母语问题研究的学者似乎不太关心自己所使用术语的概念内涵，以及概念在使用过程中的意义变迁，甚至有些瞧不起在这些问题上"斤斤计较"的人。笔者认为，的确不应该把日常语言与技术语言混为一谈，并且做一些无谓的争论，但前提是，理论创立者必须明确界定技术术语，理论消费者必须准确使用技术术语。唯有如此，才能减少因术语的混乱而产生对理论的误解与偏见。

第三章

母语的建构性

本书将母语定义为"个人或群体通过早期言语互动建构起的身份认同语言"。定义涉及"建构""个体—群体""身份认同"三个关键概念，其中"个体—群体"是母语建构的主体，"认同"是建构的结果。因此，"建构"是母语的根本性特征。本章将从理论与实践两个方面探讨母语的建构性特征。

本章重点探讨以下三个问题：（1）为什么母语是建构的，而不是原生的？母语建构的关键要素有哪些？（2）个体的母语能力是如何建构的？母语能力在母语识别中有何基础性作用？（3）母语认同建构的主要类型有哪些？母语认同在母语识别中有何关键作用？

在理论方面，本章依据的是以"言语互动"与"语言认同"为核心的言语社区理论，这是近年来在中国得到快速发展的社会语言学理论；在实践方面，主要是结合笔者近年来在云南等地的进行的双语情况田野调查所获取的材料，以及通过网络等途径收集到的国外双语习得案例。

第一节　建构性：母语的本质特征

本节首先介绍与原生论相对的建构理论，提出母语的建构性假说；然后基于社会语言学中的言语社区理论来论证母语建构的要素，论证言语互动和语言认同是母语社区建构的两个关键因素。

一　母语的原生论与建构论

原生论（primordialism），又称本质论（essentialism）或先天论（nativism）。母语的本质论认为母语是先验存在的，是与生俱来、不可选择和不可改变的。

　　按照母语本质论的观点，一个族群的母语，是原本这样，历来如此，无起点，无终点，不存在母语最初的形成过程，也从来不存在讲话人内部语言认同的分歧；从个体角度看，原生论认为，母语是个体所在群体的血统、宗教、语言文化等特征的直接投射，是基于个人的这些先天属性而预先确定的，是唯一的，个人没有选择的机会。母语习得本质上是一种生物和遗传属性的表现，外在环境只是起到触发作用而已。比如，一个傣族人必然自幼习得傣语，认同傣语，以傣语为母语；或者，一个英国人必然自幼习得英语，认同英语，以英语为母语。

　　母语本质论并不缺乏认可的市场。诸如"母语是天生的，不是学出来的""母语是与生俱来的，是无法选择的""母语是一个人事先拥有的社会属性，人们的交际活动只是对其母语身份属性的一种反映"等说法不绝于耳。

　　母语的本质论来自于民族（族群）的原生论，两者相辅相成。民族原生论认定民族是自古以来已经存在的自然现象。如德国的费希特（Johann Gottlieb Fichte，1762－1814）提出"德国民族以共同的语言及思考方式统一"，认为语文是民族的决定性特征；赫尔德（Johann Gottfried Herder，1744－1803）认为每个社群都有自己的语文，从而有不同的思考模式，以此维持稳定的自然形态。原生论认为，族群认同是与生俱来的，是建立在真实和被感知的特质之上的，扎根于基因，取决于先于个人存在的特质（如肤色、血缘、民俗），成员有共同的历史记忆和文化元素（如宗教和语言），并依附于特定地域。因此，血统（如炎黄子孙）、宗教信仰（如伊斯兰教）、地域（如苏格兰人）等都可以用来界定"民族身份"。从哲学角度看，原生论是一种先在地预设对象的本质，然后用这种本质去解释对象的存在和发展的认知方式，强调共时性和稳定性（查雯，2013：106）。

　　建构论，也称建构主义（constructivism），是对本质论的反动。第二次世界大战以后，许多学者发现本质论无法有效界定民族的本质，开始转向建构论，其中以安德森的"想象的共同体"最为著名。安德森（Anderson）将现代民族实际上视为文化传播及政治运作的建构产物，认为"共享的历史可以是虚构的，共同的祖先可以是臆想的"（2011：54），指出，"没有什么比资本主义更能有效地将彼此相关的方言组合起来。在文法与句法所限制的范围内，资本主义创造了可以用机器复制，并且通过市场扩散的印刷语言……这些被印刷品所联结的'读者同胞们'，在其世俗的、特殊的和'可见之不可见'当中，形成民族的想象的共同体的胚胎"（2011：43）。如果把族群喻为筑墙用的石头，那么对原生论而言，社会就是由各种具有清晰边界的石头组成的墙，而对建构论而言，石头只是一个门面，一个象征，更重要的是隐藏其后的、可解释的社会结构（左宏愿，2012：107—114）。

建构论强调建造的过程，认为现实是通过主体在社会交往中，在与周围环境互动的过程中，逐步建构起来的，社会过程（尤其是语言）对日常生活和经验有着重要意义；建构论重视实践的作用，认为实践建构了个体的共同观念结构和身份认同。实践使个体成为具有能力的实体，并赋予其界定自我和他者的行为基础。

建构主义有个体取向和社会取向两个维度。个体取向关注社会的"客观性"知识如何被个体主观地顺应和内化，从而建构起自己的知识结构；社会取向关注个体建构和重构的主观性知识最终被确定为社会性客观知识这一过程（孙君，2013：88—90）。由于母语既有个体性又有群体性，因此这两个维度都必须考虑。

同时，"建构"暗示着原有的结构是可以加工和改变的。建构离不开解构，只有超越旧观念才能诞生新思想。实践决定了个体身份的可变性，如果改变实践的内涵和形式，个体的实践能力和认同偏好均会发生变化。例如，族群认同不一定与文化边界相一致，族群认同是动态的、流变的，而且常常是政治和社会建构的产物。建构主义关注这种变化过程，而不是结果。

如今，建构主义已经成为当代西方社会科学哲学的一股重要思潮，在民族研究、社会分析、文化研究、学习理论等研究领域中获得了广泛应用。社会语言学视角的母语研究完全可以借鉴这一范式。

母语建构论的中心思想是母语是非先天性的，母语不是纯粹的自然现象。而是在真实的、特定的言语互动中建构起来的，是主客观共同作用的产物。母语建构论虽然也承认外部输入的必要性，但不承认母语身份是预先存在的，认为讲话人的"内部加工"更为重要，认为在不同社会环境中，个体与其他社会成员的交往历史，直接制约着语言习得的过程和结果。人们的母语知识是主动建构而非被动赋予，是个人经验的合理化整合。

母语的获得必须用一个能够将结构主义和建构主义紧密地结合在一起的理论加以说明。皮亚杰（1981：7）指出，建构形成结构，每一种结构都是建构的结果；结构不断地建构，从比较简单的结构到更为复杂的结构，其建构过程依赖于主体的不断活动。这样回溯到最初，母语的建构就和主体的生理机制联系起来了，但是这些机制（如乔姆斯基的 LAD）并不是预先就包含着所有那些建构物，而仅仅是建构的物质平台。

索绪尔的结构主义语言学所主张的还是描述性质的、静止的结构主义，乔姆斯基的语言学采取了发生学视角，着重言语的创造性，但仍然认为语言生成的根源是理性，是由遗传机制来解释的。皮亚杰则认为"不存在没有构造过程的结构"，语言的建构不能脱离主体的活动，结构不是天赋的，也不是从外在世界直接接受得来的，不能把历时性中得出的结构误认为是共时性的，"结构是一种开放的连续不断的构造过程的结果"，结构和功能、起源和历史、个体与社会都是不可分离的（皮亚杰，1984：6—12）。

母语的起源问题包括母语概念的起源和母语实体的起源，而后者又可分为个体母语的起源和群体母语的起源。我们关注母语的起源问题，并不是因为它是绝对重要的，而是因为总的说来它还没有受到学者的重视——传统的母语研究只顾及"高阶"的母语，换言之，只顾到母语建构后的结果。母语不是先验的，不是主体的生物或种族属性预先决定了的，也不一定是在外部环境触发下主体说出的第一种语言。应该避免把母语起源的研究与母语不断建构的各阶段对立起来，其实，从来就没有什么绝对的开端。正如皮亚杰所言：

> 这样一些起源是无限地往回延伸的，因为一些最原始的阶段本身也总是以多少属于机体发生的一些阶段为其先导的，如此等等。所以坚持需要一个发生学的探讨，并不意味着我们给予这个或那个被认为是绝对起点的阶段以一种特权地位；这倒不如说是注意到存在着一个未经清楚界定的建构，并强调我们要了解这种建构的原因和机制就必须了解它的所有的或至少是尽可能多的阶段。（皮亚杰，1981：18）

母语建构论认为无论是个体母语还是群体母语都是社会建构的产物。

个体的母语身份是在其社会化过程中，在与言语社区成员互动的过程中，通过语言认同的形成，而逐渐建构起来的；母语身份并非固有的（intrinsic）或与生俱来的（inherent），也不是一成不变的（invariable）。在建构过程中，可能因为各种内部因素和外部因素的作用而导致母语建构的停滞或建构失败，甚至导致母语解构。

功能语法创始人之一的 Halliday（2004）在《从儿语到母语的过渡》（"On the Transition from Child Tongue to Mother Tongue"）一文中，通过对儿童语言习得与发展的观察，论证了人类母语是逐渐建构起来的。韩礼德指出，早期儿童语言不是母语，甚至还不具备人类语言的性质，因为所有人类语言都具有三个层面（stratum）：音系层面、词汇——语法层面和语义，而早期儿童语言只有语音和语义两个层面，他们之间是一对一的固定的关系。随着儿童语言的发展，词汇——句法系统逐渐建构起来，成为具有创造性的可自由组合的系统，开始具备真正人类语言的属性。从这一层意义上说，母语不是原生的，而是建构的。

Paikeday（1985）的《母语人死了》（*The Native Speaker Is Dead*！）一书中，有一章题为"母语人是先天的还是后天的？"（"Is a native speaker born or made?"），专门讨论了关于"母语人"的原生性和建构性的各种纷争。基于大量个体语言习得和群体语言认同的例证，作者指出，"母语人"的身份是后天建构的。

与此类似，Coulmas 在《社会语言学：说话者如何作出选择》（*Sociolinguistics：The Study of Speakers' Choice*）一书中，就母语的"既定性和可选性"（destiny or choice）选择，给出了自己的回答："母语是一种社会建构，是讲话人选择的结果。语言与身份的认同不是天生不变的，而是处于动态变化、可选择过程中的。"（2010：173）

王又平（2001：106）认为应当从时间和空间两个方面界定母语。在时间方面，母语具有传统性；在空间方面，母语具有本土性。由于时间和空间都是变量，因此母语必然是动态的，因为世界上不存在静止的传统，也不存在纯正的本土。

从群体层面看，原生论者认为母语是民族的标志，是一种历史进程中本来存在之物。而建构论则坚持认为，母语是与民族及个人都密切相关的"发明"，母语是民族形成的标志，是个人社会化之产物。一个民族的母语并不是天生就存在的，相反它是在民族形成过程中逐渐形成的。一些特定的历史事件和环境也会影响民族之间的界限，影响民族母语发展的历史进程，如盎格鲁—撒克逊人经过长期的战争、移民、混居，逐渐与克尔特人、丹麦人、法兰西人一道形成现今的英格兰人，并同时形成了作为英格兰人母语的英语。同样，中国的回族、满族和以色列的希伯来人，其母语发展历程都清晰地显示了其建构过程。

我们现在随时提及的被赋予各种不同标签的"语言"，如汉语、英语、希伯来语、塞尔维亚语、斯洛伐克语，等等，并不是一个个天生就有的界限分明的实体，而是经过了历史上长期的民族、文化和政治权利的建构，基于官方和民间的各种语言意识的培育而形成的交际和认同工具。"想象的共同体"（安德森，2011）中的人们通过这种"语言意识"来区分"他者"，并建构自己"母语人"的语言身份。

母语的语感是后天习得的，母语习得其实就是母语建构的过程。对于每一个个体讲话人而言，母语的建构过程就是获得语言交际能力的过程，也是从生物人转变为社会人的过程。而对于每一个民族而言，母语的建构过程就是该民族塑形的过程。例如，汉族的形成是与汉民族共同语的形成相伴而成的，汉民族和作为汉民族母语的汉语，其形成都不是一蹴而就的。英语的演变和成形与英吉利民族的成形也是同步的。

通常而言，3—5 岁的儿童都可以掌握母语的语言系统，这一事实是"语言能力先天性"假说的实证基础。然而，具备共同语言天赋的人类儿童却习得了各不相同的母语，这是因为语言习得至少需要满足两个条件："一个是脑体发育正常的儿童，另一个是母语社区"（徐大明，2013：2）。母语原生论者认识到了母语建构内在的生物学基础，但忽视了外在的母语社区在母语建构中的作用。徐大明（2004）指出，"可以有没有标志性语言的社区，不可以有无社区依托的语言"。也就是说，世界上没有一种语言是凭空产生和存在的，语言总是和某个社团相联系，在这个群体中发挥作用。母语和言语社区（speech community）是密不可分、相互决定、同生共灭的。从某种意义上说它们是同一事实的两个方面。因此，下面我们将从言语社区的视角来审视母语的建构性。

二　母语建构：言语社区理论视角

（一）言语社区理论

言语社区是社会语言学的重要概念。甘柏兹（Gumperz）认为，尽管社会语言学领域有不同流派，但众多社会语言学学者都将言语社区视为首要的研究对象和调查的基本单位（高海洋，2003）。Patrick（2002）也说，"言语社区是实证语言学的一个核心概念，是社会语言学理论和方法中许多问题的交汇处"。

随着全球化、城市化、信息化的发展以及人口流动的增加，现在的语言生活已经发生了很大变化，言语社区期待完整和充分的理论阐释。徐大明（2004）在"自然交际聚合体"的研究基础上提出了言语社区理论，认为长期合作形成的默契将人们契合在一起，发展到一定程度，产生了自觉的意识，于是自然社区发展成言语社区。言语社区理论就是"关于语言使用者的组织系统的解释"。

言语社区理论的核心观点有："语言的自然存现单位是言语社区"；"言语社区是可观察、可测量的实体，可以通过人口、地域、互动、设施、认同五要素的定量指标来确认"①，其中前面三个要素是言语社区的基础条件，可称作为"在一定区域互动的人口"，三个要素是三位一体的。言语社区是"语言使用和语言态度具有高度一致性的人群，遵循特定的语言使用规范，能够进行有效的社会交际"（徐大明，2010：21）；同时，言语社区也是具有层次性的，大的言语社区会包含小的言语社区（李现乐，2010）。

在语言接触区域（其实在任何地方），言语社区和语言社区（language community）的范围是不一致的。一般而言，言语社区是在言语互动中建构起来的，而语言社区是直接根据语言名称来指称的；言语社区基于语库的配置和相应的使用规范，可以是多语的，语言社区基于成员对一种规定的标准语言忠诚，将其视为"自己的"语言，是意念上的聚合，以"拥有同一种语言"为界定标准；言语社区是充满变异的，而语言社区是同质的；言语社区强调"持久稳定、可预知的交际规则"，看重"语用修辞"，而语言社区看重"句法"与"结构"等抽象化的语言知识（Irvine，2006）。

由于言语社区是基于情景经验的建构，适合"多元化社区"和语言

---

① 徐大明认为，言语社区的五要素都可以量化，都具有排他性（exclusiveness）。时间不是言语社区的界定要素，只是互动的一个维度。言语社区的建构需要"有足够的互动"。就互动强度和持续度而言，时间不是独立的量，不是直接要素，而只是表象。

接触动态机制的分析，因此能够"包含属于多个语言社区的人"，并且对于在任何场合下适合使用哪种语言的"场合类型"有着共同的理解（Silverstein，1998：402－407；Irvine，2006：688）。因此，Freeland（2013）认为，在尼加拉瓜，一些具有双重身份、居住在混合性社区中的人，应该属于"一个更大规模的言语社区，该言语社区包含了他们使用的两种语言"。

一个双语的言语社区自然就包含两种交际语言，说这两种语言的成员构成的语言社区部分重叠，甚至完全重叠，成为一个全民双语的言语社区。全球华语社区是一个语言社区，一个基于共同历史、文化和语言文字的"想象的共同体"，它能否成为一个现实生活中的言语社区，主要是看有多少"想象的"成分能够变成真正的、共时的交际规范。

21世纪初，社会语言学研究开始关注社会网络（social networks）和实践社区（communities of practice）在言语社区形成中的作用。言语社区理论整合了上述研究成果，并将重点放到了"对语言使用者的解释"。言语社区理论侧重于理论解释，侧重于普通语言学的建设（徐大明，2010：16）。不依赖言语社区的"母语"和"母语能力"研究很可能落入空洞与抽象的思辨，而言语社区理论必将对"母语人组织系统""母语社区"和"母语建构性"等研究起到很好的理论指导意义。

（二）互动与认同：言语社区的建构要素

互动是言语社区五要素中的第一要素，因为一切都围绕"互动"在运作：人口和地域是互动的基础，认同是互动的结果，而语言是互动的表现、工具（设施）和副产品，也就是说语言结构和意义是话语参加者协作互动的产物。

人们的频繁交往构成了言语社区。在吉登斯（Giddens，1998）那里，互动是指人的行为中具有持续意识的过程。当人在"行动"时，他会沉浸于绵延的时间流中进行流畅行动，并自然而然地进行社会建构（刘江涛、田佑中，2003：23—24）。通常而言，聚集在一定区域内的人群会形成一个社会经济单位，单位成员之间自然也保持着频繁的社会和经济互动，其中最主要的就是言语互动。因此，言语社区在很大程度上与一般意义上的社区产生重合，是意料之中的事（徐大明，2004）。

互动应该既包括言语输入，也包括言语输出。早期儿童语言习得往往更多地强调语言的充分输入，而常常无意中忽视语言输出——尽管没有语言输出是不可能有真正的语言习得的。其实，现在许多接受型双语（receptive bilingualism，也叫被动式双语），就是仅有母语输入，而较少母语输出。如少数民族双语地区的一些儿童，仅能听懂父母的少数民族语言，但不太会说，双方用民族语交流存在很大障碍。

频繁持续的言语互动是儿童习得母语的必要条件。李宇明（2004：301—30）在《儿童语言的发展》一书中指出，乔姆斯基认为只要有语言输入，儿童就可获得语言能力。然而仅凭语言输入无法获得说的能力，顶多能获得听的能力。事实上，人们已经发现只对着电视学不会语言的例子。而且乔姆斯基学说"可证伪性"极低，因为语言输出贯穿在正常儿童语言发展的实际中。强调机械模仿的行为主义也并没有将语言输出放在重要位置。"只有社会交往说，才真正看到了语言输出的重要价值，认为没有语言输出，即使具备了语言学习的其他条件，儿童也不可能获得语言"。

言语互动是语言认同的基础。尽管人们不能与言语社区的所有的人互动，但人们总是习惯于与自我归类的言语社区成员互动，而自我归类就是一种认同。归类的过程中就包括了语言的选择。互动产生了言语规范、语言标准和认同。语言认同的根本基础是互动。认同是实践的副产品，是长期合作和互动过程中形成的心理连带过程。就互动社会语言学来看，认同一方面在互动中体现，同时也可以通过互动来突出或强调；交际者可以通过使用某个语言变体表明自己隶属于哪个社会集团，也可以通过特定言语特征来有意识地强调自己作为某社会集团成员的身份（徐大明，2010：176）。

语言认同包括语言态度、语言评价在内的"自我认同"和"他者认同"。在互动中，参与者既共同协调和建构了话语和行为方式，又不断建构和重构各自的社会身份。作为社区内的语言，母语反映了个人或社区成员对社区语言和社区文化的某种认同，人们的社区归属感即来源于此。在认同建构后，言语社区雏形就逐渐发展为成熟的言语社区。这里的认同包括对交际规范的认同，对交际工具（语言这一设施）的认同，这些可以从言语规范的（不自觉）遵守、言语本体的情感依赖、语言价值的正面评价等指标看出。

虽然所有语言都具有程度不同的复杂且完整的结构，都是能够满足不同说话者需要的交际工具，不存在一种语言比另一种语言优越的情形，但还是有些人坚持认为某些语言是"好"的，某些语言是"差"的，这实际上只是一种社会态度，他们的评价是建立在社会和文化价值基础之上的，那些被认为是"好"的语言一般都与威信高的社会集团相关联，是针对某一语言集团的倾向性看法而不是对该语言本身的评价。

勒帕热（Le Page，1986）认为，讲话人在每次发出一段话语的时候，实际上也是表示他是在何种程度上认同言语社区中的某某群体。唐斯（Downes，1998）指出，社区中无数的个人的认同行为最终构成了在社区层次上体现出来的结构性特征，这些特征就是社区规范，而这些规范使得言语活动产生意义。拉波夫（Labov，1972：120—121）强调："对语言集团的限定，与其说是根据在语言成分使用上的明显一致，不如说是根据参与共同遵守一套准则的情况。"王玲（2009）也指出，"认同是五要素中最重要的一个鉴定要素，是言语社区最终形成的重要标志。"美国哈佛大学教授马尔西列那·H. 摩根（Marcyliena H. Morgan）在专著《言语社区：语言人类学的重要论题》（*Speech Communities：Key Topics in Linguistic Anthropology*）中指出，言语社区并不是基于语言事实而建立起来的，那些期望分享自身观点与认同的人，才是社区得以组建的关键因素。

母语社区，即母语所赖以存在的言语社区，由讲某种母语为主的人群构成。它既可以是单语的，如某些偏僻的少数民族村落；也可以是双语或多语的，如有些已经发生或正在发生语言转用的少数民族社区，海外的华人聚居区等。只有母语社区存在，才能保证使用这一母语的人群的心理认同的凝聚性。单纯的个体力量是极其微弱的，语言只有在群体的实际使用当中才具有活力。母语社区的维持关键在认同。成员对自己的母语有了认同才会爱护并且积极保持下去。所以增强母语社区的言语自豪感是一个努力的方向。

总而言之，母语的建构离不开言语互动。在甘柏兹（Gumperz，1982）创立的"互动社会语言学"（Interactional Sociolinguistics）中，语言产生于互动，互动塑造语言；语言的结构和意义是话语参加者之间协作、互动的产物；随着互动的展开，认同可以改变或重塑；使用语言可以表达认同，同时也是"认同"作为一个动态过程的体现（徐大明，2010：176）。所以认同既是一种动态过程，也是这一过程的结果。

第二节 母语能力建构与母语认同建构

本节将讨论母语能力的建构和母语认同的建构。母语能力更多体现母语的客观性特征，而母语认同更多体现母语的主观性特征，两者都是频繁而持久的言语互动的结果。

一 语言早期习得与母语能力建构

（一）母语能力

人们发现，语言习得时间差异会对语言能力产生巨大影响。与幼儿早期开始习得的母语相比，在习得关键期之后学到的第二语言或外语，会在语言能力，特别是句法能力上存在差距。即使是一些非常优秀的二语学习者，他们在口音以及语法判断能力上仍然与母语者存在细微的差别。[①]一些在西方非常成功的华裔作家，其作品中也常常可以发现语法类型有汉语话题痕迹，尽管没有语法错误存在。

因此，有人将语言能力作为母语识别的一个重要标准，将母语人视作"具有相对稳定和一致的语法判断的一群人"（Singh，2006），有人甚至提出"母语就是母语能力"的说法。那么究竟什么是语言能力？至今为止，这个问题仍然存在较大争议。

乔姆斯基（1965）区分了"语言能力"（language competence）与"语言表现"（language performance），认为"语言能力"是母语人头脑中的语言知识，是一种自足的语法系统，是潜在的、抽象的，是说话人说出和理解无限多句子和识别语法错误和歧义的能力。这一系统在每个母语人的头脑中是一致的，是没有任何等级差别的，"有点像把同样的词典分发给每个人使用"（索绪尔，1980：41）。从乔姆斯基的理论可以推断：人的语言能力水平是不可比的，是天赋的，完全一致的。同一言语社区的每一个母语人都有同样的母语能力，虽然实际的语言表现存在很大差异。韩

---

① 蔡冰博士在私下交流时曾分享过下面的例子：一位在美国大学任教的华裔教授看到电视上忽然出现一大群羚羊，就指着画面脱口而出："Antelope！"周围的美国学生也脱口而出："Antelopes！"但教授用的是单数，而那些学生用的是复数。教授立刻感觉到尽管他在美国多年，语言能力要比美国学生高很多，但在语感和句法敏感度上还是不如这些英语母语者。

礼德（1978）的语言行为潜势（linguistics behaviour potential）和实际语言行为（actual linguistics behaviour）也是类似的区分。但与乔姆斯基不同的是，韩礼德重视的不是抽象的语言知识，而是社会语言能力（sociolinguistic competence）。与韩礼德的"社会语言能力"类似，海姆斯（1972：269—293）提出了"交际能力"（communicative competence），认为"语法正确性""语言可行性""语言得体性"也是语言能力的重要组成部分。

然而，也有学者认为，对于母语者而言，其语言表达只关乎流畅性（language fluency）的问题，而与语言水平（即熟练度，proficiency）无涉（Breiner-Sanders, K. E., et al, 2000：13-18）。无论是哪一种情况，上述讨论大多是理论上的分类，缺乏在实际操作中对语言能力进行测量的指标。

刘壮等（2013：88—97）认为，"人的语言能力水平是可比的"，人的语言能力是"能做某事的能力"（"can do"），是完成现实生活中语言任务的能力。换言之，语言能力标准就是描述"完成语言任务的语言能力"，而不是关于语言知识和语言技能的（王佶旻，2011：104）。例如，在一则"大学生母语能力调查问卷"中①，参与调查者必须回答以下问题（节选）：

20. 能够在 1 分钟内读完篇幅为 150 字的小故事，并能够掌握所读材料的主旨和大意。

21. 能用书面语言清晰阐述自我观点、表达意图。

22. 在写文章时，很少会出现提笔忘字的情况。

23. 在写文章时，会使用一些华丽的辞藻。

24. 能独立起草信函、通知等常见体裁的短文。

26. 对中国古代神话故事有所了解，如：巨灵劈山、刘阮入天台、黄帝战蚩尤、盘古开天、大山化五峰、鲲鹏、仓颉造字等。

这里的"大学生母语能力"涉及阅读能力（20）、书面写作能力（21—24），以及文化方面的能力（26）。因而是可以形成一定的测试标

---

① "大学生母语能力调查问卷"，参见网址 http：//www. sojump. com/jq/2388358. aspx? tpd = 1。

准的。

这实际上将内隐的"language competence"变成了外显的"language proficiency"。蔡冰（2013：616）在《"语言能力"是什么？》一文中对与语言能力相关的四个英文术语（1）language competence；（2）language proficiency；（3）language skills；（4）language ability 所表达的概念、概念范畴和概念关系进行了分析，建议将这四个术语分别改译为"语言知识""语言水平""语言技能"和"语言能力"，以准确表达原术语中不同的所指。①

（二）母语者的语言能力要求

Medgyes（1992）将那些外语说得与母语人差不多纯正的人称为"伪母语者"（pseudo-native speakers），认为他们语言的非地道性会很容易被测试出。那么，要成为一名母语者，其语言能力有没有最低要求呢？换言之，一个人的语言能力低到了什么程度，就不能将该语言称为其为母语了？这里面既涉及母语建构的问题，也涉及母语解构的问题。而这两者都是"母语磨蚀"（first language attrition）课题研究的问题：在双语或多语环境下，儿童正在或已经习得的母语，有可能会受到强势语言的干扰，导致习得停滞或中断，甚至出现母语替代现象。

如何识别母语能力上的差别？形式语言学认为语言能力以理想的语言使用者的语感为标准，因此可以通过句法敏感句来测试"语感"，即母语人可以依赖语言直觉（syntactic intuition）对句法敏感句子的可接受性（acceptability）进行判断。然而，如果量表中的20个"敏感"句子全部判断正确的是属于"理想的母语讲话人"，那么对其中18或19个句子判断正确的人，或者判断正确10—11个句子的人呢？超过什么界限，可以看作是非母语人呢？其实，仅仅基于直觉的语感判断是缺乏有效性和可靠性的。生成学派认为"每个说话人都有一套关于自己语言的内化了的语言知识"，然而在实践上常常发现，被调查人所谓"我们绝对不会那样说话"的宣称，其实往往并不符合讲话人自己实际的语言表现。自报的"语感"有时会与自己的语言实践相矛盾。

对于双语和多语人，特别是对于具有深度语言接触地区的讲话人，语言能力变异程度更大，情况更为复杂。语言接触到一定的深度，必然会发

---

① 台湾语言学界将 language competence 译为"语言知能"，兼顾"语言知识"与"语言能力"的语义，应该也是一个可取的译法。

生语言结构上的迁移，最典型的是在母语迁移（mother tongue shift，参见李宇明，2003）时，原语底层（stratum）结构的保留。正如陈保亚（2012：2）指出的："当有些傣族村寨发生母语转移，即他们的母语不再是傣语而是汉语，这时的汉语就带有很多傣语结构。"因此，通过语言结构来判断母语的情形，确实存在许多问题。

社会语言学认为，对于句法敏感句子的判断，除了受到即时语境的影响外，还会受到讲话人的性别、年龄、教育背景、地域背景的影响。例如，刁晏斌（2003：83）指出，"程度副词＋名词"和"动宾组合带宾语"两种结构的接受度会受到年龄、区域的影响。又如，虽然美国一些大学教授坚称现在年轻人把虚拟语气中的"If I were"说成"if I was"是不合句法的，但是有人认为"年轻人中流行的这种说法却正是向'合语法性'的回归"（司富珍，2008：32）。

在功能学派看来，判定一个是单语人，还是双语或多语人，本身就是一件很复杂的事。不用说当今全球化时代，移民、族际婚姻等的事来的语言深度接触，即使在古代，许多商人、军人、牧师、水手、战俘等，都是双语或多语人。从年龄看，出生不久的婴儿有没有母语？一个人的语言能力到达什么程度才可以算是母语？从社会类别看，先天聋哑人的母语是什么？哑语能不能看作他们的母语？对于一些患有严重语言障碍的人，怎么判断其母语？诸如此类的问题，可以让我们看出母语的判定不是一件简单的"有和无"或"是和否"的问题。社会中的母语情形其实是一个与概率有关的连续统，符合测不准定律。社会中患有某种语言障碍的人很多，程度不一，有的甚至无法交谈，基本的表述也相当困难，程度不一。如何看待他们的母语事实？功能学派认为，当语料足够大时，所有的语法规则都会出现例外。

同样，如果说在单语的封闭的言语社区里，母语的判定还不会出现困难，那么当我们充分考虑各种类型、各种规模的言语社区时，我们就会发现母语现象的判定并不是整齐划一的，而是充满着变数和困难的。且不说对于初生婴儿、先天性的聋哑人，或者是程度和类型不一的语障患者，其母语的判定固然存在一些困难，那些从小生活在双语家庭，或者是社区语言与家庭语言不同的儿童，或者是在3—5岁期间被收养的儿童，或者能听懂父母语言但不会用该语言进行交谈的处于语言替换过程中的青少年，他们的母语判定也是存在许多困难的。"严酷的"事实是，无论是采用哪种方案（如语言能力、民族归属、语言习得、语言认同等），都不能做到"一把尺子量到底"，总有例外情形出现。

其实，根据形式学派设计的量表进行检测，其结果就是一个"多和少"的情形，而不是一个"有和无"的问题。在乔姆斯基那里，有一个"理想的母语人"的概念，其实这一说法本身就存在一个预设，即世界上确实存在母语不完美的人。就某种语言而言，如果将"完美的母语人"置于一端，而"母语能力几乎为零"或"算不上母语者"的人在另一端，那么处于中间的母语讲话人就形成了一个连续统（continuum）。在这个连续统上，从何处设点，将母语人与非母语人切分开来，可能是个无法完成的任务。还有一个问题就是鲍林杰（Bolinger）在《语言要略》中指出的，"我们的语言理解能力大大超过我们的造句能力"（1993：500）。在听的能力和说的能力不平衡时，对母语能力的评估究竟应该侧重哪个方面？

对于从小在双语或多语环境中长大，并成功习得两种语言的人来说，他们长大之后可能在大多数场合仅使用本族语，或者几乎不使用本族语。这样就出现了母语言能力轴上的两个极端，当然大部分双语人处于这中间，他们在某些场合使用一种语言，在某些场合使用另外一种语言，在需要进行语码转换时，非常自如，自己几乎意识不到。可见从本族语（或第一语言）的使用情况看，也存在一个连续统。近年来，西方许多学者对"母语"和"母语者"（native speaker）这两个概念的适宜性提出了质疑，就是基于这一考虑。

既然不能因为某些人语言能力强就说他们比其他人更像母语人，既然母语能力无法作为界定母语的有效标准，那么是不是在母语的定义中不需要考虑母语能力了呢？本书认为，语言能力不能单独作为母语界定的指标，应当将其纳入语言习得之中——既然是习得，"习"了必须"得"才算数，才是真正的习得。换言之，语言习得必须达到基本的交际能力，就是能较流畅地进行日常交流。所以就不单独提语言能力了。语言的自幼习得和主观认同是语言界定的关键。

（三）母语能力的建构

在双语社区儿童的母语建构中，语言习得顺序不完全一样。儿童最早习得哪一种语言，与家庭内部所使用的语言关系密切。在双语社区，无论是族内婚姻家庭，还是族际婚姻家庭，家庭内部交际语言很可能都是双语。

在我国的少数民族双语地区，儿童的母语建构途径主要有下面三种情况。

第一种情况是，儿童在家最先习得民族语，在社区习得汉语。例如，在大理白族自治州大理镇下鸡邑村，许多儿童在家主要接触白语，白语是第一语言。但从三岁开始，几乎所有的孩子都被送到了村上的幼儿园，那时候，他们的白语还没有完全习得，母语没有建构成型。接着孩子进入学前班，又在村上接受六年的小学教育，汉语能力的建构后来居上，逐渐超过民族语的能力。

第二种情况是，有的家庭存在语言偏见，因此从孩子出生起，就尽量回避民族语的输入，以免民族语的腔调"污染"汉语普通话的习得。他们虽然汉语水平一般，但还是尽量对孩子只说汉语。但是在村寨中，孩子经常与其他说民族语的孩子一起玩耍，从而自然习得民族语。这些孩子也逐渐建构起双母语。正如戴庆厦（2009：55）所指出的，"作为语言习得的两条途径，家庭和社区具有互补关系，如果其中一条途径被阻断，而另一条途径仍可以实现的话，儿童也能够习得母语"。

第三种情况是，儿童最初的语言输入主要不是来自于父母，而是来自于爷爷奶奶，或外公外婆。隔代抚养会带来儿童语言习得的诸多变化。以0728A号访谈对象何稳菊为例，虽然出生在族内婚姻家庭，父母双方都是白族，但是孩子出生以后，最先习得的是汉语。因为在其成长过程中，言语互动的对象是奶奶，而奶奶是从昆明嫁过来的，说汉语。父母在镇上做生意，每周回来一次。因此，虽然这个家庭是双语家庭，但汉语的建构要早于白语。

儿童的母语能力建构也是不断发展和变化的，在不同的年龄段，双语能力会呈现出不同的特点。

由于在幼儿园、学前班和小学的大部分时间都在学说普通话，用汉语进行交际，因而逐渐建构起汉语母语，而且汉语能力突飞猛进，与当地汉族儿童的语言水平不相上下。而在民族语言的习得上，出现了一段空档期，由于校园环境带来的与民族语的疏离，加上汉语作为强势语言的"乘虚而入"，民族语母语能力出现下降的趋势，主要表现在民族语表达能力降低、基本词汇的习得出现停滞或衰退。于是，在这一年龄段，两种语言的建构在能力上出现了不平衡。母语能力的下降可以从语言使用者个体的角度，通过考察语言使用者的"听、说、读、写"四个方面的能力看出，也可以从语言使用者使用域的角度来考察，语言能力越高，则使用范围就越大。完整的语言生活通常需要双语介入。

到了初中和高中，大部分学生只能在周末以及寒暑假回到村上，接触原有的语言习得环境。这段时间内，他们似乎与民族语的环境保持着一种若即若离的关系，然而，令人吃惊的是，正是在这段时间，他们的民族语言的母语能力突飞猛进，并很快建构成型，在词汇量、流畅性、句型多样性方面都有较大提高。也就是说，反而是在走出村寨子后的初高中的校园环境，使得民族语言得到充分的发展。其中最主要的原因是在这段时间，他们逐渐建构起对民族语言的认同，逐渐认识到普通话是一种标准的、千人一面的、无身份标志的语言，他们需要通过说民族语言来表达对民族的忠诚，从而更好地融入当地社群。

除部分到外地求学或外出打工的人外，留在双语社区的白族村民，重新融入白语的大环境中，获得再次习得白语的机会，可以够弥补在空档期造成的语言能力不足，双语能力达到平衡状态。比如，0805B 号访谈对象李××，她从大理一中毕业后回到下鸡邑村，民族语的词汇量有了很大的增长，成为民族语保持和传承的重要成员。

二　母语认同的建构与母语身份

（一）母语认同

在现实生活中，一些二语学习者的语言能力甚至会超过母语者的语言能力。Davies（2004：437）认为，母语与非母语者的区分主要不是在语言能力上。尽管母语人之间对同一个句子的合法性也可能会有不同意见，但他们作出判断的速度要快于非母语人。在这里面起作用的是心理因素：非母语者缺乏母语社区成员的所具有的群体认同和身份归属感，母语带来的自我认同和自信心是其他因素无法取代的。可以说，一般情况下，一个人的母语能力与其母语认同成正比。因此，母语的识别必须考察母语认同。

母语的核心理念是语言认同。母语与二语、外语的区别就在于母语的认同作用最强。即使就语言能力而言，母语不一定是三者中最强的，但语言认同必定是程度最高的。可以说，母语与语言的区别是，母语是一种身份，是个体和群体的身份标识。而身份和认同是密不可分的。①

　　母语认同是一种"对比认同"，为了与其他语言群体区分开来，作为同一母语的成员必须有一个共同的特征以区别于其他群体成员，也正是这一共同特征使得同一母语的成员联系起来。母语认同深藏于内心深处，成为一种根深蒂固的语言态度和语言信念，并以微妙的方式影响着母语人对语言所属文化和社会群体的认知，影响着母语人的语言行为倾向和语言能力发展。如果母语使用受限制，母语权被剥夺，母语人的语言认同和语言忠诚就会以比较明显的方式表现出来。"社会层面的语言转用往往会导致语言濒危和语言死亡。但是，从个别讲话人的角度来说，有意改用另一种语言，其实就是表达对另一种语言的认同"（徐大明，2010：181）。

　　在判断一门语言是不是一个多语人的母语时，语言能力因素的作用值要远远小于语言认同。假如有两个讲话人，一个是方言口音很重、口语也不太流畅的中国农民工，另一个是接近普通话口音、汉语口语非常流畅的外国人，然后让中国学生来判断哪一个和他们属于同一个言语社区，或拥有同样的母语，那么被接纳的对象毫无疑问是中国农民工——语言能力被忽视了，而语言认同则受到了重视。因此，黄行（2009：11）认为，母语认同与语言结构本体、语言交际能力乃至说话人的民族归属都没有直接的关系，说话人对一种语言产生认同感，往往是来自群体自我与他人认定之间互动的结果，而不是对语言本身的认定。当语言群体认同和语言的交际功能或可沟通程度发生冲突的时候，语言群体身份认同会起到更重要的作用。

　　类似地，Le Page and Tabouret－Keller（1985）指出，互懂度（mutual intelligibility）不仅仅是从语言学上分析两种语言存在多少形式上的相同部分，而更多的是语言使用者通过"认同行为"强调差异或弱化差异的意愿。比如，尼加拉瓜的图阿卡人有两种方言，以方言作为族群身份象征

---

① 方文（2008：148）认为，除了"身份证"（identity card）之外，把 identity 译为"身份"都不合适。因为"身份"在中文里主要指"地位"，而且偏好使用"身份"的学者也在谈论"身份认同"，这就相对于说 identity identity，显然很无趣。但"地位认同"（status identity）是合适的；秦晨（2012：103）则指出，中国英语学习者所谓的英语"文化认同"不等同于西方语境中的 cultural identity。这里的"认同"只有"赞同、喜爱"的涵义，没有表达出 identity 的"对特定文化群体成员身份的认定"之义——因为学习者不具备英语文化的群体成员身份。显然，两位学者都认为"身份"不等于"认同"。

的"母语激进派"否认方言间的可懂度，而另一部分人则表示跨方言间的交流很简单——关键在于讲话人是在强调苏莫大家族的成员身份，还是在强调社区间的差异。[①]

（二）母语认同的建构

认同是一种生活经验，不是一种基因。这就是说，认同是建构起来的，不是原生的。语言认同也不是先天存在的。例如，本民族的婴儿，如果被其他民族收养，完全可以轻松习得并认同其他民族的语言，其母语就是收养方的语言。讲话人在语言使用过程中慢慢将语言规范内化为自觉行为，逐渐产生语言认同。由于母语是建构起来的，因此母语能力与母语认同是成正比的，因为两者都是语言互动的结果，与互动的强度、范围成正比。

语言认同理论经历了从"结构观"到"建构观"的转变。"结构观"认为，语言代表着个体的成员身份，是族群认同的指标，其本身又代表着一种文化和思维方式，因此社会结构决定认同，语言纯粹是认同的"标记"（Fishman，1980）。社会群体身份的获得，需要个人具有融入该集团或族群的某些资格，语言就是构成族群成员身份的内在标志（Le Page，1986）。而"建构观"认为，语言认同是一个不断建构，逐渐演化的过程。不同群体由于交往和互动，彼此之间存在着交叉重叠的关系，人们在一个多维度的空间里进行的言语交际活动的内部情形相当复杂，因此语言认同会因人们在不同群体中所进行的社会实践的不同而不同。说话者的语言认同有可能既不是他们自己所宣称的，也不是被人为设定体现了某种社会类别，而是在具体的活动中逐渐建构起来的。

认同是建立在差异和对立基础上的一种选择过程，是一种建构"他者"并将自己与之相区别开来的过程（萨义德，2000：426）。社会心理学家泰弗尔（Tajfel，1981：144—167）提出的"社会认同理论"涉及"我是谁"和"我们是谁"的反思性理解，其着眼点是个人主观上的群体身份，即"个体认识到自己属于特定的社会群体，同时也认识到作为群体成员带给他的情感和价值意义"。认同具有主观性、多元性和动态性（吉登斯，1998：58）。姚星亮等（2014：121）指出，"每一个人都有一

① 参见托尔夫森《语言教育政策：关键问题》，俞玮奇译，外语教学与研究出版社 2014 年版，第 107—115 页。

种自我身份认同和群体归属意识，时时进行着不同层次的'内群体'（in - group）与'外群体'（out - group）的划分。"

高一虹等（2008：19—26）在《从结构观到建构观：语言与认同研究综观》一文中归纳道：社会语言学对于认同多样性、认同与个体能动性的互动关系、认同与社会结构的互构关系的研究逐渐深入，逐渐发展出"建构主义"的语言认同观，即不仅语言使用会受到群体身份的影响，人们在实践中也会通过语言的使用来建构自己的认同。

根据言语社区理论，在一定区域内互动的人群，为了能够顺利和高效地交际，逐渐遵守同样的语言规范，并在频繁的交往中产生默契，日久生情，对群体也产生依赖感，逐渐形成认同。在建构主义的动态认同观框架下，语言习得并对该语言的文化产生积极的态度和情感，接受其生活方式、价值观等要素并将其内化，从而建构母语群体成员身份。同一母语社区的成员在互动过程当中构建、协调他们的话语和行为，并最终共同构建起他们的社会认同。所以，母语认同归根到底是在长期的言语互动过程中逐渐建构起来的。

"身份不一定是预先存在的，也可以是一种建构的过程。随着互动的展开，身份/认同可以被改变或重塑；使用语言可以表达身份/认同，同时也是认同作为一个动态过程的表现"（徐大明，2010：176）。例如，建构起来的语言认同有可能会会随着讲话人的年龄增长或所处环境的改变而变化。例如，有学者（俞玮奇，2012；郭骏，2013）发现，对于南京话与普通话的评价，南京的青少年会随着年龄的增长而发生变化：南京话的亲切程度不断提高，普通话的亲切程度不断下降；南京话的有用程度越来越高，普通话的有用程度则呈现降低趋势。又如，夏历（2007）发现，随着务工时间的增长，农民工的语言态度会发生变化，务工时间的长短与对普通话的认同度成正比。

在日常生活中我们发现，许多城市幼儿见到谁都愿意说话，家里外面一个样，而且总喜欢用标准的普通话（大多从磁带、广播、电视上习得），体现出他们不区分交际对象，不区分交际场合的特点。这些都说明他们还没有建构起语言认同，尚未把语言作为一种身份标志。在后期的社会化过程中，他们逐渐有了语言认同的意识，言语交际时开始注意区分交际对象，并开始使用各种语言风格变体来应对场景的变化。

（三）母语认同的检测

有人将"语言认同"等同于"语言态度"，认为"语言认同本质上是一种语言态度"（王莉、崔凤霞，2009：266）。但大多数学者对"语言态度"的理解是狭义的，如："人们对语言的使用价值的看法"（戴庆厦，1990）；"人们对于语言变体的社会地位，以及与其相关的社群成员在人们心目中的刻板印象"（高一虹等，1998）；"人们对某种语言或方言的价值和行为倾向"（游汝杰、邹嘉彦，2004：83）；"人们在社会认同、感情等因素的影响下对一种语言的社会价值所形成的认识和评价"（倪传斌等，2012）；等等。为了避免混淆，本书采用狭义的"语言态度"和广义的"语言认同"，即把情感态度视作语言态度的最主要内容，将语言态度视作建构认同的一种资源。换言之，"语言认同"是"语言态度"的上义词。

许多学者提出了语言认同和语言态度的构成要素，如："认知评价""情感体验"和"行动承诺"（方文，2008：148）；"情感""认知"和"语言使用倾向"（Edwards，2009：83）；"对语言的认知""对语言所持的情感"和"采取言语行为的愿望"（埃杰，2012：12）。

综合上述观点，本书在测量母语认同时，将考虑以下三个要素："情感态度"（affective attitude）、"语言信仰"（cognition）和"使用倾向"（readiness for action）。

首先，情感态度是指讲话人或听话人对某一语言的不自觉的、下意识的感受和反应，包括好听程度、亲切程度等（游汝杰、邹嘉彦，2004：83）。情感深，则语言学习的功利性目的少，认同程度高。

其次，语言信仰是人们对特定语言的使用价值和社会地位的理性评价，具体包括对语言的地位、声望、功能及发展前途等社会价值的理性认识和评价。一种语言使用范围的扩大或缩小与使用者对它的评价密切相关。正面评价高，则语言认同程度高。"语言信仰"与"语言态度"并不是一回事。以往问卷或访谈中经常涉及这样的问题："你觉得××语言好听（重要、有地位……）吗？"这其实是对语言信仰（相对于语言认知）的了解，是语言使用者心目中的语言价值取向，因此仅仅是语言态度的一个组成部分。我们不能把对这类问题的"是/否"回答直接当作语言态度。目前有一些"态度"问卷实际上仅仅是"信仰"问卷（Edwards，2009：84）。

最后，使用倾向是一种采取言语行为的愿望和一种语言习惯。它不是具体的言语行为，而是一种言语行为倾向。具体的言语行为在现实生活中是充满变异的，受交际场合、对象等因素的影响，而行为倾向是下意识选择使用某种语言完成交际行为的愿望，是在多场合、多语域的语言实践中自觉选择使用某一种语言的趋势，可以通过对说话者的个人言语库进行量化统计获得。作为一种"语言行为变异的抽象模式"，行为倾向具有稳定性。使用倾向越稳定，越积极，则语言认同度越高。

三种认同要素是共同支撑和相互促进的。情感态度和语言信仰方面的认同会使说话者在交际互动时更多地选择使用某一语言，而针对某一语言的更多的语言实践会强化对这一语言在情感和信仰上的认同。

为了更好地检测被试的语言认同，我们在问卷调查的测试量表中增加了一些有关"语言使用倾向"或"采取言语行为的愿望"的问题，如，"您在本地集市上买东西时最常说哪种话？""您和朋友聊天时最常说哪种话？"，等等，以客观反映被试的语言认同。

为了避免语言认同检测的随意性，制定出高质量的语言认同测试量表，本书严格按照"情感态度""语言信仰"和"使用倾向"三个指标，通过配对语装、问卷调查、深度访谈等方法对语言认同进行了调查。

下面将基于问卷调查和个案访谈的结果，对实证研究中的语言认同情况进行分析。配对语装实验结果的分析将在"第五章 母语的共生性：双母语研究"中呈现。

第三节　母语建构实证研究

本节讨论笔者 2013 年暑期在云南开展的两项田野调查。一项是"云南双语状况问卷调查"，这是在大理白族自治州大理市进行的集中和零散问卷调查，目的是了解"语言习得""语言使用""语言能力"和"语言态度"的状况；另外一项是"幼儿语码转换行为观察"，这是在大理白族自治州大理市大理镇下鸡邑村的"小天使幼儿园"对幼儿的语码转换进行自然观察。通过语码转换的观察，既可以了解幼儿双语习得状况和语言能力发展，也可以发现幼儿的语言认同，因为言语行为就是语言认同的具体表现，"一次讲话中使用两种语码，其社会象征意义与一个社区使用两种语言是一样的"（Le Page，1986）。

一　云南双语状况问卷调查

（一）研究设计

（1）调查地点。问卷调查主要集中在大理白族自治州大理市下辖的两个古镇：大理镇和喜洲镇。唐宋时期，南诏、大理国先后在大理镇建立政权，相继延续 500 多年，积淀了厚重的历史文化底蕴，也是白族文化资源富集之地。喜洲镇是一个有着千多历史的白族历史文化名镇，位于大理镇北部，洱海西北岸，是电影"五朵金花"的故乡。该地区是一个比较典型的双语社区，白族人口占 90%，是一个非常合适的调查点。

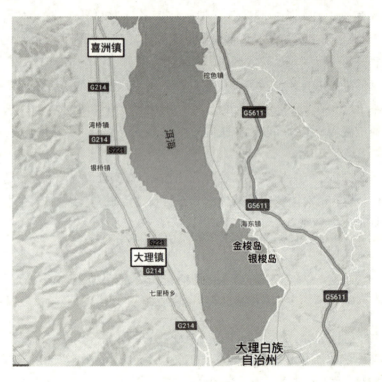

图 3-1　大理镇、喜洲镇的地理位置

2013 年 7 月下旬，笔者在景洪（西双版纳傣族自治州）、禄劝（昆明市彝族苗族自治县）等地进行了零散调查，获取合格问卷 39 份；2013 年 8 月初，在大理镇进行了零散调查，获取合格问卷 19 份；2013 年 8 月 18 日，在位于喜洲镇的大理市大理二中进行了集中调查，获取合格问卷 45 份。三者合计，共计 103 份。在大理镇和喜洲镇对白族双语社区的调查所使用的问卷，是在前期傣族和彝族问卷基础上修改完善的，有部分选项不完全对应。因此，本节的讨论主要基于对大理和喜洲白族双语人群调查的统计结果。

（2）调查对象。集中调查的对象是喜洲镇大理二中高三某班学生，共45人，其中男生20人，女生25人，年龄17—19岁，主要来自大理市的各个村镇；分散调查的对象来自于大理镇的下鸡邑村，以及喜洲镇的城北村、沙村等，其中有村支书、村妇女主任、导游、初中生、小学生、幼儿园老师、个体经营户老板，等等，均为白族，男性10人，女性9人，年龄在11—46岁之间。

（3）问卷结构。问卷由"基本情况""语言习得""语言使用""语言能力"和"语言态度"五个部分组成，分别有11、8、15、7和14道题，共55题。包括填空和选择两种题型，选择题中涉及评价的选项均采用李克特式的5分制，分数从1到5代表评价由差到好。问卷中语言态度的克隆巴赫系数（Cronbach's Alpha）为0.825，语言态度的各变量之间内部存在较高的一致性，问卷具有较高的信度。

调查问卷示范文本见"附录一"。

（二）调查结果

在"A. 基本情况"部分，"1.7"和"1.8"调查了父母的民族，其中父母皆为白族的占了70%，父母一方是白族的占了30%（现在一些白族独女家庭喜欢招赘）。对于"1.11 您最早是什么时候知道自己的民族身份的？"，回答"（1）上幼儿园前（1—3周岁）"占46.2%，回答"（2）上幼儿园期间（4—6周岁）"占26.2%，回答"（3）小学阶段"占24.6%，回答"（4）初中阶段"占3%，没有人选"（5）高中阶段"。可见，大部分人在学龄前就知道自己的民族身份了。

在"B. 语言习得"部分，对于"2.1 您小时候最早跟谁学说话的？【可多选】"，仅选"妈妈"的有8%，同时选"爸爸""妈妈"的占了65%，同时选"爸爸""妈妈"和"奶奶（外婆）"的占了22%，四项通选的有5%，没有人仅选"爸爸"。

对于"2.2 您小时候首先学会的是哪种话？【可多选】"，仅选"民族语"的占22.5%，仅选"云南话"的占14%，仅选"普通话"的占4.5%，而认为是同时习得两种语言的被调查人占了59%。

B部分的"2.2—2.3"是关于民族语和汉语的习得年龄，还有"2.5

根据您的双语经验，要均衡并充分掌握本族语和汉语，必须在哪个年龄段就开始学习？"统计结果见表3-1。

表3-1   语言习得年龄

	3 岁前	4—6 岁	7—10 岁	11—14 岁	15 岁以上
您何时学会民族语	91.1%	7.7%	1.2%	0%	0%
您何时学会汉语	52.3%	41.5%	6.2%	0%	0%
您认为均衡掌握双语的起始年龄	40.5%	35.5%	20.1%	3.9%	0%

可以发现，在6岁前，被调查者98.8%学会民族语，93.8%学会了汉语，大部分人属于同步习得双语。在3岁前既习得汉语，又习得白语的有47.8%；在6岁前既习得汉语，又习得白语的有40.6%。对于"均衡掌握双语的起始年龄"，选"3岁前"和"4—6岁"的最多，合计占了76%。

"C. 语言使用"部分调查语言使用领域。布什曼（Fishman，1972）提出了"语域理论"来解释语言的选择。所谓语域或语言使用域（domain of use）是指一些活动范围（领域），在这个范围内人们一般选择使用某一种语言变体。语域是抽象的概念，包括身份关系、地点和话题三个部分。布什曼分出家庭域、朋友域、宗教域、教育域和工作域这五个语域（转引自徐大明，2010：85）。本次调查涉及除宗教域之外的其他四个语域。调查发现，民族语在家庭中说得最多，其次是邻里和本地集市，而在单位（包括学校）和公共场合（如商场、医院等）以云南话和普通话为主。

调查问卷"3.12""3.13"和"3.14"是为了了解交际时能否根据对方的语种进行选择，如"3.14 您遇到说您的本民族语的人时候，一般用哪种话回答？"，这既是语言使用，也是语言能力的反映。几乎所有的被调查人都选择根据对方的语种进行回答。

"D. 语言能力"部分的"4.2"—"4.4"是自我评价，统计结果见表3-2。

表 3 – 2　　　　　　　　　　　　语言能力自我评价

	听不懂	能听懂不会说	只会说简单的	比较流利	非常流利
您觉得您的普通话掌握得怎么样?	0%	0%	1.3%	64%	34.7%
您觉得您的云南话掌握得怎么样?	0%	1.5%	4.2%	44.7%	49.6%
您觉得您的民族语掌握得怎么样?	0%	10.5%	20.1%	45.4%	24.0%

可以看出，虽然被调查者的汉语水平要高于民族语的水平，但是民族语选项中，"比较流利"和"非常流利"两项之和已经达到将近70%。另外，对于10.5%的"能听懂，不会说"的被调查者，其民族语的母语地位应该更加关注语言认同的层面。

问卷的"4.5"—"4.7"部分是通过语言水平的实际表现来调查语言能力。统计结果见表3–3。

表 3 – 3　　　　　　　　　　　　语言能力实际表现

	普通话	云南话	民族语	民汉兼用
购物心算价钱，用哪种语言更快?	18.5%	14.5%	33.3%	33.7%
做梦时，常跟梦中人说哪种语言?	23.5%	13.6%	24.2%	38.7%
哪种语言使用起来最得心应手?	24.5%	12.2%	28.1%	35.2%

从统计结果可以看出，选择"民汉兼用"的被试，即"一样快""一样多""一样得心应手"的被调查者，在每一个选项中比例都是最大的。

在"E. 语言态度"部分，"5.1"—"5.3"从好听程度、亲切程度、有用程度和社会影响度4个层面分别对普通话、云南话、民族语进行调查。统计结果见图3–2、图3–3、图3–4和图3–5。

从统计图表可以看出，在"好听程度"这一维度，民族语的比例最高，而云南话和普通话基本持平；在"亲切程度"这一维度，民族语 > 云南话 > 普通话；在"有用程度"这一维度，普通话 > 民族语 > 云南话；在"社会影响度"这一维度，与"有用程度"一样，普通话 > 民族语 > 云南话。

对于问题"5.4 您认为本地中小学最好用哪种话来教学? 【可多选】"，大部分被调查者同时选择"普通话"和"民族语"，其次是仅选择"普通话"，没有人仅选择"民族语"或"云南话"。

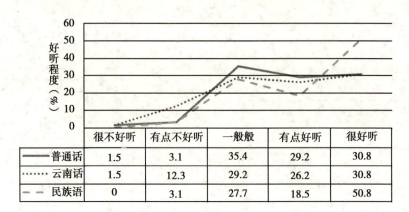

	很不好听	有点不好听	一般般	有点好听	很好听
普通话	1.5	3.1	35.4	29.2	30.8
云南话	1.5	12.3	29.2	26.2	30.8
民族语	0	3.1	27.7	18.5	50.8

图 3 - 2　语言态度调查结果：好听程度

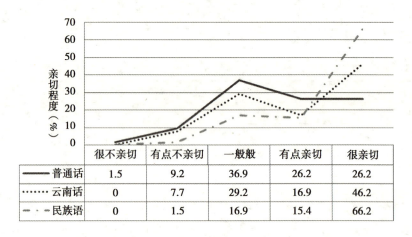

	很不亲切	有点不亲切	一般般	有点亲切	很亲切
普通话	1.5	9.2	36.9	26.2	26.2
云南话	0	7.7	29.2	16.9	46.2
民族语	0	1.5	16.9	15.4	66.2

图 3 - 3　语言态度调查结果：亲切程度

　　对文化认同的检测是通过"5.7 您知道一些本民族的著名人物?"来进行的。选择"能说出好多"和"能说出几个"的各占 18.1% 和 36.7% ，选择"能说出一两个"和"知道一两个，但说不出来"的各占 29.1% 和 12.5% ，选择"不知道"的仅占 3.6% 。这从一个侧面反映了白族民众总体上对本族文化的认同。

　　对于问题"5.8 您本民族的一些人已经不会说民族语了，您怎么看?【可多选】"，大多数被调查人同时勾选了"政府应该采取措施挽救民族语言"和"少数民族的人应该主动传承民族语"；也有近 30% 的人同时选择了"很可惜，但没办法"；选择"正常现象，无所谓"和"太不应该了，这是背叛"的，都不到 10% 。说明大多数民众并没有把语言选择和民族

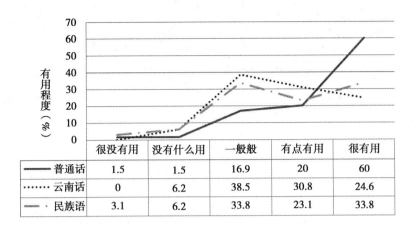

图 3 - 4　语言态度调查结果：有用程度

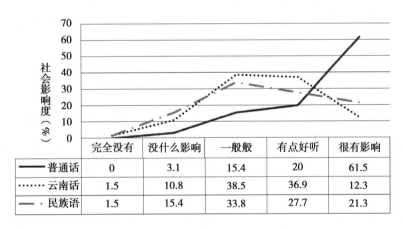

图 3 - 5　语言态度调查结果：社会影响度

忠诚度绝对联系在一起。

　　为了了解双语人群对自己母语身份的自我认同情况，问卷设计了这样一道题："5.9 在填简历、申请书等表格时，如果有一栏是'语言'，您填什么？"，统计结果见表 3 - 4。

表 3 - 4　　　　　　　　　　简历中"语言"栏的填写

若 表 格 中 有"语言"一栏，您填什么？	民族语	汉语	民族语与汉语	汉语与民族语	不知道
	10.8%	16.9%	38.5%	32.3%	1.5%

从统计结果可以看出，认同双语身份（其实是双母语身份）的受试者达到 70.8% 之多。

最后，为了了解社区层面的他者认同，问卷设计了下面的选择题："5.13 本族人，包括你的父母，认为你的民族语说得如何？""5.14 你觉得周围那些同龄的本族人，他们大部分人民族语说得如何？"统计结果见表 3-5。

表 3-5   **社区层面的他者认同**

	几乎不会说	会说一点点	还行一般般	比较流利	非常流利
周围同龄本族人对你的评价	1.5%	4.6%	26.2%	43.1%	24.6%
你对周围同龄本族人的评价	7.8%	14.2%	34.2%	32.5%	11.3%

在这里，"5.13"还只是受访者眼中的他者认同，是镜面式的、反省式、回忆式的，是自我认同与他者认同共同作用的产物，"5.14"的他者认同是对社区其他成员的真实评价，虽然只是群体性的。下一章的"4.2"部分将结合个案访谈中的案例，通过个体间的他者认同，专门探讨他者认同对于母语识别的作用。

（三）讨论

言语社区理论是关于语言使用者的组织系统的解释（徐大明，2004），本次调查就是针对这些语言使用者。Davis（2003）也指出，"我们常常想当然地去理解母语人的概念，忽略了母语理想模型和现实生活中各种变异之间存在的差距"。本次调查就是为了更好地了解真实言语社区中的母语习得与母语认同情况。

从早期语言习得看，许多被调查人在 3 岁前同时习得了汉语和白语，而在 6 岁前同时习得了这两种语言的占了近 90%。由于这一年龄段很难区分哪一种是第一语言，哪一种是第二语言，按照大多数语言学词典的定义（如"早期""从小""自幼"等），它们都可以视作母语。在对部分被调查者的访谈中发现，连他们的父母也记不得是先习得的是哪种语言了，因为这是一个双语社区，每天都能听到两种语言，接受两种语言的输入，根本就不存在孰先孰后。接受访谈的云南大学研究生何稳菊（白族）说："谁能搞清楚小时候最先说的第一个词是什么？而且那个'词'仅仅是一个随意的发音，还是一个已经学会的词，只有老天爷才知道！"从言语社区实际情况看，语言习得基本是一种交错习得的状态，习得过程中两者语言相互影响，对个体语义范畴化的影响相当。

从语言认同看，大多数双语人一方面忠诚于本族语，另一方面也对汉语持肯定态度，对双语持一种积极肯定的态度。就对待汉语与白语的总体态度而言，对白语的评价与对汉语的评价相当。但白族民众的语言态度存在内部差异。具体表现为情感态度和理智态度存在着一定的差异。情感评价：白语＞汉语；理智评价：白语＜汉语。大部分人对白语有归属感，仍存在着隐性威望（covert prestige）。可以得出以下结论：白族双语人一般对自己的民族语有很深的感情，对汉语的认同更多地含有理性的成分。语言是"有序异质体"，差异是客观存在的，但是否识别和承认差异，要取决于行为人的主观动机，选择性忽略的心理基础是"群体渴望症"，这也是认同存在的必要条件。趋同是一个缓慢过程，是建立在社会互动的基础上，这一过程就是认同建构的过程。

从语言能力看，既然母语是逐渐建构起来的，母语能力就必然存在差异。就个体而言，有时间上的变异。不同时间段，母语能力是不相同的。不同个体之间，由于建构方式不同，习得环境、强度、途径不同，认同程度也会不同。即使是母语能力相当的个体，其能力随时间变化的方式也不一定相同。有的个体，由于语言环境的变化，母语能力会随着年龄的增大而降低，有的个体，会随着年龄的增长，母语越发精粹完美，炉火纯青。从问卷调查统计结果看，在双语社区中，汉语和白语的语言能力都成正态分布，而且语言能力的差异与语言认同成正相关。在语言能力维度上，两种语言不存在显著性差异。他们的语言习得环境是一个成熟的双语言语社区，习得过程比较稳定，语言能力建构没有太多干扰。

语言使用常常要受到群体内部价值观的制约，语言的主观认同必然影响语言的实际使用，除此以外，交际场合和交际对象等因素都会影响语言的使用。在非正式场合（如在家中与父、母交谈），白语的使用频率高于汉语；而场合越正式（集贸市场＜商场＜医院），汉语的使用频率越高。Lee（2005：155）指出，母语必须满足"儿童早期习得语言并维持语言使用"的基本特征。语言能力的维持依赖于语言使用。从问卷调查结果看，白语和汉语拥有各自的使用域，语言活力都比较强，双语的功能区分比较明显。

将本次问卷调查的统计结果和访谈、配对语装实验结果结合起来，可以看出，对民族语水平的自我评估值总是最高，而对于周围同层次人群的他者评价值最低，对于别人眼中的自我评估值则介于中间。如何解释这一现象？可能有两个原因：第一，大多数被调查人都具有母语意识和母语语感，能够发现周围人在交际过程中的各种语言失范现象，因而对周围人群的失误比较敏感，常常导致评价值较低。第二，大多数被调查人之所以对自己的民族语水平比较满意，是因为他们发现用民族语交流时，没有什么困难。然而通过观察会发现，在现实生活中，许多人常常由于语码转换的现象，遇到用本族语难以说清的词或句式，会改用汉语。由于转换非常自如，他们自己并没有意识。更重要的是，由于调查地区是一个稳定的双语地区，大家都能听懂汉语，因此即使言语交际中有一方进行了语码转换，另一方也不会有不适的表情，而是非常自如地进行自然交流。由此看来，被调查者的语言能力和实际表现是不完全匹配的。这也可以解释为什么有的民族语水平较差的人依然对该语言有很强的认同感。

语言是一种生物—认知现象，也是一种心理—社会现象。要确定双语及多语人的母语，也必须同时考虑这两方面。自然语言习得主要是第一方面，而语言态度与语言认同则是第二方面。不过，虽然认同意识确实是言语社区最重要的特性之一，但是不能过于夸大这一特征。语言认同的研究必须与言语互动的考察同时进行，接下来我们就通过对同一言语社区的幼儿园学生的语码转换现象进行自然观察，从中了解他们的语言习得情况、语言能力建构状况，同时也可以从侧面看出他们对两种语言的态度。

二　幼儿语码转换行为观察

在语言交际中，双语人从一种语言变体转换到另一种语言变体，叫作"语码转换"（code - switching）（徐大明，2010：87）。科林·贝克（2008：105）认为，语码转换是双语人的普遍行为。语码转换是双语人语言能力的重要体现。语码转换现象充分表明个人的语言交际能力，说明该人具有根据对象、场合、话题等因素来选择语种的能力（徐大明等，1997：148）。"在说两种或两种以上的语言环境里，语言的选择是很重要的。语言或方言的选择具有社会意义，它能说明对听说人身份的判断，你与他的各种关系，甚至你们之间的亲密程度等等"（佐伊基，1989）。语码转换的研究可以是侧重语言使用的研究，也可以是侧重语言结构的研究。本研究侧重语言使用的研究。

（一）基本信息

本次调查的时间是 2003 年 8 月 5 日下午，调查地点是大理白族自治州大理镇下鸡邑村。下鸡邑村地处大理镇北边，东邻洱海。村子规模较大，现有农户 638 户，人口 3629 人。通过村支书的介绍，来到村上的"小天使幼儿园"。虽然在暑假里，但幼儿园照常上课。幼儿园的杨××老师介绍说，幼儿园现有近 30 名孩子，都是本村的孩子，通常 2 岁半送到这里，5 岁时离开，进入村里的学前班，然后直接升入小学一年级。

调查动机：（1）语言态度与实际语言行为常常有差距，需要对实际语言生活进行观察。一个很明显的例子是，在问卷调查中，许多人都不能准确回忆自己幼时语言习得过程，可能会发生各种偏差，产生误报现象。（2）社会网络分析理论对于研究社会交往活动较多的成人来说可能比较有效，但对于幼儿园孩子来说，由于他们与外界的独立交往非常有限，社会网络分析方法在解释儿童的语言行为方面非常有限。而观察法不但操作简单，易于实施，而且可收集到自然状态下的现象或行为，所得资料比较客观，也可避免访谈中"不愿谈及"或"话语偏见"等带来的研究误差，可得到非语言行为的数据和资料。

调查方式：采用"间接介入式匿名观察"（anonymized and indirect participant observation）的方法，就是调查者不向幼儿园学生介绍自己的身份，也不过多地行动，主要是在一旁观察孩子在双语场景中的各种言语行为表现，并用手机进行隐蔽录音。

同时，让随行的三位白族高中学生（杨×玲、杨×娟、杨×淑）担任调查助手，在需要时，随机用白语和汉语和孩子对话，以测试幼儿这两种语言的听力和表达能力以及反应速度。三位高中生都来自本村，属于平衡型白汉双语人。作为"研究伙伴"，他们在为调查人进行"耳语口译"（whispering interpretation）的同时，会按照调查人的需要，用白汉语进行随机提问，创设语言交际的情景。

(二)　观察过程描述

首先请三位高中生用白汉两种语言向一些孩子随机提问，比如，"你叫什么名字？""你今年几岁啦？""你会唱儿歌吗？""你会画画吗？"等较为简单的问题。

先选择了一个四岁半的男孩，用白语问："你能不能唱一个儿歌？"孩子听懂了，但没有用白语唱歌，而是用标准的普通话唱道："小兔子乖乖，把门开开……"于是大家一起鼓掌。接着用汉语问"你能数到 10吗？"孩子很快用汉语数完；然后用白语问"你能数到 10 吗？"孩子也很快用白语数完。然后分别用两种语言让孩子做简单的计算，比如，"2 + 3 等于几啊？""5 - 1 等于几啊？"发现孩子理解汉语指令比理解白语指令略快，而且计算结果都是用汉语报出来。推测原因，可能老师在进行 10 以内加减法的教学时，仅仅使用了汉语进行指导。

接下来的"介入式"观察对象是一位 3 岁左右的女孩。老师说孩子的父母已经去世，现在由爷爷奶奶在抚养。由于爷爷奶奶刻意让孩子学好汉话，所以不对孩子说白语，但在家里教的是不太标准的汉语。调查助手用白语问："你能不能唱一个儿歌给我们听听？"孩子用汉语唱歌："两只老虎，两只老虎，跑得快，跑得快……"但发音明显不够标准。

观察发现，所有 4 岁以上的孩子既能听懂汉语，也能听懂白语，而且反应速度相当。在表达时，如果问题使用的是汉语，你们回答通常用汉语；如果问题使用的是白语，则回答通常用白语。可以看出儿童已经具有了较强的双语能力。不过，在做数字计算时，选择白语的概率较小。

下午 5：30，幼儿园放学。小朋友们一个个地由父母或爷爷奶奶接回了家。观察发现，幼儿园放学时，一些孩子一见到祖父母来接，便先回头用汉语说一声"老师再见"，然后立刻进行语码转换，使用白语与祖父母交流，期间没有任何障碍。

最后留下一位小男孩，父母一直没有来接。幼儿园老师介绍说，这个孩子今年 3 岁，母亲是本村白族人，父亲是贵州汉人，招亲来到村上，孩子申报的民族身份是白族。孩子的父亲不会说白语，因此在家跟他说汉话。如果父亲在场，则母亲跟孩子说汉语。只有父亲不在场时，母亲才偶尔跟孩子说白语。

幼儿园老师说，这个孩子在幼儿园似乎听不懂其他小朋友的白语，课间玩耍时，喜欢跟他在一起的都说汉语。总体看，孩子比较胆小。一位调查助手用汉语问道"你知道 2 + 3 等于几吗？"孩子能够快速、正确地回答，但用白语时计算同样难度的题目时，显得有些迟钝。孩子平时在幼儿园不说白语，因此旁边一位保育老师判定："这个娃听不懂白语，也不会说白语。"于是我让幼儿园老师进行了测试，用白语问他"待会儿谁来接你回家？"孩子听懂了，但是用汉语答道："妈妈来。"这很可能是由于平时白语输入少，而孩子年龄又小，因此白语的表达能力还没有得到充分发展。

（三）语码转换的诱因

交际情景、交际话题和交际对象的变化都可能引起语码转换，但三者常常混杂在一起，难以分开。

观察发现，大部分幼儿园儿童的双语能力比较强。有的儿童滔滔不绝，并且能够保持同一话题的交谈在三个以上话轮。比如，有一位中班的小男生，在几乎不间断的话语中，连续出现了"不""不要""不好""不跟你玩了"等否定表述。有的孩子虽然很喜欢说话，但经常随意转换话题，大多没有任何预兆，由此引起了高频率的语码转换，其中有的是有意识的，也可能是无意识的（有的好像是口误，似乎说明他们还没有把两种语言完全分开）。

从交际情景与日常交流语言选择倾向间的联系看，当幼儿园老师在附近时，学生更愿意用汉语与他人进行交流，而老师不在附近时，他们更习惯于用白语。观察时还发现存在"角落白语"的现象——如果发现小朋友躲在某个角落悄悄说话，那么所操语言基本是白语。白语似乎有更多的内聚力。

从语言结构层面看，有的是句子内部的转换，有的是句子外部的转换。这些儿童普遍存在汉语词语与白语词语混用的现象，主要表现为说话时以汉语为主体、间杂白语词语。在这些儿童看来，部分白语词具有专指性。在不同的场域，使用不同的语言。用汉语对多人说话（公共交际），用白语传达友谊（私人交流）；用汉语向老师表功或告状，而用白语骂人、抱怨和吵架。观察中发现，有个孩子积木掉到地上，白语就脱口而出，一边发牢骚，一边用相应的体态语言指责边上的小朋友。应该说，非常自如地使用责备话语也是交际能力的一个组成部分。

交际对象变化也会引起语码转换。比如，学生对老师说话简短、明了、礼貌，通常使用陈述句，而对同学说话句子有时拖得很长，除陈述句外，还能使用祈使句和疑问句。幼儿园孩子经常有"角色扮演"的游戏。观察发现有的孩子不需要老师的安排，就自行组织角色扮演，有的充当"外婆"，有的充当"孙女"；有的充当"医生"，有的充当"护士"，并根据所理解的权势关系和角色关系的亲疏，来进行合理的语码选择。在一个"超市购物"游戏中，一个女孩在与游戏伙伴沟通时，出现了游戏角色分配争议，便用白语焦急地说了一句不礼貌的话，但很快自己发现不妥，就用汉语进行道歉。由此看来，白族儿童"汉—白"双语沟通能力已经有了很大发展。

同时，从整个观察过程看，幼儿园老师一直掌控着语码选择的主动权，没有因为孩子用了白语而轻易做出终止使用普通话交流的举动。

（四）简短访谈

通过问卷调查得知杨老师今年 24 岁，白族，师范专科学校毕业。父母皆为白族，但奶奶在家说的是汉语。虽然同时接触汉语和白语，但是最先学会的是民族语，汉语很早就能听懂，但真正学会使用要迟于白语。在问卷中，杨老师认为用普通话讲故事比用白语更好听，认为心算时使用白语会更快捷，认为填表时自己的语言身份是"汉语"，并认为两种语言对自己同等重要。

最后对杨老师进行了简短的访谈：

调查人：最后被接走的那个孩子白语很差，以后用白语交流会有问题吗？

杨老师：没问题，不到一年就都会说了。他现在是小班，到了中班就好多了。幼儿园有好多这样的娃娃，父母不对孩子说白语，刻意让孩子只学汉语，竭力回避白语。一方面怕学了白语，再学普通话，会有口音，不好听。另一方面，怕孩子汉语不好，到了幼儿园听不懂老师的话，对孩子学习不利。

调查人：那么，这些孩子如果主要不是从白族父母那里学白语，他们从哪儿学呢？你们上课是用普通话啊。

杨老师：一下课，大多数孩子叽叽喳喳都是用白语交流。孩子回家，家里父母加上爷爷奶奶，大多数还是白族人。另外，周围邻居及邻居的孩子大多说白语。村上人相互见面都是说白语的，哪能学不会白语呢。娃娃比较小，学什么都很快。3 到 6 岁，智力发展很快的。

调查人：那么据你平时观察，孩子们是用白语思维，还是用汉语思维？

杨老师：说什么话，就用什么语言思维呗。比如，我跟你说话，肯定用汉语思维。跟孩子家长说话，一般用白语思维。

调查人：幼儿园的孩子都知道自己是白族人吗？

杨老师：大一点的都知道。4 岁应该就有这个意识了。

调查人：在问卷调查和对成人访谈中，发现有部分人是上小学时才知道自己的民族身份的。看来自报会出现误差啊。

杨老师：也不一定。那时候没有幼儿园，孩子不与外界接触，父母也不说。

调查人：是啊，民族身份和民族语言只有通过对比才能发现，才能意识到。孩子们肯定会自觉或不自觉地进行对比，把自己的话和其他小朋友的话，以及老师课堂上的话进行对比。

杨老师：应该是的。现在大多数4岁和5岁的儿童就都知道自己是白族人，有一种话叫白话（白语），还有一种话叫汉话（汉语）。上课的时候讲老师讲的是汉话，电视上讲的也是汉话，家长有时跟客人也讲汉话。而白语是下课后或放学后说的，小朋友吵架时，脱口而出的也是白语。

调查人：他们知道什么时候说汉语，什么时候说白语吗？

杨老师：他们隐隐约约感觉到正式场合要说汉话。如果他跟你说白语，看你没反应，会马上转换成汉语，非常自如。

调查人：在幼儿园，孩子学儿歌，或者看图说话，都从来不用白语吗？

杨老师：不用的。小孩慢慢长大，汉语的表达能力学得很快。也没有什么白族儿歌可以教的。要让娃娃用白语讲故事、看图说话，听起来别扭，感觉也怪怪的。

调查人：可是白语是你的母语啊，白语讲故事，你听起来应该更亲切，怎么反而怪怪的？

杨老师：用白语讲不来，连我自己也讲不来，不用说孩子们了。好多词都不知道用白语怎么表达了。也可能是从小就没有这方面的训练吧。具体原因我也说不清楚。

调查人：用白语看图讲故事确实比用汉语难，那几个高中生就是这样的。是不是因为接受白语输入的总量要少于汉语？

杨老师：那是肯定的。孩子两岁半进幼儿园，前面学习白语的时间可能不到一年。有些家长为了跟上时代，孩子一生下来就跟他说汉语。到了幼儿园，我们老师都是用汉语上课，而且强调要学会用汉语交流。到了小学、中学，普通话用得更多了。接触白语的机会少。如果孩子送到城里上小学，可能白语就更差了。但我想一辈子都能听懂，只是说不好了。

调查人：你觉得这些孩子是双语儿童吗？

杨老师：基本上是。只有个别不会说白语，但每个孩子都能说汉语。

　　调查人：这些孩子更喜欢说汉语，还是白语？他们觉得哪个更亲切或更自然一些？

　　杨老师：刚进来的，大多数喜欢说白语。到了高年级，好像都差不多。

　　调查人：如果说这些孩子的母语既是汉语，也是白语，你同意吗？

　　杨老师：同意的。

（五）三角关系：老师—孩子—家长

　　据了解，幼儿园孩子的父母和祖父母都是下鸡邑村的村民，在家里基本说白语，孩子年龄小，受父母影响巨大。于善江（2006：42）曾经指出，"儿童的语言选择和母语保持与是否有祖父母同住有密切关系，这一点曾在很多研究中得到证实"。在入园前，下鸡邑村的孩子们有机会使用白语与家人进行大量的言语互动，从而形成有助于白语母语习得的语境。然而在进入幼儿园之后，父母和祖父母的角色为老师所替代。由于下鸡邑村是一个稳定的双语村，孩子接受的汉语输入量也是很大的，特别是经由大众传媒的汉语输入。进入幼儿园前，孩子的白语和汉语接受能力相当，但白语的输出能力要强于汉语。而在入园接受正规教育后，家庭语言的影响力会逐渐减小。在公共场合，孩子开始使用汉语，而且这种习惯也会慢慢被带回家中。

　　离开了幼儿园，在经过村中心集贸区时，看到许多人在摆摊销售各种小商品，有蔬菜、鱼虾等食品，还有来卖民族服装、凉鞋和儿童玩具的。有些刚被家长接回去的幼儿园小朋友也在此逗留，有的儿童在用白语在向家长提出购物要求，但其中的商品名称都是借用汉语的词汇，如"水彩笔""插画片""薯片""棒棒糖""机器人"（玩具）等。经过咨询，摆摊人有本村的，也有外地的。让随行的高中学生测试发现，如果白语问商品情况，则摊主用白语回答；如果用汉语询问商品情况，则用汉语回答。转换非常自如。

　　我们还观察到幼儿园孩子积极充当祖父母的"口译员"的现象。比如，当老师对来接孩子的家长用汉语说"明天提早放学"时，一位男孩充当了"口译员"，用白语对奶奶说"明天早点来接我"。观察虽然仅发现两例，但已经显示儿童对自己双语能力的自信。据国外相关研究，儿童充当隔代"口译员"，会带来许多积极的结果（科林·贝克，2008：107—108）。

首先，儿童的口译员角色会为他们带来长辈的称赞、奖赏和家庭中的地位。这种能力既能使他们获得别人的尊敬，同时又增强了他们的自信心。同时，当长辈开始依赖儿童的口译时，家庭的关系会变得更加亲密与和谐。其次，口译锻炼有助于提高儿童的认知能力。儿童经常为父母作口译，会对两种语言中的词语、句式和隐喻有更多的认识，会使儿童对语言产生更多的反思，从而有利于儿童元语言意识和认知的发展。再次，乐于充当口译员的儿童能很快地领悟大人的意思。研究发现，那些惯于充当口译员的儿童容易学会掌握事情的主动权，比如，有时在翻译前自己就先做回答，甚至履行起语言过滤的职能。最后，口译锻炼有助于儿童良好个性的形成。儿童在两种不同的文化之间做着类似于谈判的工作，努力去理解双方的意图，在两个世界间架起沟通的桥梁。这样的儿童会有更多的同情心和包容心。

（六）结果分析与评价

综上所述，可以得出下面的结论：

（1）白族幼儿园儿童（3—6岁）的语码转换主要受到交际对象、交际情景、交际话题三个因素的影响。大多数儿童能够根据交际对象的语言背景及时调整语种，能够根据自己的语用动机选择语种，能够在不同的谈话对象之间进行语码转换。可以看出，随年龄的增长。儿童对于谈话对象的语言背景的认识和敏感程度也在增强。

（2）儿童对汉白两种语言的语言系统的差异已经有初步认知，在使用白语表达一些新概念时，会借用汉语的词汇。

（3）幼儿园孩子对白语和汉语拥有同等态度，但赋予两种语言以不同的象征意义，对汉白双语的社会语域分别有了初步认识。

本次调查存在的问题是：受时间和空间的限制，观察样本较小，难免带有片面性和偶然性。

第四节　群体与个体的母语建构：案例研究

本节将通过具体的案例来分析群体母语和个体母语的建构过程和特

征。首先通过英语、现代希伯来语及海地克里奥尔语等案例来分析群体母语的建构，然后以笔者 2013 年暑期在云南进行的部分个案访谈为例，分析个体母语的建构。

一　群体母语建构案例分析

民族建构论认为，一个族群的族性并不是先验存在、与生俱来的，而是后天逐渐形成的。社会、政治、经济的历史进程和条件对民族和族群的产生起到了决定性的作用（Fishman，2004）。2005 年 5 月，中国共产党在关于民族和民族问题的基本理论和政策的阐述中提出："民族是在一定的历史发展阶段形成的稳定的人们共同体。"① 强调民族是形成的历史性。

从人类发展和社会组成的历史来看，任何一个民族都是从氏族、部落、部族等不同社会形态，经过无数次的分化和融合在历史上逐渐形成的，而且这种分化和融合永远不会停止（劲松，2011：104）。人们的民族认同也好，族群认同也好，都不是一成不变的。民族与民族之间、族群与族群之间的界限，也并不像原生论者生成的那样清晰和固定。相反，在漫长的历史进程中，一些特定的历史事件和环境使人们的认同不断发生变化，民族之间的界限、族群之间的界限也随之重新划分（查雯，2013）。重大历史事件还会影响民族之间的界限，影响民族母语发展的历史进程，这一点只需考察一下回族、满族、希伯来民族的母语发展就可以看出。

建构起来的群体，也可能舍弃原先的母语。回族是中国分布最广的少数民族，回族在形成和发展过程中，先以阿拉伯语和波斯语作为母语，到了明末清初，群体性转用汉语作为通用语。现在城市回族的通用语是汉语，边疆地区的回族人还通晓并使用当地民族的语言。除了语言外，回族有自己独特的宗教、服饰和饮食习惯等文化特征，是一个统一的独立的民族。

同一种语言也可以分裂成为几种不同的语言。20 世纪 90 年代巴尔干冲突后，南斯拉夫分裂，塞尔维亚语、克罗地亚语和波斯尼亚语都成了独立的语言，他们原本很相似，是一种语言，但国家分裂之后，在新成立的各国政府的推动下，社会和民族认同也随之变化，就成为各国儿童学习的

①　参见 2005 年中央民族工作会议文件《中共中央、国务院关于进一步加强民族工作，加快少数民族地区经济社会发展的决定》。

三种母语（Crystal，2000：9）。

"任何一种民族共同标准语的形成和最后定位，都是一个几百年上千年的渐进过程"（何九盈，2007：216）。《韦伯斯特美国英语大词典》对"语言"词条的定义是"相当数量的人群经过长期使用而确立、可以彼此理解的词汇、词的发音及词的组织方式的总和"（*Webster Dictionary*，1993：1270）。

萨丕尔（2002：133—134）指出："可能发现个别的人，他们说一种语言的两种方言的妥协语，如果这种人的数量和重要性不断增加，最后可能创造出他们的新方言规范来……它和社会的发展紧密地联系着，诸如民族的兴起、有超地域性意趣的文学的形成、农村人口的流入城市以及其他一切能打破天真的人习以为常的强烈地方观念的趋势。"①

Kamusella（2015）在《近千年中欧语言的创建》（*Creating Languages in Central Europe during the Last Millennium*）一书中指出，在中世纪，中欧地区分布着许许多多经由共同语言和文化传统凝合起来的松散族群，群体之间讲不同的"话"（lects），这些"话"在中欧地区形成一个方言连续体，人们并不将其视作不同的"语言"，也没有"语言"这一概念。随着这些族群不断联合、分解、融合、重组，长期的演化，逐渐形成了民族国家，有了统一的民族，才产生了自己民族的语言。

从根本上说，"汉语"这一名称就是认同建构的结果。"先秦史不是'汉族史'，而是中国许多民族先民史的组成部分，新疆早在西汉就进入中国版图。现在的普通话和历代的通语、雅言、官话都不仅仅是汉民族在讲"（张海洋，2006：33）。徐大明（2004）认为，从语言学的视角看，世人所谓的"汉语""英语""阿拉伯语"等概念并不严谨，考虑的不是语言系统的同质性，而是包括文化认同在内的历史、政治因素，因此称作"民族语言"可能更恰如其分，它们是一种社会层面的"心理现实"。当然，从社会语言学看来，这种心理现实是有一个社会基础的，是在社会言语互动的基础上建构起来的。

"有人认为现在世界上的任何语言都可能在历史上某个时期曾经是一种克里奥尔语。特别是一些使用人口众多的语言，其历史上总有许多语言

---

① 参见爱德华·萨丕尔《语言论——言语研究导论》，陆卓元译，陆志伟校订，商务印书馆2002年版，第133—134页。

接触导致混合的现象。这些说法都有一定的道理"（徐大明，2007：222）。从下面对英语、现代希伯来语和海地克里奥尔语的建构过程的考察，都可以看出语言的接触和混合，可以看出民族认同和社会言语交际对母语建构的影响。

（一）作为民族共同语的英语的形成

英语属印欧语系日耳曼语族的西日尔耳曼语支，形成于公元6世纪，相当于中国历史上南北朝时期（公元420—589）的梁朝（公元502—557）时期，距今只有约1500年的历史（秦秀白，2000）。从公元5世纪起，盎格鲁—撒克逊人进入大不列颠岛。他们同化、消灭了一部分岛上的土著居民凯尔特人，将剩下的驱赶到西南和西北部的山区。他们使用非常相近的日耳曼方言，这些方言逐渐融合在一起，成为古英语（潘洞庭，2011：35）。

从11世纪的诺曼征服到15世纪是中古英语时期。在长达两个世纪的征服时期里，法语在英语词汇中留下了深深烙印。而英法之间的百年战争（1337—1453年）对英国人的民族认同起到了至关重要的作用。尽管岛上居民之间存在明显差异，但在战争背景下，越来越多岛民开始通过英国敌对的"他者"来定义自己的身份，"英国人"（Britons）这一身份认同之间形成（Fishman，2004：83）。盎格鲁—撒克逊语逐渐演变为作为英格兰人母语的英语。14世纪起，英国的民族主义意识开始涌现，伦敦和牛津一带的英语广泛传播，并开始展现语言的民族风格和特征。乔叟（Chaucer）等人的英语文学创作也推动了民族通用语的形成。

现代英语始于16世纪。文艺复兴时期英国的教育迅速发展，大量的拉丁语和希腊语被吸收进英语；莎士比亚、弥尔顿等人的创作推动了现代英语的词汇扩展和句法统一；英国在世界各地建立殖民地，当地词汇纷纷涌入英语。进入20世纪，随着美国的强盛，英语取代法语作为外交用语，成了国际贸易的媒介，成为世界通用语（潘洞庭，2011：34—40）。

从上面对英语发展史的回顾可以看出，英语作为一种母语的形成经历了漫长的历史进程。"根据已经掌握的英语历史的资料，人们发现现代英语与其前身盎格鲁—撒克逊方言结构系统上有很大的不同，并且将其归因于历史上与丹麦语、法语及后来与其他许多语言接触的结果。正是从这个角度，有人就说英语就是从一种克里奥尔语发展而来的"（徐大明，2007：222）。不难理解为什么Seth Lerer的英语史研究专著使用了《发明英语》这样的书名。①正如前文所言，在中古英语的形成中，语言本体的建构是个曲折而漫长的过程，而英语的使用规范为大不列颠及世界各地居民所认同和接受，主要还是基于经济生活和文化活动的言语互动中逐渐形成的。

（二）现代希伯来语：犹太民族的母语重构

希伯来语从公元前 14 世纪就开始在巴勒斯坦地区使用，但在公元 2 世纪罗马大军攻破耶路撒冷后的 1700 多年间，希伯来语作为一种母语已经"临床死亡"（clinically dead），尽管它有时在犹太人聚居区内扮演着通用语（lingua franca）的角色，但并不是他们的母语。幸存的犹太人流徙散居在世界各地，几乎所有的犹太人都将自己所在地民族的语言作为自己的母语，如德国的犹太人将德语作为自己的母语，俄国的犹太人将俄语作为母语，南美（如阿根廷）的犹太人将西班牙语作为母语。希伯来语不再用于日常交际，只是作为一种书面语，用作宗教祷告和圣书研究，使用域很小。

自 19 世纪中叶始，来自世界各地的犹太人逐渐回归聚集到巴勒斯坦地区。为了保证民族延续和民族复兴，一些犹太人决定开展希伯来语复兴运动。最先提出这个想法的是埃利泽·本·耶胡达，他决心在与其他犹太人交往时只说希伯来语，他的第一个孩子成了近 2000 年来第一个把希伯来语当作母语来说的孩子。"从 1900 年到 1910 年，那些毕业于希伯来语学校，希伯来语讲得既流利又自然的犹太青年开始结婚成家。就在这个时候，出生了第一批婴儿，他们的家庭只讲希伯来语，因此，不需要任何人作特殊努力，这些婴儿长大就会说希伯来语。经过 1700 多年之后，这些儿童成了第一批只懂希伯来语而不懂任何其他语言的人"（拉宾，1973：73；转引自库帕，1985：86）。

然而，由于从口语希伯来语的消失到以色列语的形成之间缺乏连续的母语群体，复兴后的现代希伯来语，即现今的以色列语，与古希伯来语在语言特征有很大差异。甚至有人认为两者在发生学上截然不同。如有人指出意第绪语（Yiddish），即复兴者的母语，是现代希伯来语的"底层"，而古希伯来语仅仅提供了"表层"词汇，而且现代希伯来语还受到犹太

---

① 参见 Seth Lerer（2007）*Inventing English：A Portable History of the Language*，Columbia University Press。

先民所操持的其他语言的影响，特别是俄语、波兰语、阿拉伯语、土耳其语、德语、法语、英语，等等。由此可见，语言复兴的结果，很可能是形成一种结合了语言复兴者和语言记录者的母语及目标语成分的混合语（Zuckermann、徐佳，2013：100—106）。

从上面对作为母语的现代希伯来语的复兴过程的回顾可以明显看出，群体母语是在历史发展进程中逐渐建构起来的，而不是天生的、注定的、不变的。群体母语既然可以建构，也就可以解构和重构。在这期间，语言认同意识和言语交际活动是最为关键的两个因素，它们互为因果，共同促进群体母语的形成、稳固和传播。

在这个案例中，语言认同意识清晰地表现在犹太复国主义者斯摩梭金（1840—1884）的一次演讲中："你问我，一种死亡的语言（希伯来语）有什么用，我要告诉你，它赋予我们荣誉，给予我们力量，把我们团结成一个民族。每一个民族都在追求永存，每一个被征服的民族都在企盼独立的那一天。如今我们既没有纪念丰碑，也没有国家，希伯来语就是我们古代光辉残留下来的唯一遗迹"（埃班，1988：369）。言语互动贯穿在犹太民众的各种具体行动中，他们自觉把希伯来语作为日常交际用语。持续的言语互动不但为下一代犹太儿童提供了母语习得的环境，而且也进一步促进了母语认同意识的形成。

（三）海地克里奥尔语

在一些历史较短的社区中，虽然新的变体可能已经形成，但是由于历史、政治、文化等方面的原因，还可能得不到承认（徐大明，2004）。然而，"当皮钦语成为第二代人的母语时，这种混合语就成了克里奥尔语"（徐大明，2007：220—222）。克里奥尔语从语言结构角度来说是完整的语言，它除了在来源上是两种或几种语言的混合之外，和其它自然语言毫无二致。

海地克里奥尔语（简称海地语）是在法语基础上发展起来的一种克里奥尔语，但现在已经被认为是一种独立的语言。它是加勒比地区使用者最多的语言，是海地绝大部分居民的母语。而法语，另一个官方语言，仅有少部分人使用。自 1987 年起，海地共和国官方用语为法语和克里奥尔语。2010 年，Google 搜索新增了海地克里奥尔语的版本，成为海地

Google 首页继英语和法语之后支持的第三种语言。[①]

　　为了让海地克里奥尔语获得独立性和母语的地位，使用者对所谓的官方"标准语"进行了顽强抵抗，呼吁政府给予克里奥尔语以优先发展的机会，并要求承认他们社团的同一性。这种反抗导致了居民言语习惯的明显改变，说话人只注意使用他们视为"纯粹的"克里奥尔语形式的那些说法，而且许多人开始只说克里奥尔语。特别值得一提的是海地克里奥尔语逐渐形成了丰富的文学传统。从 20 世纪 80 年代开始，海地克里奥尔语的影响逐渐扩大：除了日常交际外，它还被用于政治及宗教出版物，甚至总统的演讲中。为了降低文盲率，政府于 1979 年作出规定，将克里奥尔语作为小学的教学用语，并统一了书写方案。

　　Ferguson（1959）曾经将海地的状况作为双语化的典型案例，其实海地仅有 5% 的人口使用法语。海地克里奥尔语在海地当地约有 850 万人使用（2005），约等于海地的全部人口，另外移民海外的海地侨民约有 350 万人使用。

　　从海地克里奥尔语的发展历史可以看出，从最初的皮钦语发展为具有母语资格的克里奥尔语，语言使用者频繁的言语互动和强烈的主观态度都起了非常关键的作用。正是在频繁的互动中，他们形成了言语社区的同一性，而这种同一性又推动他们去追求语言的社会地位和作为语言使用者的权利，从而最终使其获得了独立语言的资格。

　　从言语社区理论看，"言语社区发展到一定的程度会有自觉的意识，将会命名他们共有的音义符号体系，该符号体系的系统性自然也会随着使用而增强。这一过程在时间上有起点也有终点"（徐大明，2004）。起点就是在一定社会经济条件下，频繁言语交际的出现，终点就是共同认可的言语规范的形成。对于民族的群体母语而言，这里的起点就是一定数量的先民最初聚集在某一区域，以相互具有可懂度（intelligibility）的语言和方言，开始持续而稳定的互动；而终点就是这一群体的成员逐渐认同新的语言结构和使用规范，语言的系统性和稳定性随之增强，成员对社区的现实存在有了语言实在的心理支撑，社区发展成为成熟的言语社区，成员沟通所用的言语设施得到广泛传播，并成为下一代可以自然习得的母语。

---

① 参见网址 http：//www. guao. hk/posts/google-search-now-supports-haitian-kreyol. html。

二　个体母语建构案例分析

如果说民族（族群）的母语建构相对于生物学的系统发生学（phylo-genetics），那么个人的母语建构就相对于生物学的个体发生学（ontogeny）（何九盈，2007：216）。相对于群体母语，个体母语的建构案例更容易获取，也更容易看出其中的言语互动和习得过程，以及语言能力和语言认同在母语形成中的作用。

以 0728A 号访谈对象何稳菊为例。何稳菊，女，24 岁，白族，云南大学人文学院研究生，云南省大理白族自治州大理市喜洲镇人。当问到早期语言习得时，她回答说："我最先习得的就是汉语。因为我奶奶说的是汉语……小时候我爸爸妈妈在镇上做生意，一个星期才回来一次，为了更好地赚钱嘛。都是我奶奶带我……我觉得在我这里，第一语言就不是白语。在我记忆之中，我最先会说的还是汉语。"而对于白语的习得，她说："其实，我也不知道我的白语是什么时候学会的。反正会讲话的时候，就会说了……我们上学，伙伴啊，我们村里面都是讲白语，没有人讲汉语。我肯定白语讲得很好啦。我们那边哦，村子里的小学，老师授课，讲课文的时候，都是汉语。但是一下课，大家都是白语啦。"

在语言能力的建构上，受访人的白语水平比同龄的白族青少年要强。在做梦讲话时，有时是白语，有时是汉语。但相对于其汉语水平而言，白语的口语和书面语能力都比较弱。这可以归因于缺乏持续稳定的言语互动。当受访人用白语讲述《青蛙，你在哪儿》那幅图时，有时候会出现不太顺畅，像挤牙膏一样的感觉。受访人承认那幅画上的动作，想不出在白语里面该怎么说。比如，"小狗的脖子卡在了玻璃瓶口"，用汉语很好说，用白语就不知道怎么表达。

关于认同的建构，受访人对两种文化都比较了解。无论是在"亲切""好听"等情感指标，还是在"有用""有影响"等理智维度，以及语言的使用倾向上，受访人既认同白语，也认同汉语。还说："以后我的小孩，肯定是两种语言都会让他（她）学的。"

又比如，0718B 号访谈对象玉××，女，傣族，16 岁，是云南省西双版纳傣族自治州景洪市嘎洒镇曼真村高一年级学生。在被问到民族语言的习得时，回答说："从小跟爸爸妈妈，还有爷爷奶奶一起，大家都说傣语，我就这么学会的，也没怎么学。"而在被问到"还记得什么时候开始说汉语"时，她回答说："应该是上幼儿园吧。我4岁上幼儿园的，以后就会说汉语了。"访谈发现，对于双语社区的儿童而言，语言的输入输出情况更加复杂。父母、看护者（通常是爷爷奶奶或外公外婆）、村上流动人口（流动摊贩及常年在村头摆摊设点卖布匹、民族服装的店主）、玩伴、家中的广播电视提供了不同的输入语料，这时他们的母语建构充满了变异。

在语言能力的建构上，受访人的汉语和傣语能力都很强。但由于交际对象大多是傣汉双语的学生，常常出现语码转换的现象。虽然村上大多数人说傣语，但由于从幼儿园到小学、再到初中和高中的汉语教育，她已经出现"有时候说着说着就到换到汉语了"的情形。可见，在母语建构中，输入与输出并不是平行的。最先输入的并不一定是最先输出的，因为这里还涉及输入语料的可理解度及重复输入的频次。

关于认同的建构，受访人说她在上幼儿园之前就知道自己是傣族人了，认为傣族人不说傣语不能算傣族人，至多是半个傣族人。在认知、感情和行动上普遍对傣语有强烈的内在认同倾向和归属意识。在被问到"你觉得汉语和傣语哪一种对你更重要"，她回答说："都重要。都是我自己的语言嘛。"把汉语和傣语都看成是自己的"财产"，并在"好听""亲切"维度上，给汉语和傣语都打5分。当问到"在填表格时，如果有一栏是'语言或母语'，你填什么"，她的选择是"傣语和汉语"。

最后，0813A号访谈对象杨×银，男，白族，13岁，大理白族自治州大理市喜洲镇沙村小学六年级学生，对白语能力的自我评估很好，认为和村上人交流没有什么问题，但村民对他的评价是"他们哪儿还记得说白语啊，早就忘本了……就会几个句子呗。说了没几句，就岔到汉话上了，自己不觉得吧"。而且从看图说话的实践也可以看出，他的白语能力还是比较弱，从简易的配对语装实验也可以看出他对白语的态度大多是负面的。受访人的语言习得是在双语环境中自然习得的，但语言能力和语言认同都还没有完全建立。

但是基于以前的大量案例，我们可以相信，在进入初中以后，受访人的白语水平会大幅度提高，正如0728A号访谈对象何稳菊所言："如果还是像小学里那样一本正经讲汉语，他就融不进那个圈子了。毕竟，讲白语的还是多嘛……他可能慢慢意识到，白族人不会讲白语不太好。白语嘛，自己的身份啊。小时候没有身份意识。大了，就觉得用白语很正常，然后自然成了双语使用者了。"

由此可见，个体母语是在儿童发展过程中逐渐建构起来的。这其中常常存在双语的同步习得，但最先输入的语言并不一定是最先输出的语言。与语言能力一样，语言认同也是逐渐建构起来的。这其中，频繁而持久的言语互动是成功的关键。总之，从上面三个个体母语建构的案例可以看出，要成功建构母语，必须满足两个条件：第一，必须在青春期之前习得语言（Davies，2003：211—213）；第二，必须建构起语言认同。这个认同既包含个体的自我认同，也包含社区层面的他者认同。

本章小结

本章论证了母语的建构性特征，这也是下面几章的立论基础。从个体视角看，母语不是依据个人的民族、文化、宗教身份等预先设定的属性，而是在儿童早期言语互动过程中逐渐建构起来的，期间可能出现建构不成功、同时建构几种母语，或被其他语言替代的现象。从群体视角看，母语也不是原生的，一个民族的形成本身就是漫长而复杂的过程，期间可能有多种语言参与该民族语言的建构，最后形成能够为大部分成员所能接受的、能够作为该民族标志的语言。由于可能受到各种历史事件的影响，一些民族的群体母语可能"复活"，如以色列的希伯来语；有些民族的母语可能新建，如海地克里奥尔语；有的民族的母语可能会被替换，如中国的回族。

言语社区理论是母语建构论的基础，母语能力与母语认同是母语建构中最重要的两个因素。母语能力建构与儿童早期言语互动息息相关，母语定义中的"早期习得"就是强调母语能力的建构，"习"必须"得"，否则，就没有母语能力，也就谈不上母语的存在。当然，这里的母语能力主要是指口头交际能力，即只要具有能够较流畅地进行口头形式的日常交际，就达到了母语能力的底线。母语能力的建构没有上限，建构过程是终生的，没有终点。母语能力的"地板"是外语能力的"天花板"。

语言认同是母语的核心理念。一种语言之所以被称为母语，就是因为认同的存在。因此，母语概念不是纯客观的，是带有主观情感、价值判断和使用偏向的，这一点是"母语"与"语言"的差别所在。当然，这种主观认同是基于许多客观因素的，因为"世界上没有无缘无故的爱"，语言认同是在言语交际过程中逐渐建构起来的，交际环境、交际对象、交际工具的选择都对母语认同的建构产生作用。

除了理论分析外，本章还通过对问卷调查结果的分析和幼儿语码转换行为观察的分析，对母语的建构性进行了实证研究。

第四章

母语的二重性

二重性（duality）是针对"二元论"（dualism，也译作"二元对立"）而提出来的。吉登斯（Giddens，1998）认为二重性是指单个现象本身所固有的相互矛盾的两种属性，体现为同一系统的两个面相而不是相互独立的两个现象。这一理论在哲学意义上消解了传统的主体与客体、自然和社会的二分法，将宏观结构与微观行动相结合，为揭示知识和社会的复杂联系提供了一种新的方法和理论平台。

与许多现象一样，母语也具有二重性特征，其中"主观与客观二重性"和"个体与群体二重性"是最重要的两个特征，对于正确理解"认同母语""心理母语""方言母语""社会母语"等说法提供了理论视角，有助于澄清当下对母语概念的许多模糊认识。

第一节　母语的二重性

一　母语二重性的具体体现

用辩证的观点来考察母语的一般属性，可以发现母语具有一系列的二重性。

首先，母语是自然性与社会性的统一。母语的自然属性揭示了母语习得的生物学特质：母语习得和其他人类行为一样，过了生长的关键期便会发展不全，即使是追加刺激，也不能正常发展，这就是生物学的规定性；而母语的社会属性则揭示了母语习得的社会本质：人的一切活动都是社会性的活动，母语只有在社会中才能习得、使用和维持。自然性与社会性是辩证的统一，任何强调一方而忽略另一方的母语观念都是行不通的。

其次，母语是个体性与群体性的统一。所谓母语的个体性，是指任何母语都必须依附于某个个体的人，都不能离开个体的感官而独立存在。个体具有创造性和自由选择性，这些个体性特征是语言变异性的根源；群体性是指母语必须在言语社区中才能存在，个体是作为群体的成员而存在的，个体的语言表达总是受着所在社区的言语规范制约。"个人只有经过社会化，才能充分个体化"（哈贝马斯，1994）。母语既存在于个体内，又存在于个体间；既体现着个体身份，又呈现出群体认同。

再次，母语是客观性与主观性的统一。母语的客观性是指母语并非纯粹的自我意识，而是作为交际工具和言语社区的设施，母语具有实体性；母语的主观性是指母语带有情感依附和主观价值判断。与一般意义上的"语言"所不同的是，母语具有心理和使用偏向，可以得到自我和他者的主观认同。传统研究中，个体层面的母语"天赋观"其实只是抽象的生物学意义上的母语，而群体层面的"民族标记观"，或赫尔德、洪堡特等人所言的"民族精神"（Volksgeist），也只是人类学意义上的象征性的母语。实际上，纯主观的母语是不存在的，因为离开了客观存在的社会交际实践，也就无所谓母语。

最后，母语是现实性与历史性的统一。一方面，母语必须由现实中从事实践活动的人所使用，必须是一种具有时代特征的具体的母语，存活在当前的母语社区中；另一方面，母语又是历史发展的产物，现实的母语是由历史的母语发展而来的，受着特定历史性条件的制约。无论是个体母语还是群体母语，都有一个形成和发展的历史过程，又会随着社会的变化而变化。社会语言学对"进行中的变化"的研究就反映了母语的现实性与历史性的统一。母语既存在于惯习（habitus）之中，又存在于场域（field）之中。

一些典型的母语类型可以按照"主客观二重性"和"个体群体二重性"两个维度进行划分（见表4-1）。这有助于对母语进行更合理的阐释，不至于将完全不同的母语类型混杂在一起进行讨论。

表4-1　　　　　　　　　　母语的二重性

	个体性	群体性
客观性	家庭母语	社区母语
主观性	心理母语	社会母语

　　母语的二重性根源来自于母语的建构性。"建构什么"与"怎样建构"，这两个方面实际上是一致的。母语既是习得的对象，需要建构的客体，也是学习的工具，用来建构的工具；母语既是言语交际的建构物，也是这一建构的媒介；母语的习得必须以言语交往为前提，而言语交往的形式又是必须受母语习得的结果来决定。母语的建构不仅是一种社会活动，也体现一种社会关系。固定对象的言语交际活动，在经过多次重复而稳定下来凝结成社会关系和社会网络，这就是言语社区的雏形。

　　母语的建构与母语本身就像"行"与"路"的关系。"既有的交往关系已经像路一样规定了行的趋向，于是人们可以预期，只要交往行为一发生，就会按照这种交往关系进行。但是，另一方面，路又是人走出来的。任何交往关系都是一定的交往活动的产物，并会随着交往活动的发展而被改变"（钱伟量，2003：219）。

　　母语的二重性特征展现了关于母语的辩证法，有助于避免各种关于母语的片面性观点，从而更加全面地把握母语的属性、构成和功能，为母语的研究提供正确的理论指导。所有的母语观都必须经过二重性的检验。以往的一些母语理论阐述在这个原则的透视下，很容易显示出自己的漏洞。离开了对二重性原理的深入领悟，是不可能深入把握母语本质特征的。

二　母语："语言事实"还是"语言学事实"？

　　从第二章提到的母语界定的五个标准看，有的界定标准是基于外在的、纯客观的指标。例如，从语言习得顺序看，第一语言与第二语言的区分是基于客观的语言习得过程；同样，民族身份归属也是一种客观存在，因为一旦确立了儿童的民族身份，其本族语的身份也就确立了；另外，语言使用也是一种客观的语言实践。

　　而有的母语界定标准是基于内在的、主观的指标。在调查中也常常发现，人们对"母语"问题的回答包含着许多感情态度、价值取向等主观方面的因素。有些人虽然是均衡双语（balanced bilingualism），但在主观方面还是更倾向于自己的民族语；有些人不会说自己的民族语，但由于在感情上更加亲近本族语，还是认同本族语是他们的母语。有不少中学生虽然从小习得本族语，但由于从幼儿园到小学阶段更多地受到汉文化的熏陶，对自己的民族文化感情淡漠，有的甚至持民族文化无用论、落后论或虚无论。他们喜爱和崇尚汉文化，认为汉语是其母语。在日常生活中，那些缺乏语言能力，甚至不能进行最低限度的日常口语交际，但是因为宗教、民族、文化等外在身份，将该语言视作母语的情形并不少见。"母语"概念中掺杂了如此多的主观因素，在确认时不能不加以考虑。

界定母语时涉及的各种主观因素通常用语言认同来表示。语言认同是指个人或群体对某一语言承认、认可的过程或趋同的结果（张先亮、苏珊，2011）。认同因素"有时会被无限度地夸大，或者无节制地用来替代其他社区特征"（徐大明，2004），那么应该如何看待纯主观的"认同母语"？我们也许可以援引"语言学事实"这一概念。施春宏（2010：2—17）提出区分"语言事实"和"语言学事实"，并将"语言学事实"定义为"在特定的假说或理论背景下所界定、发现或预测的语言成分和关系"，指出形式语言学的许多内省式语料实际上是"语言学事实"，而不是"语言事实"。母语认定也存在类似的情形。例如，印度1961年的人口调查显示，全国有1652种母语。然而"实际上很多被调查人心目中的母语只是一种区域文化认同标志，不是语言"（Pattanayak，2003：24—25）。这其中，有的母语是"语言事实"，而有的母语只是"语言学事实"。

语言学事实能否成为语言事实，需要通过观察和实验结果来证实和证伪。同样，要判断一个人声称的"母语"身份是"语言事实"和"语言学事实"，也必须要到言语社区中进行考察。拉波夫（1975）在《什么是语言事实》（"What is linguistic fact?"）一文中论证道："如果离开语言的社团、方言以及说话者的社会背景来谈论所谓'语言事实'，所获得的材料就不是真实的。"换言之，认同并不是完全属于个人心理范畴，而是个人心理范式和社会文化范式的双重结果。母语的社区群体认同应该大于个体自我认同。

戴庆厦、何俊芳（1997）曾经提出从语言和心理两个标准来识别"母语"。前者基于客观的语言能力和语言行为，后者基于主观的语言态度和心理认同。按照客观的语言标准，母语是一个人从小习得的第一语言，不管这个第一语言是否是其本族语。按照主观的心理标准，母语是一个人在感情上自我确认的语言，是一个人的民族自我意识状态。重视"心理层面的母语"在当时的国内学术界应该是一个较新颖的观念，但由于对如何整合两个标准，如何应对因分别实施语言和心理两个标准而造成的"母语"不一致的复杂情况，作者没有提出具有操作性的建议，因而这一理念未能引起学界足够的重视。

在对"认同"的要求上,"母语"概念和"民族"概念有很多相似性,因此可以通过考察"民族"一词的主观内涵来反观"母语"。据维基百科,民族指的是"一群人觉得他们自己是一个被历史、文化、和共同祖先所连结起来的共同体。特质可能包括地域、语言、宗教、外貌特征或共同祖先,也包括'主观'的特质,特别是人们对其民族性(nationality)认知和感情"。因此,民族是共同体的认同概念,其来源可以是共享的体制、文化或族群。安德森(Anderson,2011)把民族定义为"想象的共同体",认为象征性而非真实性才是评价共同体的有意义的标准,因为同一民族的民众之间的关系并不是面对面的,人们必须经过想象,并创造集体性的社会纽带。为此,有人就认为安德森已经把民族消解为凭空想象的产物,仅仅是主观建构的结果。实际上,安德森(2011:54)强调了想象的基础、途径、形式和媒介。在安德森看来,基于印刷出版业的大众传媒造就了民族意识,是民族产生的基础,而博物馆和店铺等象征空间,以及人口普查和地图等行政管理实践都对民族意识的形成产生了促进作用。

同样,语言认同也不是纯主观的,认同三要素中的有一个要素就是涉及语言使用的。无论是方文(2008:148)提出的"行动承诺",还是Edwards(2009:83)提出的"语言使用倾向",或者丹尼斯·埃杰(2012:12)讨论的"采取言语行为的愿望",都是指一种语言使用习惯,它不是具体的言语行为,因为言语行为是充满变异的,而是指言语行为倾向,即人们通常情况下下意识地选择使用某种语言完成交际行为的倾向。这种倾向是可以通过技术手段测量出来的,拉波夫(1966/2001)关于纽约市百货公司(r)音的社会分化的研究就是一个例子。所谓"公开评价的一致性,从变异抽象模式的一致性可知",就是说考察的是社区成员对语言所持的共同态度,而不是共有的言语行为。其实,有的英美人士就把first language理解为"(使用时的)首选语言",这就是一种语言使用倾向。虽然在实际使用时可能会因为场景、对象等发生变异,但"首选"这一倾向是不变的,作为一种概率也是可以统计量化的,因而具有客观性。

母语身份必须基于实际存在的、可验证的语码身份。周明朗(2014)指出,讲话人必须要能从个人语码库中选择与身份匹配的语码,否则该语言身份就不成立。由此可知,母语身份必须给予母语能力,否则该身份可能仅仅是一种文化身份,而不是语言身份。

母语身份是可以进行检测的。母语必须具有真实的可验证可测量的语言能力，语言认同一定是有现实基础的，是否融入当地的社会生活，能否听懂和讲当地方言是语言认同的一个很重要的指标。安德森精辟地指出："第一代移民加拿大的华人总会想起中国，而第二代的乡愁不那么浓，因为他们的朋友都是加拿大人。"[①]也就是说，第一代华人移民可能会形成对目标国的个人认同，但很难形成集体认同，因为其朋友大多在中国，新的言语社区中很难形成"他者认同"。而到了第二代，由于"朋友都是加拿大人"，"他者认同"就有条件形成，因而就可以达到自我认同和集体认同的一致。戴庆厦、何俊芳（1997）曾经对中央民族大学不同专业、不同族别的 80 名大学生进行了语言调查，发现童年时的语言是本族语却把汉语认作是母语和童年时的语言是汉语却把本族语认为是母语的人都占一定比例。如表 4 - 2 所示。

表 4 - 2　　　　　　　对母语的选择与童年时的语言的依存关系（大学生,%）

童年时的语言	您认为哪种语言是您的母语		
	本民族语	本民族语和汉语	汉语
本民族语	91.6	5.6	2.8
本民族语和汉语	50	50	0
汉语	2.5	5	92.5

资料来源：戴庆厦、何俊芳，1997：62。

其中，童年语言是本民族语的学生有 2.8% 的人认为目前自己的母语是汉语；而童年语言是汉语的学生有 2.5% 的人认为目前自己的母语是本民族语。这都说明，母语认同可以通过社会语言学的实地调查，统计出来。它是实实在在的"语言事实"。语言系统在心理上是存在的，语言学家近百年来的研究都是在描写和解释这些"心理现实"。那么"这种心理现实是否还有一个社会基础？它是否就是某一类社会活动的结果？"（徐大明，2004）。有人质疑："体验的真实性是否就等于客观的真实性？"我们的回答是母语这一概念本身就不是纯客观的东西。母语虽然是一种族群的心理存在，但其存在的客观性还取决于大多数人的共同语感，而并不仅仅是个人的心理体验。

---

①　参见《如何记忆，是一个非常重要的问题——专访：美国康乃尔大学国际研究院讲座教授本尼迪克特·安德森》，《文汇报》2014 年 4 月 7 日。

任何的主观建构都必须有客观基础，语言认同也是有原因的，人们在长期的语言互动中，会因为爱好、兴趣或者认为有前途而逐渐接受和偏好另一种语言，甚至不惜放弃最先习得的语言。变异社会语言学假定认同是先在的，并和性别、职业、阶层等指标一起成为制约语言变异的条件；互动社会语言学强调认同是在言语互动中建构起来的，是一种动态的过程。言语社区理论则把认同看成一个言语社区的一个构成要素，既承认言语互动是言语社区的建构过程，也承认言语社区中已经形成的认同的客观性（徐大明，2004）。必须看到"主观性中的客观性"。例如，如果一个女孩认为1.7米的男孩是矮个子，就不会认为一个1.6米的人是高的，只会是更矮。所以，主观随客观而形成和变化，是有既定规律的，这些主观形成变化的规律，是不以人的意愿改变的，是客观的。母语是客观存在的。

当与不同的群体接触时，母语常常成为群体身份的象征。身份是在社会中通过语言建构的，不是生来就拥有的某种东西，或者是后来获得的某种东西。因此，建构主义认为，语言既表达了认同，也在建构着认同。认同是语言建构的结果，也需要通过语言的叙述来维持和发展。语言约束主体的自我认同，影响主体的集体身份和行为。概言之，语言认同实际上是个体"理性地建构"与社会"结构性制约"双向互动的产物。

社会语言学以社区层面的互动话语为主要研究对象，在研究语言时始终没有忘记"人"的作用。社会是人类交际活动的产物，就本质而言，全部的社会生活是实践的，人的本质在其现实性上是一切社会关系的总和。言语社区本质上是实践社区。拉波夫的社会分层模型强调的是基于互动的认同，对社区言语交际规范的认同；米罗伊夫妇（Miroys）的社会网络模型强调的是社会关系，而埃克特（Eckert）的实践社区强调的是人际互动，其中言语互动只是社会互动的一种表现形式而已。在讨论言语社区的界定时，徐大明（2004）指出，"除了规范、态度和认同之外，还有行为方面的一致性"。可以说，"（言语）行为方面的一致性"是获得母语资格的最基本要求。

所以准确地说，母语既不是一个纯客观的概念，也不是一个纯主观的概念，而是一个客观与主观因素共同作用的产物。我们既需要考虑母语的生物基础，也需要考虑母语的心理基础。既考虑语言习得的客观事实，又考虑语言态度、语言情感等各种主观情形。将母语视作主客观因素共同作用的产物可以更好地界定母语。母语"既是一个社会语言事实，也是人们的一个意识产品"（Pattanayak，1981：54），"既是一个物理存在，也是一个心理实在"（Coulmas，1981：204）。母语既是语言"基因"的产物，也是语言态度的产物；母语既是"果实"也是"根"。"基因"和"根"指的是过去的语言习得经历，而"态度"和"果实"指的是目前的认同状况。两者不可偏废。

将语言认同和语言态度等主观因素纳入母语的界定中，并不意味着讲话人可以随意改变和放弃自己的母语，也不意味着母语主要是主观认定的。首先，社会语言学的"语言认同是一种长期的主观建构的过程及其结果"（徐大明，2010：181），不像语用学的身份建构那样随着交际情景的变动而变化。其次，发生于互动主体间的认同可以分为事实和价值两个层面，两者都有一定的客观基础。社会语言学认为，有的认同是先在的，是事先确定的社会角色设定，比较固定，如民族、地域、社会阶层、性别等，因而肯定是有客观基础的；有的则是建立在频繁的言语互动基础上的，是语言生活和语言经验的产物，因而也是有其客观基础的。因此，界定母语的语言认同不是随意的主观设定，而是基于客观语言事实的可以进行测量的心理实在，这保证了母语界定的科学性和可操作性。

总之，不能因为母语认同具有主观性，就认为母语的确立或识别标准就是主观的。这一点正如朱晓农（1987：56）所言："语言是一个具有时间性、地域性、社会性、民族性、人文性的系统，但是，语言学却只有科学一个性。把研究对象的属性跟研究本身的性质等同起来是一个错觉，在逻辑上是讲不通的。"这就好像生物学并不具有生物性一样。母语必须存在于社区中，必须在社区中发现，必须是一个基于实践的"语言事实"，而不能仅仅是一个基于认同和想象的"语言学事实"。

第二节 母语的主客观二重性

本节首先讨论母语识别中"他者认同"的作用，这可以视作本书的一个创新点。然后，对母语的主客观二重性进行分析，指出：如果母语仅仅是主观的认同，那么它就仅仅是一个"语言学事实"，而不是"语言事实"；如果母语既是客观存在的实体，也是一种主观上的认同，那么它就既是"语言事实",也是"语言学事实"。最后,本节将新加坡英语母语地位的争论作为个案,就群体母语界定中的主客观因素进行探讨。

一 "他者认同"的价值

受到勒帕热等(Le Page and Tabouret - Keller, 1985: 158)关于"认同行为"(act of identity)研究的影响,激进的主观主义方法开始兴起,他们过于强调个人对社会规范的认同,以至将其他因素都排除在外了。对于社会语言学而言,尤其是对于致力于描写语言系统变化的变异学派,这些激进的观点是成问题的,"因为在语言系统的变化中,许多结构性的变化与社会的作用和认可是没有什么关系的"(Labov, 1982: 84)。

传统研究将认同分为自我认同(self - identity)和社会认同(social identity)两个层面。前者是个人对自我的社会角色或身份的理性确认,也是对自己与他人差异性的认识,后者是指一个社会类别的全体成员得出的自我描述,是群体成员在主观上所具有的群体归属感(周晓虹, 2008: 46—53)。作为一种社会建构,族群受社会环境左右并为人们的意识形态所限制。因此,一般有两种族群识别的方式:自我识别和他人识别(周明朗, 2013: 502)。

简金斯(Jenkins, 2008)则在"社会认同论"(如 Tajfel 等人)和"自我归类论"(如 Turner 等人)的基础上,将"社会认同"进一步分为"内在"和"外在"两个方面。内在方面是群体成员在主观上所具有的群体归属感,是一种群体"自我认定",可称为"群体认同";外在方面是社会对某一成员的群体归类和划分,是一种"社会分类",可称为"他者认可"。与传统研究不同,这是一个双通道(two - channel)的认同模型,更有效地将个体与类别、个体与群体的心理联系在一起。方文(2008: 75)也指出,个体将自己认定为群体的成员,需要获得"他人认可"。他人认可的、客观存在的群体成员身份,是社会认同的前提。正所谓"先有群体资格,后有可能的认同"(方文, 2008: 159)。

李宇明在题为《全球化与人的跨文化交流能力》发言中指出:"现在双文化人逐渐多起来,比如,在上海出身的外地的孩子,现在这种文化归属上,是上海人呢还是外地人?关键问题还不在于他自己认为他是上海人还是外地人,上海人认为他是外地人。你不管移民移到这二十年三十年仍然是外地人，不是上海人。"这里也是强调社区层面"他者认同"的重要性。[①]

母语研究专家斯古纳伯—康格斯、菲利普森（Skutnabb - Kangas and Phillipson，1989：450 -477）也提出，母语认同既要有自我认同，也要有社区层面的他者认同。相对于自我认同而言，他者认同的参考价值更大，这也是遵循群体优先的原则。类似地，Singh（2006）也认为，母语的界定除了语言能力因素外，还有自我接受（acceptance）、他者承认（recognition，即被他者识别）和语言所有权（ownership）等政治、经济方面的考量。

综上所述，母语认同应该既包括双语人对自己所操语言的母语身份的识别和认同，也包括言语群体，如国家、社会、民族、社区等，对双语人所操语言的母语身份的确认。前者是自我认同，后者是他者认同（即简金斯的"社会认同"中的外在方面）。只有同时满足这两个部分，才能形成真正意义上的母语认同。

社区层面的"他者认同"是以往语言认同研究中被严重忽视的内容。有的学者不考虑语言能力，仅仅依据民族归属来界定母语："这就是我的母语，很可惜，我还不会说。但我很想学会……"。还有的学者在界定母语时，虽然不为民族身份所束缚，但倡导"纯认同母语"，即母语界定中不涉及母语能力的要求，只要讲话人"认同"该语言，则该语言就是其母语。在大多数情况下，这里的"母语"其实是"本民族语（本人所属民族的成员说的语言）"的意义，讲话人将两者混为一谈，而这种情形在社会生活中并不少见。

在母语认同的识别中必须引入社区层面的"他者认同"，就是说，母语的界定除了自我认同外，必须有他者的认同。一个人的母语资格不能光靠自己说了算。是不是母语，要靠周围的人来决定。也就是同一言语社区的人。这就像索绪尔所说的，每一单位的价值都由另一些单位确定，关系是构成价值的基础。所以说母语虽然外在的体现是每个个体的属性，但在深层次上是一个集体概念，是不能由个体来证明的，必须在社区层面才能确立。

---

① 李宇明：《全球化与人的跨文化交流能力》。参见网址 http://learning. sohu. com/20131201/n391072101. shtml。

　　在双语调查中我们曾经听到这样的抱怨："我是彝族人，说的明明是彝语，可他们说听起来不像……"又比如，王宗炎（2003：101）曾经举例说："在美国，如果移民的祖先是欧洲白人，他们的语言虽有不少母语的痕迹，还是算英语的一种方言；如果移民的祖先是非洲黑人，尽管他们的语言也是英语的一种，可是学者们却说，这不是英语的一个变体，而是克里奥尔语。"这一方面说明语言认同不仅涉及语言本身，还涉及社会、政治、族群等多种因素，另一方面说明语言认同不仅是自我认同，还涉及他者认同。

　　海姆斯（Hymes，1974：50—51）指出，"参与一个言语社区和成为其中的一员并不是一回事"。许多研究揭示，如果没有社区认可的群体身份，是不可能真正获得社区层面的"他者认同"的。根据建构主义的动态认同观框架，要达到语言认同，首先要习得该语言并熟悉其文化，其次要对该语言及文化产生积极的态度和情感，最后要获得该言语社区的成员身份。这一身份既是一种心理现实，即个体将自己主观认定为群体的成员，同时也是一种社会现实，即"他人认可、客观存在的、具有一定边界的"社会群体成员身份（秦晨，2012：102）。[1] 这里正如方文（2008：159）所言，"先有群体资格，后有可能的认同"。

　　很多案例都表明，人们在临界期（critical period）之后习得的语言很难达到母语的水平。以往的研究都将其归因于学习者生理方面的原因，而忽视了学习者其他方面的原因，特别是语言认同建构的作用。其实，儿童早期语言习得具有"天时地利人和"的有利条件。所谓"天时"，指的是儿童3—5岁是最佳的学习语言内的时间。没有来自生活和工作的压力、烦恼，语言学习不受干扰；所谓"地利"，指的是儿童母语学习一般不会离开在家庭和社区，多渠道、多模态的语言输入使得日常交际互动成为语言自然习得的过程；而所谓"人和"，就是指儿童对语言认同的建构相对容易。儿童在社会化过程中，会自觉接受社会规范，包括语言结构规则和语言使用规范，主动融入社会，母语群体具有一种归属感和认同感。一些移居海外的青少年，虽然也有大量的语言交际，但语言水平已经很难达到

---

　　① 秦晨（2012：103）指出，汉语中的"文化认同"虽然来源于英文的 cultural identity，但已经不是"对特定文化群体成员身份的认定"，而是掺杂了中文"认同"中的"赞同、喜爱"等语义特征，"文化认同"不再是西方的 cultural identity，而是"对特定文化的赞同和喜爱"。

居住国民众的母语水平，一个重要原因是文化因素（如生活习俗、宗教等）阻碍了语言认同的建构——讲话人很难获得母语群体身份的他者认同。

因此，在问卷调查中，我们尝试设计了这样一个问题："你身边有些人的民族语言已经说得不纯了，你觉得他们说的还能算民族语吗？"在半结构式访谈调查中，我们对于年长者设置了这样的问题："现在的孩子说家乡话已经不是很流利了，你觉得他们说的还是白语（傣语、彝语、佤语等）吗？"这些都是为了检测母语的他者认同，以便与母语的自我认同相互对照核查。

无论是在下鸡邑村的问卷调查（3.3部分），还是在沙村的个案访谈（3.4部分），都可以看出他者认同的隐形力量。在下鸡邑村，虽然高中生杨××的白语是后学得的，但周围同龄人对她的评价却很高，当问到"你们觉得她的白语听上去有什么问题吗？"都回答："没有啊，跟我们一样的。"而在沙村，虽然初中生杨××从小就接触白语，他自己也认为能听懂父母、同学的白语，基本能用白语交流，但周围的人对他的白语都不认可，认为他不会说白语，听懂了白语却用汉语回答。他之所以交际没有问题，是因为周围人都能听懂汉语，是一个双语社区，如果到一个只说白语的山区，他的语言交流可能就成问题了。

我们认为，语言认同仅仅依靠讲话人的"个人心理"依据还不够，还需要充分考虑社区的"集体心理"，即"母语识别既要基于讲话人的自我认同，又要考虑来自社区的他者认同"（Skutnabb - Kangas，2008）。仅仅根据个人认同（包括个人语言态度、价值取向和情感因素）来界定母语是不可靠的，将言语社区的他者认同（如讲话人的语言能力和使用规范是否达到言语社区认可的范畴）纳入语言认同中，可以降低认同这一主观因素的随意性。这一方案有助于解决个人语言认同与语言习得不吻合的问题，消除母语界定中"认同决定论"的影响。"认同决定论"夸大了个人认同的作用，在一定程度上将母语概念神秘化。

在母语的界定标准中引入"他者认同"，可以增强母语的客观性、可预测性，减少随意性。应该意识到，言语社区层面的"他者认同"本身也是具有客观依据的。言语社区首先是一个经济社区，要有足够的量，包括人口数量、地域的大小等，经济上基本能够自给自足，大多数言语交际能在言语社区内完成，具有自己的语言规范和语用特征，以及现实可及的广播电视、教材、文学作品等设施。可见言语社区本身是可观察、可度量的实体。"一个言语社区，作为一个有形可见的物质性活动范围和一个有社会心理基础的社会群体，可以由一系列定量指标的组合来限定。使用规范和语言态度同一性指标之外，还可以包括交际密度指标，沟通度指标。这一过程的实质是：从人出发，发现谁跟谁讲话，谈话的效果如何"（徐大明，2004）。只要我们本着"从人出发"的原则，就可以有效实施"他者认同"。

二　个案研究：英语是新加坡的母语吗？

就社区层面看，可能存在群体性的语言习得与语言认同不一致的情况，这时候应该按照哪个标准判断群体的母语呢？这里确实存在很大的争议。在这一方面，新加坡是一个典型的案例。

依据新加坡的宪法，马来语是新加坡的国语，英语、华语（汉语）、马来语、泰米尔语是官方语言（卡普兰、巴尔道夫，2014）。在四种官方语言中，华语、马来语、泰米尔语被认定为"母语"，分别代表新加坡的三个主要族群。英语是主要的工作媒介语，但不是"母语"，那么英语会成为新加坡的母语吗？

2013 年 7 月 15 日，新加坡英文报刊 *Today* 刊登了一篇文章，题目为《英语可以成为新加坡人的母语吗？》（Can English be a Singaporean mother tongue?），作者陆卢克（Luke Lu）认为，年轻一代的国人对语言的认同感和老一辈国人不同，年轻国人更愿意认同英语作为他们的母语。作者指出，将英语作为母语有利于建立一个"新加坡核心"，而且有助于"新加坡英语"在国际上得到认同。

一石激起千层浪。2013 年 8 月 21 日《联合早报》刊登了吴俊刚的回应文章《双语教育出现拐点？》。作者认为不能承认英语是新加坡的母语，因为"新加坡人"顶多只能被世界理解为来自新加坡共和国的国民，不可能被理解为一个种族。两天后的《联合早报》又发表了周清海的《英语可能成为新加坡人的母语吗？》回应文章，指出，殖民地时期，英语是外来统治者的语言，不是我们的母语。建国之后，英语成为行政上的语言，但英语学习重在实用，而母语学习重在文化传递。如果将英语认作母语，那就是双语教育的失败。

2013 年 9 月 9 日《联合早报》又刊登《英语已逐渐成为新加坡人的

母语》一文，作者陈定远指出，三十几岁以下的新加坡华人"除了在血统上是黄皮肤黑眼睛，其语言、思维、文化风俗习惯，都已经不是传统中华民族的"。"他们认同英文而不认同华文。有的甚至厌恶华文，甚至排斥华文。""大多数学生没有学习华文的意愿，学生在中学毕业后，大多看不懂中文报刊，更遑论中文著作了，他们也没有要看懂中文报刊的意愿。"因此作者认为新加坡的双语教育早已出现拐点，英语已经开始成为新加坡人的母语。

紧接着在 2013 年 9 月 15 日，《联合早报》又刊发了梁海彬的讨论。作者指出，新加坡的母语课题虽似老生常谈，但现已到了"非谈不可"的时候。作者提出以下问题：是不是只要情感上认同，任何语言都应该能成为其母语？"新加坡人"到底是不是一个新的族群？"新加坡华人"和"华裔新加坡人"两个概念有什么不同？文章认为，这些讨论"对于新加坡应该创造一个什么样的社会、什么样的国家，有一定的启示"，关键是认清"我是谁"。

两天后《联合早报》刊发评论员叶鹏飞的文章《弃母语无法产出新文化》(2013)。作者认为不能将新的国民身份认同与放弃民族语言相提并论，"民族历史文化的形成，非一时三刻之功，要经历长时期的千锤百炼积淀而成；一代人转换所使用的语言，而且还不是百分之百的情况，很难据以断定'全新的新加坡人'的出现"。作者提出，华族是新加坡的大宗，中华文化起着核心作用，"采用放弃语言而否定核心的途径，能否发展出崭新的文化？显然也缺乏历史经验作为支撑的依据"。

然后 2013 年 10 月 20 日，张从兴在《联合早报》发文呼吁"别让母语争论拖后腿"。作者指出，关于母语，政府的官方定义是"个人所属种族的语言"，因此华人的母语自然就是华语；但有些论者认为，"不同华族族群的母语应该是粤语、潮语、闽南语等方言，而不是华语"；另有论者认为，既然有许多新加坡家庭都是讲英语（或许是"新式英语"，即Singlish)，那么英语就是这些家庭孩子的母语。作者认为，目前的事实是，一方面，"以英语为家庭用语的新加坡家庭逐年增加，母语作为家庭用语的比率则在不断下降"，另一方面，华语在世界上"已经成为仅次于英语的第二大流行语言"。提醒新加坡要加快华文教学的步伐，别让母语争论拖后腿，在与马来西亚和印度尼西亚的竞争中丧失了母语优势。

2013 年 11 月 4 日杨德昌在《联合早报》发表了《英语不能定位为华

族母语的原因》一文，文中作者解释了"不能将英语定位为华族母语"的原因是社会语言现实性不能取代文化身份认同："英语母语是与白皮肤的盎格鲁—撒克逊人（Anglo‐Saxons）息息相关，我们的英语无论多纯正标准，永远不会是英国人（Englishman）。"作者还以希伯来语的复活为例，说明在一段时间内使用某一种语言并不代表内心深处认同该语言。

2014年，新加坡南洋理工大学的 Tan Ying‐Ying 在国际学术期刊《世界英语》（World Englishes）上发表了《英语是新加坡的"母语"》一文。作者指出，英语作为新加坡家庭语言的比例已经从2000年约20%增加到2010年的超过30%，而且有超过50%的受访者都将英语作为其身份标记语言。作者将语言传承（language inheritance）、语言能力（language expertise，即language proficiency）、语言功用（language function）和语言认同（language identification）视作界定母语的四个标准，认为新加坡的英语，特别是年轻一代的英语，符合上述所有条件，因此符合作为新加坡人母语的标准。作者指出，新加坡的三种"母语"是政府通过行政命令规定的，但新加坡民众的母语选择权不应受到束缚，英语应该被定义为国家的一种新的母语。

新加坡民众关于母语的争论仅仅是当今世界该类话题中的一部分。随着全球化、城市化和信息化的深入发展，随着语言接触和文化交流的加深，这类讨论在世界各地上演着，它既反映了现代社会的认同焦虑，也反映了母语概念的现实困境。

英语是新加坡的母语吗？众多讨论者从个体层面的语言习得和自我认同两个角度来论证，但都没有从社会认同来考察。社会认同包括两个方面，一是社会的自我认同，即自我归类，这是内在的群体认同；二是社会层面的他者认可，也就是外在的群体认同。一方面，从群体层面看，许多新加坡家庭、学校在招聘"英语本族语教师"时（比如，报纸上经常可以见到这样的广告：Native English Teacher Wanted!），并不将本国英语说得很好的人作为考虑对象，而主要面向来自英美等国家的英语教师。另一方面，如果要将从小习得英语的新加坡华人的母语识别为英语，那么这一语言身份必须要得到作为同一言语社区的其他英语讲话人的群体认同，主要是来自于英国、美国、加拿大、澳大利亚、新西兰等欧裔白人国家的英语母语人。但在卡楚（Kachru，2005）的"亚洲英语三大同轴圈"（Three Concentric Circles of Asian Englishes）模式中，新加坡虽然不像中国、日本这样的"扩展圈国家",但仍和印度、菲律宾一样,仅属于"外圈"国家,不能与澳大利亚和新西兰等英语"基地"国家同享"内圈"的"光环"。新加坡学生到美国留学也同样要参加托福考试(The Test of English as a Foreign Language,TOEFL,"英语作为一门外国语的考试")。

相反,如果这一群体将华语作为母语,则很容易得到以绝大多数华语社区的认同,这主要是因为历史渊源和文化同构的原因。语言能力是一个连续体,虽然有少部分新生代华人儿童的汉语水平几乎为零,但在新加坡这个双语社区中,许多人都是"被动型双语"(其中一种语言仅能听懂但不会说),当然更多华人是口语能力强,书面语能力弱。如果将上述所有因素考虑在内,那么绝大多数华人可以算是英华双语人。鉴于社会母语的性质是由群体大多数决定的,新加坡新一代华人的群体母语仍然应该视作华语。

第三节　母语:个体与群体二重性

本节将依据母语的个体与群体二重性来讨论"社会母语"和"方言母语"两个概念。

一　社会母语

(一)对"社会母语"阐释的一些疑问

王宁、孙炜(2005:73—77)提出要区分"自然母语"与"社会母语",认为:"母语是指本民族的语言";"就个人的言语来说,幼年时自然习得的语言,叫做自然母语";"自然母语以民族语言的方言为大多数";"母语还必须建立第二个概念,那就是社会母语的概念。社会母语是与外语相对应的,它是整个社会对外交流的语言,因此它必然是也只能是这个民族的标准语"。

不同于一般辞书,作者提出区分"自然母语"与"社会母语"两个概念,实际上已经认识到母语的群体与个体二重性。作者认为许多母语问题就是因为没有树立"社会母语"的意识造成的,笔者也深为赞同。

但是"社会母语"这一概念还有几个地方需要进一步完善。

第一,作者认为"母语是指本民族的语言",又说"自然母语"是

"幼年时自然习得的语言"。这对于传统的单语社区和单语人来说不存在问题，但在多语环境下，儿童可能没有习得本民族的语言。难道这样的儿童只有"自然母语"而没有"母语"？

第二，群体母语实际上是一个多层的嵌套结构，但如果将"社会母语"理解为"是与外语对应的语言"，就会出现社会母语只有一个层次的情形，就类似于有些学者所说的"国家母语"了。因为根据《现代汉语词典》（第 6 版）的定义，外语就是"外国语"，是国家层面的，"外语"概念是"完全建立在国家认知的基础上的"（赵蓉晖，2014：2）。按照作者原先认定的"母语是指本民族的语言"，中国的少数民族的群体母语和中华民族整体的群体母语应该都是"社会母语"，这是一个多层的嵌套结构。因此社会母语不一定是"与外语对应的语言"。

第三，社会母语应该是一种群体母语，但如果说它"只能是这个民族的标准语"似乎欠妥。本书赞同李宇明（2003）"民族共同语"的说法。《辞海》（第 6 版）对"标准语"的定义是："亦称'文学语言'。经过加工和规范的民族共同语。"可见，标准语是指有明确标准的规范化程度较高的共同语，是共同语的高级形式，一般以规范的书面语为代表。"有的民族有共同语但没有标准语。例如，青海省的撒拉语，内部分为街子土语和孟达土语。虽然常用街子土语来描写撒拉语，但事实上并没有形成民族的标准语"（李宇明，2003：49）。标准语大多是经过正规的学校教育而学到的，将"社会母语"仅理解为标准语就大大缩小了它的覆盖面和阐释力。

关于"社会母语"，冯学锋、李晟宇（2006）以及王珏（2009）也持类似的观点。王珏（2009：248—264）还进一步阐发道："只要一个人不是文盲，总会首先习得自然母语，而后学得社会母语"①；"虽然只有社会母语而无自然母语的人很少，但有时也会遇到一些交际尴尬局面。但是，如果一个人只有自然母语而无社会母语，则难以适应改革开放的社会，难以融入社会的主流文化"。

我们知道，任何一个正常人都有自然母语，一个"只有社会母语而无自然母语"的人是不存在的。推测作者的意图，应该是将社会母语理

---

① 这里的表述暗示"文盲是没有母语的"。而且从作者"习得"与"学得"的区分似乎可以看出这里"母语"应该是"语文"，而不是"语言"。

解为"标准语",将自然母语理解为"方言"——本来是两个意义明确的术语,通过这样的方式与"母语"挂钩,反而变得混乱了,也完全破坏了原先区分"自然母语"和"社会母语"的初衷。

（二）"社会母语"与"国家母语"

任何母语都既有个体性也有群体性,作为讲话人"自我身份标签"的个体性和作为"民族识别标识"的群体性是不可分离的。群体母语是言语社区成员共同认可的母语,必须由具体真实的个体母语构成,个体母语也只有在特定的母语社区中才能习得和维持,"先验的鲁滨逊"是无法存在的。前文讨论的社会母语只是一种基于纯主观认同的母语,是一种"语言学事实",而不是"语言事实"。

游离于个体母语之外的抽象的"社会母语"实际上是不存在的,各层次的群体母语之间也是在保持各自异质性的前提下才发生交往的。美国社会心理学家库利（Cooley）认为:个人与社会是同一现象的不同侧面,经验上是不可分的,两者相互作用和相互渗透,呼吁"放弃个人或群体孰为绝对第一性的问题,应该考查个人如何存在于群体中,及群体如何存在于个人中这样的问题"。他断言"独立的个人是在经验中不存在的抽象物,同样,脱离个人的社会也是如此"（转引自文军,2008:134—136）。

随着语言接触的扩展和加深,多言多语的社会生活成为常态。直接用整齐划一的社会母语来取代纷繁复杂的自然母语,片面强调前者而在无形中忽略了后者,认为"所谓的母语安全就是指社会母语安全"（王宁、孙炜,2005:74）,必然给母语教育、母语权利、母语保护的落实带来问题,最终会使社会母语成为"无源之水,无本之木"。

相对于个体母语而言的群体母语是建立在言语社区基础上的。言语社区是有层次的,因此群体母语也是有层次的,这就像前面提到的"俄罗斯套娃"。从"社会母语"提出者的论述中可以看到,社会母语不是从言语社区中推导出来的,而是根据行政区域和国家疆域规定的。"社会母语"是与"外语相对应的……它必然是也只能是这个民族的标准语"（王宁、孙炜,2005:74）,是需要经过"正规的基础教育阶段"（王珏,2009:260）。可是,"没有人生来就会讲本族语。一般来说,本族语脱胎于为了标准化而制定的一整套复杂的规范。……所谓的本族语纯粹是意识形态的构想"（卡普兰、巴尔道夫,2014:15）。Lippi－Green 也指出标准语意识是"对一种抽象的、理想化的、同质的语言的偏爱"（转引自李嵬，2012：81）。这样的"社会母语"实际上是一种抽象的母语，是完全基于主观认同的群体性母语。

18世纪后期德国学者赫尔德（Herder）主张："语言是自然的印记，是一个民族或国家最宝贵的财富，反映其精神和认同。"因此，语言本身就创造或自动反映了社区。赫尔德提出的基于语言的社区是一种"想象的共同体"，有助于国家政治、领土及其他方面的诉求。Silverstein（1998）因此主张区分"语言社区"（language community）和"言语社区"（speech community）。前者基于成员对一种规定的标准语言忠诚，将其视为"自己的"语言，而后者基于语库的配置和相应的使用规范。前者是一种意念上的聚合，而后者是在情景经验范围内。由此看来，近年来国内学者提倡的"社会母语"其实是赫尔德"民族象征"的翻版，并不是真正从语言实践角度来看待的。

如果把"国家"概念和"母语"概念牵强地糅合在一起，在界定新加坡、瑞士、加拿大、南非等多种官方语言国家的"国家母语"时，就会遭遇概念困境。在瑞士，罗曼什语（Romansh）人口仅仅占国民人数的1%，但自1938年以来，与德语、法语、意大利语一道被确立为国语，拥有同等的地位。罗曼什语只是国语，而不是官方语言，"这一政策完全出于对土著民族的照顾"（真田信治等，2002）。

在"国家母语"这一说法中，"母语"概念是外加的，是基于"国家认同"的政治概念而指派给一个国家的全体公民的，是没有社区支撑和客观的语言实践基础的。"国家母语"概念倡导者的主观愿望当然是良好的，但要让国家具有认同感和凝聚力，靠的是真正意义上的平等和信任。[①]

"民族共同语"和"国家通用语"在我国语言规划和语言政策中占有很主要的位置，内涵比较清晰，也逐渐为广大群众所接受。在国外的社会语言学中，"国语"和"官方语言"也是一个比较明确的概念，增加"社会母语"和"国家母语"的概念，有可能会带来混乱。将母语概念政治化，其后果必然促使严肃的学术研究流向政见和情绪之争，难以走向理

---

① 在私下交流中，日本成蹊大学文学部石刚教授（广东外语外贸大学"云山学者"）提到，日本在20世纪七八十年代曾有人提出"母国语"的说法，后来遭到社会语言学界的一致抨击，很快烟消云散；石刚教授还指出，中国少数民族语言中有朝鲜语、俄罗斯语等跨境语言，如果按照"国家母语"的说法，那么这些语言应该归属哪个国家？

性，逼近客观。而且"中华民族的社会母语"并不等于"国家母语"，因为后者是一个行政概念，排除了海外的华人群体。

应该看到，在近年来的母语研究中，有人将母语神秘化，片面夸大母语的功能，有时将母语概念政治化，打着爱国主义的旗号，言辞颇具煽动性，甚至将母语与"国学热""尊孔补经"和"恢复繁体字"等一系列思潮结合起来，这些口号常常与50年前，甚至80年前使用的口号如出一辙。这些举措实际上破坏了母语的科学研究，唯有将母语去神秘化，才能看清楚真面目和真属性。

因此，本书认为，如果要保留"社会母语"的概念，必须对其重新进行阐释，将其理解为与"个体母语"相对的、基于言语社区的"群体母语"，而在目前一些学者使用"社会母语"的场合，应该换用"国家通用语"的术语，以免造成母语概念的混乱。

二　方言母语

众多个体可以组成一个小群体，众多小群体又可以构成一个大群体，大群体还可以构成更大的社会群体。个体讲话人之间存在同一性和异质性，群体讲话人之间也存在同一性和异质性。而如果同一性大于异质性，则这些个体就可以构成一个小的言语社区，小群体可以一起构成大的言语社区。在方言学上，共同语下面可以分为方言区、方言片、方言小片和方言点，它们都可以成为社会语言学上的言语社区，都可以有自己的母语。可以说，方言母语和共同语母语是一种"嵌套"关系，就像"俄罗斯套娃"。

这一点也可以从认同的层次性看出。以我国宁夏回族为例，他们在外国人面前认同于中国人，在不信仰伊斯兰教的人面前认同于穆斯林，在维吾尔等其他中国少数民族穆斯林面前认同于回族，在青海回族人面前认同于宁夏的回族人（刘泓，2004）。

"共同语所代表的规范并不处于和方言敌对的地位，因为任何方言都没有侵吞其他方言的趋向。方言和共同语是上下相叠的两种不同的语言"（房德里耶斯，2012：319）。早在20世纪30年代，布龙菲尔德在《语言论》中就注意到言语社团大小悬殊，认为："在一个言语社团中，交际密度的差别不止是个人和个体的差别，而且一个社团还分成各式各样的小社团体系，小社团里的人彼此交谈的次数，大大地超过了跟小社团以外的人交谈的次数。"（1980：51）萨丕尔也强调了方言存在的合法性："一种语言能在广大地区通行而不孳生方言，是极端可疑的。老的方言一经妥协而被磨平了，或是由于一种文化上占优势的方言的传播而被排挤了，立刻就有一群新方言起来瓦解这拉平作用。"①

应该说，个体习得的都是方言母语。没有任何人自小就会讲标准语的，那是在母语习得的基础上，在正规的学校教育中学习到的。母语是属于言语社区的，语言是言语社区的设施。保护母语，必须从社区做起。2009 年，新西兰发布"以社区为基础的语言倡议"，旨在提高家长的毛利语言水平，并为毛利语的发展提供教学资源。而社区语言常常是某种方言。

母语具有本源性，而方言恰好满足这一特征。可以说，所有的母语都是某一种方言，而不是作为抽象意义上的或者作为共同语的"语言"。这些"语言"之所以能够被人们冠以母语的称谓，如"汉语母语者"和"英语母语者"，其实是母语者习得了这些语言的某一种特定的方言。也就是说，是方言的母语特征衍生到了语言身上。所以，方言作为母语是直接的和本源性的，而通用语作为母语是间接的和衍生性的。因此，最好将民族共同语和方言都称为"母语"——只是层次的不同，没有本质的差别。②

一个人的地域方言特征往往是最普遍为人注意的语言认同特征（徐大明，2010：178）。李如龙（1997：20）指出："每一种汉语方言都有自己的完整的而又有别于其他方言的语言体系，和任何一种语言一样，它都是语音、语汇、语法构成的知足的体系。""学会方言母语是和儿童记事明理同步进行的……语言伴随着人生。就像服饰的穿着一样，使用久了，得心应手之后，总要产生某种感情"（李如龙，1997：30—32）。可见，方言作为母语是完全正常的，更何况有的人一辈子只会方言，不会说共同

---

① 参见爱德华·萨丕尔《语言论——言语研究导论》，陆卓元译，陆志伟校订，商务印书馆 2002 年版，第 135 页。

② 陈恩泉在第十届双语双方言研讨会（2010）上说："把普通话—方言同存分用现象称作双语比称作双方言更符合我国的语言事实，因为不称作双语，就要称作双方言，但如果称作双方言，势必要把汉语最高形式——民族共同语（普通话）降级为地方变体——与汉语方言等同，这既不科学，也不合乎逻辑；双语双方言研究只会对普通话的普及与提高有利，对促进语言新学科的建设与发展有利。"

语。然而从社会语言学的视角看，母语的认定是基于母语意识的。一个语言的地域变体能否被称为母语，关键在于该言语社区的成员对于该言语社区独立性的态度。

沙平（1996：41）对福建师范大学近千名学生进行了测试与问卷，调查结果表明："绝大多数的闽方言区学生（90.7%）以方言为母语（第一语言），普通话则一般是作为第二语言（或称文化语言）通过学校教育的途径习得的。"其中达到普通话二级标准的不足10%；88.3%的学生的家庭语言是方言，"63.2%的学生在幼儿园、中小学时期接受的教学语言部分甚至全部是方言……有些学生甚至是进了大学之后才开始学习普通话的"。

李宇明（2003：51—52）在《论母语》一文中指出："一个还没有形成共同语的民族，理论上应该认为这个民族有自己民族的共同语：理由之一，当把某种话称为某个民族的方言时，民族心理上已经有语种的概念存在，因为方言与民族共同语是相互依存的概念。这时的民族语虽然不具有语言的现实性，但是却具有心理的现实性。"这其实还是前文所述的"社会母语"的观念，是基于纯认同的"母语"形式。

普通话作为民族母语或国家母语是基于想象的共同体，在实践社区中一般不作为群体母语。普通话作为"国家通用语言"和"现代汉语的标准语"［见《现代汉语词典》（第6版）"汉语"词条］，是一种"加工"过的语言，在实际语言生活中，因为缺乏社群身份标识的功能，主要用于公共事务交际实践。针对儿童语言发展的观察发现，幼儿和小学生在没有自我身份意识时，会在日常交际中用规范标准的普通话，像朗诵课文一样一板一眼地与他人会话。然而等到他们逐渐长大，有了社群身份意识时，会逐渐放弃标准的普通话，转而向方言靠拢。

在城市中，小学阶段学生的普通话大多非常标准，但从初中开始，特别是到了高中或大学阶段，常常会渐渐染上了方言口音。郭骏（2013）指出："青少年小时候在家以使用普通话为主，随着年龄的增长而逐渐过渡到使用本地方言为主并接近上一代的语言使用状况。"俞玮奇（2012）发现，随着年龄增长，南京市中小学生对南京话的认同感在不断地增强，而对于普通话的认同感却在下降。其主要原因在于，青少年在建构起自我认同和社会关系网络时，逐渐认识到普通话缺乏群体身份认同功能，在潜意识中感受到"同侪压力"（peer pressure），为了能得到对方的认同，不受到孤立、排斥，常常会有意或无意地向对方的言语或行为靠拢（王玲，2005：182）。

那么只会使用方言，不会民族共同语的人有没有群体母语呢？这些人的个体方言无疑是其母语，而民族共同语仍然可以视作其母语。这一方面是因为方言对民族共同语具有投射（mapping）作用，另一方面是因为后者是一个集体概念，不再基于个体的语言使用情况，而需要基于言语社区成员对某一语言使用的比例来判定，而既然是共同语，则说明大部分人都可以说这一语言，否则不会成为共同语的。少数人的语言是会受到多数人语言的影响。因此，不会使用共同语的人，其群体母语也是共同语。

个体母语是群体母语在言语社区的具体体现。离开了个体母语，群体母语就失去了根基，成为"空心母语"，最终导致群体母语失去活力，甚至并濒危，这方面的教训很多；忽视个体习得的方言母语，仅仅重视共同语母语，有可能导致母语概念的政治化，将社会情绪带进学术研究。母语具有主观认同特征，但不能把母语的选择与"忠诚""爱国"等联系在一起——现代社会赋予人们自由选择的权利，选择就包含着不选择，仅强调群体母语最终会导致"人权悖论"。

母语必须基于方言而存在。方言是表达本土文化和个人身份认同最真实、最可信的方式。方言能够建构个人的身份认同和影响其对群体的理解。下面本书将以新加坡的"讲华语运动"为例，显示方言母语对于共同语母语活力和母语维持的重要性。

三　个案研究：新加坡"讲华语运动"与方言母语的消失

（一）新加坡"讲话语运动"的起源

新加坡是一个由华族、印度族、马来族及其他外来人口等共同组建的国家，人口约550万（2015年），其中华人占76%，属于新加坡的主体民族，这使新加坡成为东南亚各国中唯一的华人占绝大多数的国家。

依据新加坡的宪法，新加坡的国语是马来语，它与英语、华语（汉语）和泰米尔语一道，被确立为新加坡的官方语言。在这四种官方语言中，华语、马来语、泰米尔语又被认定为"母语"，分别代表新加坡的三个主要族群。在新加坡，一个人的母语身份依据其父亲的族群归属来确定。另外，英语是新加坡政府、媒体、教育、公共机构等领域的主要工作语言，但不是"母语"。

19世纪初新加坡被英国占领，成为"日不落帝国"的一个殖民地。

但从 1905 年起，华文学校就开始在新加坡出现，并建立起一整套中文教育体系，而且很快超过了英文学校的发展速度。英国殖民政府虽然一直想方设法抑制华校的作用，但是直到第二次世界大战结束时，英文学校仍然远远地落在华文学校后面。然而在 1965 年新加坡独立后，华文教育很快走向衰落，主要原因是政府为促进国际贸易，建立了"英语共同语"的体制，大力推行英语教育。英语被指定为所有学校的第一教学语，而中文沦为小学和中学的一门单独学科。

华语教育的衰落对新加坡华人的认同产生了一定的影响，也引发了社会主体的焦虑情绪。有部分学者和政治人物开始反省。在 1978 年中国推行对外开放的政策后，新加坡更是觉察到中国经济、文化的重要性，学习华语成了非常现实的事情。于是在 1979 年，时任新加坡总理李光耀发起了声势浩大的"讲华语运动"。政府一方面在媒体上进行宣传，营造舆论气氛，另一方面积极编辑出版华语课本和工具书。同时还采取了一些行政方面的措施，鼓励华人多用华语，例如，以兼通华语的职员替换只懂英语的员工；要求华人出租汽车司机必须能听会说华语；逐步取消电视台和电台的方言节目；地名和人名的拼写改用汉语拼音方案，等等（邹嘉彦、游汝杰，2001：281）。

然而"讲华语运动"考虑的并不是华语和英语之间的关系，而是华语（普通话）与华语方言之间的关系。"少说方言，多讲普通话"成为运动的口号。因此"讲华语运动"的主要目的是要改变新加坡华人的一个根深蒂固的习惯，即源于在中国大陆的不同籍贯而使用不同的方言。"讲华语运动"期望新加坡华人都改以华语（即中国大陆的普通话）作为日常沟通的共同语言。

毋庸置疑，一个会说方言的人学华语，比起一个只会讲英语的人，要容易得多，快捷得多。然而"讲华语运动"并没有取得预料的结果。尽管已经推行了 30 多年，讲华语运动的成效备受质疑。虽然使用方言的新加坡国民人数大减，可是很多年轻人却是改为使用英语，而不是使用华语。新加坡说华语的人口比例逐渐下降，但新加坡说英语家庭的比例却从 1990 年的 26%，大幅飙升至 2009 年的 60%（谢世涯，1994）。至今为止，讲华语运动仍只是一个口号、一场"运动"。

随着上一代华语讲话人的逝去，在新加坡生存了一个多世纪的汉语方言逐渐在日常生活中消失，但是华语却并没能像官方和许多民众预期的那样，上升成为人们社交中的优势语言。语言竞争的结果是，英语成为华语共同语和华语方言两者"鹬蚌相争"中最终获利的"渔翁"（杨梅菊，2009）。在新一代新加坡家庭中，讲英语的儿童的比例一直保持增长，而青年一代的华语水平在大幅度下降——新加坡城似乎成为一个"纯英语"的世界，新一代公民的文化几乎全盘西化。

（二）新加坡"讲话语运动"受挫的原因

近年来，不少学者和政治人士都在评估和反思新加坡 30 多年来"讲华语运动"的成败得失。本书认为，新加坡"讲华语运动"并不成功，运动受挫主要缘于以下几个因素：

第一，在为下一代建构华语这一母语的过程中，忽视了母语建构的互动因素。就语言互动而言，许多新加坡华族儿童从小在家缺乏华语互动。老一辈华人原本可用各种方言，很自然地把传统文化和价值观传承给下一代。但新一代不讲方言后，老一辈华人在这方面的功能也丧失了，有的家庭还筑起一道无形的"方言代沟"。在新加坡，戏剧家郭宝崑先生写于1988 年的戏剧《寻找小猫的妈妈》，讲述了一家三代人之间难以沟通的奇特情形，因为每隔一代沟通就需要翻译，而每一次翻译都是情感上的剥掠（梁海彬，2013）。

"讲华语运动"设计的主要途径是通过在华族家庭从小对儿童进行华语教育，从而使华语取代方言成为下一代的日常生活语言，然而，"华语并没有守住家庭这道最重要的语文防线"。英语现在成了新加坡 60% 华族小学生的主要家庭用语。这个趋势，现在看来已经殊难逆转。因为"大多数新加坡年轻家长都习惯了以英语相互沟通，缺乏在家里为孩子营造双语环境的意识。社会大环境也导致人们把英语放在首要位置，我们常常在公共场合看到不仅父母和子女讲英语，不少祖父母也追着孙子孙女讲破碎的英语"（吴俊刚，2009），禁绝华语方言，不但使新加坡华族儿童家庭语言习得出现障碍，还使许多以方言为载体的民族文化传承出现断层。

家庭是母语传承的最佳场所，Romaine（2007：115—132）曾经指出："指望学校和官方来支持语言就像在灯柱下面寻找丢失的钥匙，因为那儿似乎是灯光最亮的地方，而不是因为那儿是钥匙丢失的地方。"Romaine 在这里强调的是家庭语言规划的重要性，认为仅仅通过宣布一种语言为国语或官方语言，或者建立几所语言学习，并不能真正保证该语言的传承。真正需要下功夫的是让父母主动给孩子传授一种社会上的弱势语言。

第二，在建构华语母语的过程中，忽视了语言认同因素。语言认同是建立在语言态度、语言声望和语言形象上的。新加坡的"华语推广运动"常常给人一种错觉，以为华语是中下层人民的用语，不能登大雅之堂（谢世涯，1994）。新加坡华侨虽然人多，但论根基不如土著，论权势不如殖民者，华语只用于华人内部交际，难登"大雅之堂"。由于华语缺乏竞争力，有的华人不得不放弃华语，以强势语言作为自己的交际用语，甚至作为家庭用语，最终导致某些华人的华语流失。有的人甚至不敢承认自己懂得华文，尊英卑华的严重后果是汉语声望的大幅度降低。

Haarmann（1990）提出应该在地位规划和本体规划之外加入另外一个维度，即声望规划，认为任何一种语言要能够推广，就必须具有吸引社区成员的正面形象，显示出一定的政治、经济和文化价值，即语言规划的结果必须使该语言具有社会声望，以保证获得语言规划者和预计会使用这种语言的人的支持。语言的声望规划将对语言规划的成败产生影响。声望规划是与语言形象相关的规划，可以用来反映身份，其所强调的社会心理因素对语言规划有着重要影响。

声望规划实际上是建构语言认同的社会心理基础。每一个民族共同体在形成的过程中，在生存延续中，都有某些想象的力量在支撑着，即属于安德森（Anderson，2011）所说的"想象的共同体"，但是一个共同体的存在绝非仅仅依靠想象就可以了。"想象"的内容必须能够被每一位共同体成员体察到。母语就是最好的体察对象。韩震（2011）认为，"稳固的民族国家共同体必须有以真实的历史发展进程作为基础的文化想象、基于历史文化传统的民族意象，以及基于现实社会融合进程的国家形象。即使国家最初是想象的、符号的或话语的，只有在转换为真实的历史过程中，观念之物才能获得历史性的存在和现实性的生命"。使用母语就是维护社会身份一种手段，而母语声望的下降会造成这一言语社区成员流失。

第三，没有厘清方言与共同语的关系。对于新加坡"推广华语运动"走上偏路的原因，2014年7月7日《联合早报》的社论可谓一语中的："建国初期的生存焦虑，导致政策执行上大刀阔斧的急迫感，进而产生把华语同方言对立的零和思维。主要使用方言的建国一代，与孙儿女因语言不同所导致的沟通不良和情感疏离，华族传统价值观无法通过身教在家庭传承，年轻一代观念上趋于西化，讲英语家庭因缺少了方言的桥梁，难以掌握好华语甚而产生华语难学、厌恶华语的扭曲心态。"

中国人的本土观念特别强，"乡音无改"就是强调语言的地域属性，而与族群或人种属性挂钩的"母语"概念则不受重视。中国人的传统宗族观念强烈，并以此作为语言的情感归依。因此，一般中国人情系同宗、同族、同乡、同姓，相对来说，关于"国家"和"母语"的概念不强（郑惠芳，2014）。然而宗族观念、母语文化与第二次世界大战后新兴国家和移民国家的建国目标格格不入。这些政府在建国初期都得先巩固人民对国家的身份认同，强烈灌输"国家"意识，因此就有了"国语"，而当"国语"与"母语"不是同一个语言时，必定要国民先效忠"国语"，因此身份错位就此开始。在新加坡，为华族新加坡人设定的官方"母语"——华语，与大部分华族先辈移民的祖语不同，因此新的"母语"的概念产生了，并随着之后的推广根深蒂固。新加坡政府灌输国人必须以"新加坡人"为先，宗族文化排其后。难怪陈丹青领悟到新加坡人不是"海外华人"而是"华族新加坡人"（郑惠芳，2014）。

（三）新加坡"讲话语运动"引发的思考

母语教育一直受到国际社会的高度关注，但是有学者认为方言不是母语，只是"母言"，民族共同语或国家通用语才是母语。

其实，家庭和社区是母语存在的基本单位，其中的言语交际主要以方言为主。方言母语是根本，是共同语母语的根基，这是新加坡"讲华语运动"失败的教训。母语维持的关键是保证母语互动的空间不受侵蚀，作为社区语言的使用域得到保持。由于方言具有更好的群众基础、文化基础、情感认同基础，因此，方言母语的保持是共同语母语保持的前提和关键。没有方言的保持，共同语的保持将成为无源之水，无本之木。皮之不存，毛将附焉？方言或弱势语言的保持，关键在家庭语言规划，而家庭语言规划依赖于政府和相关机构声望规划的成功。

作为通用语的母语，其发展传播都离不开方言的支持，在方言养分中更加可以培养出优秀的、有声望的、有内涵的、能被更多人认同的母语。"普通话不想成为无根之木，便要汲取包括北京话在内的汉语方言和少数民族语言中活语……离开语言的多样性来谈文化的多样性是空话，普通话与方言之间本应是互补双赢的和谐关系"（钱乃荣，2013）。游汝杰（2006：1—8）也指出，语言忠诚和"民系认同"是汉语方言能够长期保持独立的重要原因，认为方言和普通话应该长期共存，和谐发展。

如果华语是一条大河，那么华语方言就是一条条小河。俗语说，"大河有水小河满，小河有水大河满"，两者互为前提。新加坡的"讲华语运动"很需要做一番彻底的检讨，这样才能让人们真正认识到方言母语的地位和功能。

第四节　从二重性看母语界定新标准

一　母语界定新标准的理论优势

本书将母语定义为"个人或群体通过早期言语互动建构起的身份认同语言"。该定义将"母语"视作一种特殊类型的"语言"，因此界定中没有提及语言的作为交际手段、思维工具、符号系统、文化载体等方面的功能。而是突出了母语的二重性：个体性与群体性；早期习得的客观性与身份认同的主观性。

对于个人而言，早期建构就是"自幼习得"，指通过幼年的语言自然习得获得交际能力；对于群体（如言语社区、民族）而言，早期建构就是一个新的群体在互动过程中形成的共同的语言规范。同样，对于个人而言，语言认同是指该语言为讲话人和所在言语社区的其他成员所认同；对于群体而言，语言认同是指群体的标志性语言为群体的成员共同认同，同时被其他群体的成员"认异"。母语具有对内认同和对外标记的意义，对内就是自我认同，对外就是他者认同。

表4－3呈现了母语概念新旧定义的主要差异。

表4－3　　　　　　　　母语概念新旧定义的主要差异

		主观性	客观性
传统母语概念	个体性	无	有
	群体性	无	无
新的母语概念	个体性	有	有
	群体性	有	有

新的母语定义具备以下一些优点：呈现出"去民族化"的特征，符合全球化的时代潮流；强调儿童早期母语的充分习得，有助于保障国民母

语能力；凸显认同因素在母语识别中的意义，不再认为母语是纯客观的研究对象；强调母语的建构性，有助于解释母语流失、母语失却等现象。

另外，新的母语定义可以解决先前难以处理的内在矛盾。例如，戴庆厦（2013：261）提出了母语的四个水平等级：熟练、一般、略懂、不会。这个等级划分马上会引发下面的疑问："一个人不会使用的语言能不能视作其母语？"其实，由于原有等级划定是基于"母语即本民族语"，因而就出现不会使用本族语的人"母语水平为零"情形。既然未习得本族语是"母语失却"，那么哪来的"母语水平"而言？新的母语定将最后一个等级"不会"排除在母语之外。

母语产生于言语互动的实践。对于个人是这样，对于群体也是如此。徐大明（2004：13—14）指出，"一批讲话人在进入一个新的社区时，他们所具有的不过是过去在其他社区中的语言交际经验，而在使用这些经验的过程中，也不得不进行一定的修正。然而，如果这些人数量足够大，社会影响足够大，他们也会对社区的另外一些人（互动的对方）的语言经验产生影响。长此以往，不仅言语社区的结构被改变，社区所拥有的语言变体也被改变了。"这就意味着，群体母语也会随着群体互动的实践而演变。

不难理解，在一些历史较短的新社区中，虽然新的语言变体可能已经形成，但由于政治、历史、文化等方面的原因，语言的同一性还可能得不到承认，群体认同还没有形成，因而群体母语未能建构。这时候的个体母语往往是讲话人从各地带来的方言，如包头昆都仑区（徐大明，2007）或从各国带来的语言，如以色列建国之前的巴勒斯坦地区（Spolsky，2004）。在讨论克里奥尔语是否已经成为某些群体的母语时，往往会发生争议，主要原因就在于群体间言语互动的频率和持续时间都还不足，群体成员"言语行为的有序性以及他们对语言变异评价的一致性"尚未形成（拉波夫，2001）。

认同就是"认异"的说法不完全准确，应该是"认同"是"求同与寻异"的统一。认同是对一些差异的有意忽略，对另外一些差异的有意凸显，其中有明显的选择性，这就是认同的主观性的体现。当行为人忽略差异时，往往在自我归类，产生归属感和共同感；当行为人夸大差异时，也是为了认同，是从反面突出欲认同群体的成员身份。

总体看来，本书的母语新阐释是一种"中庸的"和"实证的"做法。一方面考虑到母语语义的变迁，没有将母语限制为代表民族意识的"民

族（共同）语"，也没有限制为纯习得的"第一语言"，而是在言语社区
理论的基础上引入了"方言母语"，在双重认同概念的基础上引入了"双
母语"。其实，《语言学名词》（2011）已经收入了"母方言"的词条，
对应的英文就是 mother tongue。[①]另一方面，该定义强调实践性，反对
"虚假认同"，坚持母语"具体真实"的底线，将其视为言语社区中作为
社区成员日常交际和身份认同的工具和设施，摈弃了许多没有实证基础的
母语概念滥用，如"（纯）认同母语""国家母语"等，以及将"母语"
等同于学校"语文"课程的做法。

二　原型视角的"母语"概念体系

维特根斯坦在《哲学研究》（1996）中提出了著名的"家族相似性"
（family resemblance）理论，认为原型（prototype）是一个类中最典型的
成员，其他成员按照家族相似性原则，体现出与原型相应的对应关系。到
20 世纪 60 年代，美国心理学家罗希（Rosch）又在此基础上提出了原型
理论（prototype theory），认为许多范畴都是围绕一个"类典型"（原型）
构成的。比如，实验表明，在美国大多数受试者都认为知更鸟非常接近他
们心目中"鸟"这一范畴的类典型，而火鸡和企鹅则远离鸟的类典型。
在 70 年代，拉波夫（Labov, 1973：340—373）从著名的"杯子实验"中
得出结论：原型起着范畴化参照点的作用，从而使杯子成为杯子而不是碗
或花瓶。到 80 年代，莱考夫（Lakoff）等又提出了"理想认知模型"（i-
dealized cognitive model，ICM），即特定文化中的讲话人对某领域的知识所
作出的抽象的、统一的、理想化的理解。这种模型简单明了、方便经济，
有助于人们对客观世界的认知。

上述一系列理论和观点其实都是围绕"语义范畴和概念结构"这一
问题的，而母语概念其实也存在一个原型，一个理想认知模型。前面所列
举的各种母语定义反映了学界对母语的一般看法，从中大致可以得出母语
的一些特征：母语是自幼在家庭中跟父母或抚养人习得的第一语言；母语
是一种语言能力，表现为个体的语感；母语是一种主观态度，表现为语言
认同；母语就是思维和交际的自然工具，等等。同时满足上述特征的就是

---

① 参见《语言学名词》（2011：115）"母方言"（mother tongue）词条：一个人在语言习得
的过程中首先学习、掌握并熟练使用的方言。一般是一个人出生地点或幼年时学话期间的方言。

母语"原型"。

　　乔姆斯基的"理想的母语讲话人"（an ideal native speakers）其实就是原型概念中的母语讲话人。在理想情况下，按照习得、认同、民族归属、语言能力、语言使用来定义的母语应该是同一个对象，然而在现实生活中，情况却非常复杂。比如，有的人在儿童期习得了一种语言，但由于特殊原因（如被收养），中断了原先的语言习得进程，开始学习另外一种语言，以后一辈子也就用这种语言了，那么他的母语是什么？又比如，有的人从小部分习得了自己的民族语，能听懂但不会说，他们的本族语是母语吗？因此，"母语"这样一个看似毫无争议的概念也表现出了类典型效应：满足了全部五个域的当然最接近原型的母语，其他仅满足里面几个域的母语，就逐渐远离原型了。

　　其实，传统的母语界定与新的母语界定并不矛盾。传统的母语界定针对的是单一民族乡村地区，这些特征是同质的，按照传统的几种母语定义，得到的结果是相互重叠的（Skutnabb - Kangas，1981：12—34）。如今，在多语化环境中要找到这种同质关系已困难重重。世界上大多数国家都是多族群国家，随着全球化和城市化的发展，少数族裔的语言群体常常被迫选择社会生活的主导语言和优势语言来进行交际，该语言有时会成为他们使用最多的语言。这时候如果采用功能性的标准来定义母语，就显得有失公平，也是不尊重语言人权（linguistic human rights）的表现（Skut-nabb - Kangas，2000），因为讲话人自己通常无法选择（如儿童、移民等）。

　　图 4 - 1 展示了原型视角下的母语概念关系图。可以看出，满足界定标准越多，就越居于中间位置，成为母语的"理想认知模型"。

　　应该说，目前母语研究中的各种意见，共识大于分歧，否则就失去了对话的平台了。而之所以能够有这样的共识，就是因为大家心目中都有母语的原型。虽然研究者的侧重点不同，但在强调母语的初始习得、情感认同等方面，却是基本一致的。研究的核心内容仍然是母语习得、母语能力、母语认同、母语保护等，这些共识正是我们研究的基础。

本章小结

　　本书将母语定义为"个人或群体通过早期言语互动建构起的身份认

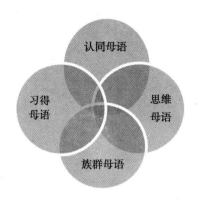

图4-1　原型视角下的母语概念关系图

同语言"。这一定义有以下几个特点：第一，兼顾了母语界定中的客观和主观因素，是主客观的统一；第二，兼顾了母语的个体性与群体性。民族身份不直接对母语的界定起作用，而是通过言语社区集体认同的方式间接起作用。我们知道，民族居住区域与言语社区既有重叠的地方，也有一些不一致的地方，通过言语社区来界定母语更符合语言实际；第三，在以往定义中，可能出现一个人没有习得本族语却仍主观认同本族语为母语的情形。本书的母语定义既要求自我认同，又同时要求社区他者认同，从而有效解决了这一问题；第四，可以解释双母语现象。如果讲话人儿童早期同时习得两种语言，并认同这两种语言，其语言能力和语言规范也为所在的言语社区认同，那么这两种语言都可以符合母语的标准，该讲话人就是一个双母语人。

　　新的母语定义兼顾了两个方面：一方面提取出母语的共同的本质属性，舍弃非本质属性，以提高概念的"信度"；另一方面考虑母语概念的完整性，阐释的全面性，特别是多语环境下的个体和群体母语，以提高概念的"效度"。

第五章

母语的共生性：双母语研究

有的人从小同时习得了两种语言，这两种语言是否都可以称为母语？在这一问题上，一直存在三种观点："冲突论""替代论"和"共生论"。本书持"共生论"的观点，认为母语建构中有一种特殊形式：如果一个人从小习得的两种语言都符合母语标准，那么这个人就是双母语人。这就是一种双母语现象。

本章将首先回顾国内外双母语的相关研究，区别"双语"和"双母语"；然后从"同步习得"和"双重认同"两个方面探讨双母语的建构，并分别通过斯瓦迪士核心词检测和配对语装实验检测来检查"同步习得"和"双重认同"；同时，分析双母语概念中存在的两个争议问题："早期双语"和"半母语"；最后，总结双母语概念的理论意义与应用价值。

第一节　双母语概念的提出

双母语概念是根据母语的界定标准派生出的概念——如果一个双语人的两种语言都符合母语标准，那么这个双语人就是一个双母语人。本节首先讨论双语与双母语的区别，然后对近年来国内外的双母语研究做一个简单的评述，为后面的论证提供研究背景。

一　双母语的相关研究

（一）双语现象的普及

随着全球化进程的加快，越来越多的儿童生活在双语或多语环境中，双语和多语儿童已经成为多数，而不是少数（Li Wei, 2007），正所谓"现在要找到一个纯粹的单语国家很困难"（徐大明，1997：134）。Saville -

Troike（2003）估计，现在世界上至少有一半人是双语人，双语在世界上几乎所有的国家存在，在所有不同的社会阶层和各年龄组存在。

加拿大的蒙特利尔是除巴黎之外最大的法语城市。全市 300 万居民中，有 38% 的讲法语，10% 的说英语，还有 48% 以上的是英法双语人。因此蒙特利尔是世界上最大的双语城市。由于从小习得并长期使用英法两种语言，蒙特利尔人甚至"在潜意识里已经忘记了这是两种不同的语言"。无论是上法语学校还是上英语学校，儿童都是从小在双语环境中长大。"两个蒙特利尔人交谈时，很可能一个用英语问，而另一个用法语答，这种'鸡同鸭讲'的情形已成了司空见惯的现象。在地铁和公交车上，经常会听到几个年轻人在用英语和法语混合着聊天儿，两种语言衔接得天衣无缝，就像是一种语言。"①

由于双语现象的普及，一些人开始有了"双母语"的意识。例如，古博格洛（1984：265）在《苏联现代民族语言过程》一书中指出，根据人口普查资料，1979 年苏联有 14.4% 的非俄罗斯族居民把俄语认作是自己的母语，还有一些人把两种语言同时认作是自己的母语（转引自戴庆厦、何俊芳，1997：61）。

近年来，少数民族的族际婚姻在增多，许多儿童掌握的双语水平差距比较小，对两种语言都有很深的感情，把它们都看成是自己的母语。胡素华（2011）在调查中发现，汉语是泸沽湖镇博树村摩梭人的主要交际工具，几乎所有村民都是摩梭语和汉语的双语人。"摩梭人的母语和汉语，特别是年轻人，大多是同时学会的。他们说这是双母语。"

"认同是产生于社会经验中的一种观念，具有强大的行为驱动力。每个人的认同都是多重性的……它们统一并存于个人的意识之中"（金志远，2010：128—133）。一个人从小习得的两种语言之间并不必然是矛盾和对抗的关系。语言的"冲突论"（conflicting）过于激进，而语言的"替代论"（shifting）又过于保守，难以反映当代社会语言生活的新变化。本书认为"共生论"（co‑existence）是最合适的选择。由"共生论"推导出的"双母语"不但具有存在的合理性，而且具有生存的优势。两种语言之间可以相辅相成，分别扮演不同的社会交涉，起着不同的功能，使得讲话人的语域范围、社交网络和文化资源更加宽广。

---

① 大河：《蒙特利尔：一座"鸡同鸭讲"的双语城市》，《青年商旅报》2013 年 11 月 29 日。

（二）双母语研究的缘起与发展

由于双语现象的普及，许多儿童从小习得两种语言，语言能力也都非常强，可以在不同场合都能够自由转换，而且对两种语言都没有什么偏见，在其内心没有厚此薄彼的意识。那么如何判断其母语身份？这里就避不开"双母语"的学术问题。当一个双语人的两种语言都符合母语标准时，如果我们想方设法找出某些理由来排除其中一种，常常会使我们陷入两难的处境。然而，一旦接受"一个人可以有不止一种母语"的理念，许多纠结的问题便会迎刃而解。同时，语言习得的诸多理论必须最终能够解释双语同步习得现象，对这一现象的研究也有助于人们了解人类的大脑与心智。

1962 年，Peal 和 Lambert 通过抽样，选取了性别、年龄和家庭经济地位基本匹配的法语单语和法—英双语儿童，并对他们的智力水平进行了对比，发现无论在非言语智力测验，还是在总的智力测验中，双语儿童的得分都显著高于单语儿童。其他一些研究者也通过实验研究发现，在创造性、类比、分类、视觉—空间能力等方面，双语儿童要好于单语儿童。Carlson 等人发现，早期双语者的表现好于晚期双语者和单语者，晚期双语者和单语者之间则无显著差异（转引自王悦、张积家，2012）。

20 世纪 80 年代以来，儿童双语（child bilingual）的研究越来越受到西方语言学界的重视（如 De Houwer，2009；Yip and Matthews，2007；Genesee and Nicoladis，2008）。许多学者对于儿童双语同步习得（simultaneous first language acquisition）做了大量研究，主要通过日记、录音、录像的方式，关注儿童如何习得和使用双语，考察双语儿童是单一的语言系统还是两个独立的语言系统，研究双母语现象对于儿童语言学习和认知能力发展的影响，等等。

不少学者也开始讨论双母语的概念。Hackert（2012：278）指出："如果儿童从出生起同时学习两种语言，他就具有两种母语。"有的语言学家在指称一个人的母语时，习惯在后面表示复数形式的 s 上加括号，以 mother tongue（s）的形式来表示一个人的母语数目是不定的。Lieberson（1969，转引自 De Vries，2006：619）早就抱怨过："加拿大语言普查中将母语问题设置为单选，根本没有意识到人们的母语可能不止一种。"加拿大儿童极有可能是双母语人，尤其是那些父母双方操不同语言的孩子，例如在魁北克西部和安大略东部，许多儿童都同时以英语和法语为母语。

斯古纳伯—康格斯（Skutnabb‐Kangas）和菲利普森（Phillipson）在其合著的《语言人权的历史与现状》（1994：307）中指出："有的人可能有两种以上的母语……本书中的'母语'，应当理解为'一种或几种母语'。"

De Houwer 是西方公认的这一领域的专家。她提出了"双第一语言习得"（bilingual first language acquisition，BFLA）的概念，将其定义为"一出生就有两种语言输入的幼儿的语言发展"。由于是同步习得，她将两种语言称为"语言 A"和"语言 α"，而不是传统的"第一语言"和"第二语言"。因此双母语习得不同于儿童早期二语习得，后者常常表现为单语儿童在托儿所或幼儿园获得定期性的二语输入。她认为"双语不是两个单语人合并在一个人身上"（bilingual is not two monolinguals in one person），双母语习得与单母语习得在语言发展上没有太大的差别，双语儿童的语言习得速度并不逊于单语儿童，双语习得不会阻碍语言发展和延长语言习得的过程。事实上，"幼儿完全具备同时习得两种母语的生理和心理条件"，在全世界，儿童同时成功习得两种以上母语的儿童越来越多。当然，受父母语言观念和语言态度的影响，并不是从小接受两种语言输入的人都能成为双母语者（2009：320—329）。在 De Houwer（2009）那里，双母语（simultaneous bilinguals）可以理解为两种母语（native languages）或两种第一语言。

Velupillai（2015：5）在新近出版的《皮钦语、克里奥尔语和混合语》一书中，基于人类语言广泛接触这一视角，推断出混合语的泛在性，认为人们可以有两种或两种以上的母语，其中一种是混合语，从而形成双语人（两种母语或两种第一语言）或多语人（两种以上的母语或第一语言）。

澳大利亚籍华人学者齐汝莹（Qi Ruying，2011）的《英汉双语习得：华裔儿童在澳大利亚》是第一本详细研究汉英双语儿童语言发展的著作。在以往双语儿童的研究案例中，父母操不同的语言，且都属于印欧语系。然而在该书的研究中，父母所说的语言是一致的，但与儿童成长所在的社区语言不一致，而且涉及的两种语言在类型学上相差较大，一个属于印欧语系，一个属于汉藏语系。齐汝莹（2011：Xvii）指出："双母语习得一直是近年来跨学科的儿童语言研究中最激动人心的发展。"该书提供了一个真实的案例，证明双母语儿童语言习得不比单语儿童慢，双语对于儿童不是干扰和缺陷，而是一笔财富。

澳门大学程祥徽教授（2000：177）指出："有一类双语人是混合双

语人，这类人具有双母语的特征，用甲语思维与用乙语思维都是一样的，他们面对不同的对象或处于不同的场合可以随意采用两种语言中的一种，有时甚至两语混杂而不自觉。"他特别指出，"以葡语、汉语为双母语的澳门土生葡人的语言现象在语言学上具有典型意义。"澳门大学徐杰教授（2006：350）指出，"任何一个普通幼童都可以在不知不觉中轻而易举的掌握两种甚至多种语言的核心能力，两种语言双双被内化为随心所欲终身不忘的本能，而成为名副其实的高水平双母语人才"；"很多新加坡华人在语言习得关键期内同时掌握了华语和英语，其中少数人英语强，华语弱，其第一语言（亦为第一母语）则是英语，第二语言（第二母语）是华语"（徐杰，2007：21—22）。

21 世纪有两个重要的国际会议涉及双母语研究。一个是 2002 年国际应用语言学联合会（International Association for Applied Linguistics）在新加坡召开的国际会议，会议上 Annick De Houwer 和 Yamamoto Masayo 做了儿童双语研究的报告；另一个是 2007 年在汉堡举行的第六届双语国际研讨会（the 6th International Symposium on Bilingualism；the 6th ISB）。会上，李嵬教授和齐汝莹教授就中国儿童的双母语问题做了主题发言。会议的相关成果发表在《双语国际期刊》（*International Journal of Bilingualism*）2010 年的一期特刊上。

在大陆，戴庆厦、张弼弘（1990：81）第一次提出了"双母语"概念，但将其局限于"不同民族通婚家庭"，指出"从语言观念上说，人们把同一家庭内使用的两种语言，都看成是自己的母语，即双母语，而不是一般所说的母语和兼用语的关系"。后来，又将"双母语"概念更换为"第二母语"的概念，将其定义为"一个人在异族语言环境中同时或先后习得两种语言，其中外族语言像自己的民族语言一样，甚至比本族语更熟练"。并将其与"第二祖国"和"第二故乡"类比（戴庆厦、何俊芳，1997：64）。

李宇明（2003：53）也在《论母语》一文中提出"世界上可能存在'双母语'（包括多母语）现象"，认为"如果儿童的家长或社会不确定儿童的某一特定的民族身份，而且儿童自己也没有非要属于母亲一族或父亲一族的民族倾向，那么，这种情况下，儿童获得的两种或多种语言都是母语，出现双母语或多母语现象"。这一论述是将母语等同于本族语，因此没有考虑父母本人是否是双语人的情况。

　　另外，国内部分少数民族语言研究者也开始接受双母语的理念并进行相关的研究。如刘照雄（2009：6）指出："有许多少数民族儿童自幼接受双语教育，入学后又进的是以汉语文作为教学语言的学校，本民族语言和汉语可以算做他们的双母语。在民族地区推广全国通用的普通话，应该充分认识和利用这些有利的条件。"

　　目前，国内尚未有人对"双母语"的形成机制、变化趋势、功能特点等进行研究。

（三）对待双母语的不同观点

　　由于受单语主义的偏见，国内反对双母语观念的也大有人在。黄永坚（2006：83）认为，真正的母语其实只能有一种，即人们最先接受语言应用环境并最先熟练使用的那种语言。这种语言才能称为这个人所习得的母语。即便是双语双方言环境下成长的孩子，也有最先用于表达的那种语言或方言。正如双胞胎总有大小一样，语言掌握得再多也有最先掌握的那一种。艾力·伊明（2011：29）认为："母语对于儿童来讲，始终都是一对一的关系。当某个民族的家庭只使用一种语言时，是一对一的关系；当一个民族说两种或两种以上的语言时，幼儿一开始习得的是他家庭的语言或家庭所在地区社会通用的语言，这时仍然是一对一的关系。即使在理想的双语环境中，儿童先习得一种主要的语言，作为母语两种语言不可能绝对平衡地存在，他所先掌握的主要语言就是其母语。母语（第一语言）以外的语言，都是第二语言。"张兴权（2012：158）也认为，同等程度掌握几种语言的情况是不存在的，对每个人来说，一种语言是第一语言，其他语言是第二语言。双语人的母语是他做梦时和演算乘法时使用的语言。

　　在国际社会，也有很多人不接受"双母语"的观念。如联合国教科文组织总干事松浦晃一郎在2003年"国际母语日"致辞中说："一个人只有一种母语，他一出生，母语即将伴随其终生，为其提供独特的认识事物的方式，而且不管以后他学会了多少种语言，也永远不会真的将它忘却。"[①]

　　人们之所以不赞成双母语，可能有以下几个原因：

　　第一，将母语神秘化，认为母语是人类思维用的语言，二语仅仅是交

----

　　① Matsuura：Message from the Director – General on the Occasion of lnternational Mother Canguage Day，21 February，2003. 参见网址 http：//www. unesco. org/education/imld_ 2003/。

际工具；或认为两种语言会占用大脑资源，妨碍主要语言的习得，甚至声称如果婴幼儿拥有双母语会造成逻辑思维紊乱，影响智力发展，对思维和语言发展造成影响，等等。这些都是不顾客观语言事实，凭空想象的结果。

第二，将母语概念政治化或情绪化，与民族忠诚、爱国精神联系在一起。声称如果一个人同时有两种母语，就会被两种不同起源的文明所浸染，丧失文化根基，历史记忆的阐释和追溯也会产生困难，民族认同、国家认同都会陷入困境，等等。这都是不承认"双重认同"（一个人可以认同两种母语）的结果，就像20世纪80年代初，许多人坚决不承认"一国两制"（一个国家可以实行两种经济制度）一样。

第三，通过生物学的遗传关系来类比语言的传承，依据生物学意义上"母亲"的概念来阐释语言学意义上的"母语"概念，声称"既然每个人只能有一个母亲，那也只能有一种母语"。其实，"母语"与"方言岛"（dialect island）、"句法树"（syntactic tree）等术语一样，只是一个普通的隐喻式的语言学术语。"隐喻意义是喻体和本体互动的结果，隐喻的语义映射是具有选择性的，本体的特征会强调喻体的某些特征而抑制另外一些特征。大多数情况下，喻体实际上只有部分语义特征发生转移"（束定芳，1998）。比如，前面提到的"方言岛"中的"岛"，只保留了"四周被包围的一片陆地"这一语义，而"被水环绕"这一语义已经在投射过程中被过滤掉了。同样，"母语"的"母"字保留了"出身、源起"这一语义特征，但其他一些与母亲相关的语义特征（如"女性"和"慈爱"）则被过滤掉了。因此，我们不能因为"母语"中的"母"字就认为母语必然与母亲有关，从而推断出个体只能有一个母语的结论。如果我们纠结于"母语"中"母"的语义，就无法突破单母语观念的藩篱。

值得一提的是，社会上有些打着"双母语教育"进行商业活动的行为，也给人们对双母语的准确认知带来了不好的影响。如目前国内许多推行双母语教育的幼儿园邀请中外籍教师担任"双班主任"或"双园长"，家长以为在这种环境中，孩子就可以讲一口流利的英语，成为汉语—英语双母语人。其实这只是商业噱头，因为双母语不是教育出来的，而是在社区中自然习得的，必须有足够的语言输入与互动。更重要的是，母语的建构必须涉及自我认同和他者认同，这一点幼儿园等教育机构很难做到，因为英语的母语文化氛围是难以在这么一个狭小封闭的环境中存在的。

二　双母语的界定

（一）双母语的界定标准

多语环境中成长起来的讲话人，其母语可能不止一个，我们把这种现象称为"双母语"（包括"多母语"的情形）。英文的研究论文中对这一术语有多种表述：dual mother tongues；bilingual mother tongues；dual native languages；bilingual first languages；simultaneous bilinguals，等等（Davies，2004：436）。

双母语是按照新的母语界定派生出来的概念：如果一个双语人的两种语言都符合母语界定的标准，那么这两种语言都可以看作其母语，这个人就是一个双母语人。双母语是一种特殊的双语现象，其建构方式、语言特征、心理机制、运行模式、生存环境、演变趋势等，都需要在理论上做出科学的回答。本书认为，双母语概念的界定必须基于"同步习得"（simultaneous acquisition）和"双重认同"（dual‐identification，double identity）两个概念。

这里的"同步习得"是指儿童从小就习得两种语言成为"同时双语"（simultaneous bilingualism，bilingualism as a first language）。按照双语的习得时间顺序，可以将双语分为"同时性双语"（simultaneous bilingual）和"接续性双语"（consecutive bilingual）。一般认为，双母语必须是"同时性双语"，既从语言发展的开端即接触两种语言，两种语言都是第一语言，而不像"接续性双语"那样，先习得母语再习得第二语言，成为青春期和成年期双语人。Genesee 和 Nicoladis（2008）将 3 岁以前开始接触两种语言的都称作"同时双语"，不管开始接触两种语言的时间是否有先后。

双重认同指同时将个体定义为两个集体的成员，拥有两个集体的属性。儿童早期双语（early dual languages）能否发展成双母语，主要取决于讲话人对于两种语言能否形成双重认同。如果一个人自幼同时习得两种语言，并且对两种语言拥有基本相同的语言态度，其语言实践分别符合两个言语社区（也可以是一个双语言语社区）的规范，为社区所认可，那么这两种语言都可以是讲话人的母语。在现实生活中，双重认同是一种心理实在。比如，美国年轻一代的拉丁裔移民称自己是 Mexican‐American。在英语中，两个词用连字符连接之后就成了一个词，让人觉得两个成分是一个统一体。如果仅称他们为 Americans，他们会很生气（朱世达，2000：

79）。因此，双母语的界定不能简单地以自幼习得两种语言为标准，更重要的是看讲话人的心理。"说话者其实很清楚两种语言之中哪种才是自己的母语，对说话者的身世和经历十分了解的人也清楚两种语言之中哪种才是说话者的母语"（蓝东兴，2010：82—83）。

当然"儿童早期双语"与"双母语"并不完全是一回事，因为"儿童早期双语"不一定会发展成"双母语"，这一点将在下一节"概念争议：早期双语与半母语"和第六章"母语的流变性与母语社区规划"中讨论。

（二）双母语人的语言能力

一提到双母语，人们往往会想到两种语言旗鼓相当，语言运用能力非常强，而且转换自如的情形。其实，有些学者对"双语"的定义就是基于语言的熟练程度和均衡性。例如，Bloomfield（1933：56）对双语的定义是"像操本族语人那样掌握两种或两种以上语言的人"（native - like control of two or more languages）。同样，《韦伯斯特词典》（Webster, 1961）对"双语"（bilingual）的定义是"拥有或使用两种语言的，尤指具有像母语人那样流利特征的"。双语类型中的"平衡双语"（balanced bilingual）、"理想双语"（ambilingualism）、"均衡双语"（equibilingual）、"完美双语"（elite bilingual）等，也都是按照语言能力来定义的，大多要求两种语言能力相等，熟练程度和相应的单语人差不多。

然而，现实生活中，这样的双语人几乎是不存在的。例如，一位华人教授在美国一所名牌大学教了 26 年的英语，能够精确识别任何英语发音上的微小瑕疵。即便如此，其英语句法仍与地道的美国人存在巨大差距。如英语中最基本的三个变换：名词复数加 s、动词第三人称单数加 s、动词过去时词尾加成 ed，看来虽似简单，但在口语出错是常事（范雨臣、张零贵，2006）。

其实，双语能力是一种连续体（bilingual continuum），两种语言既存在能力上的差异，也存在使用域上的差别，这是很正常的现象，并不妨碍其成为"双语"。双母语的两种语言也不是完全平行的，而是具有不同的功能域。因为"任何两种语言或语言变体都不可能在它们的使用域上完全重叠"（斯波斯基，2011：179）。因此 Weinreich（1953）从语言实践而不是语言能力来定义双语，提出双语是"交替使用两种语言的实践"（the practice of alternately using two languages）。这一定义指明，双语是在同一时间、不同场域对不同的人使用不同的语言。徐大明（1997：134）将双语定义为"某一个社区或个人同时使用两种或两种以上的语言"，也不涉及语言能力。

在调查中我们发现，有的少数民族青少年，虽然最先习得本民族语，但语言能力没有完全得到发展，使用汉语的频次也高于民族语。但是我们不能据此就认为他们的民族语不是其母语，因为母语能力弱的现象在全世界普遍存在。其实，对他们来说，不仅满足自幼习得的条件，也满足语言认同的条件，完全可以识别为母语。因此，与双语的界定一样，对双母语的界定不必过多涉及语言能力，应该仍然依照母语的界定标准，在这里就是"自幼同步习得"和"双重认同"。

（三）基于方言母语的双母语

在我国，双母语的讨论范围基本局限于少数民族双语地区。对于香港、澳门地区的双母语案例很少涉及，对于汉语方言区的双母语情况也似乎不太愿意触碰。那么，如果儿童习得的是普通话和汉语的一种方言，或者两者汉语方言，能不能算是双母语？苏金智（2002：156）认为从"双语双方言"的概念可以引出"双母语"的概念。对于"您小时候（上小学前）最先会说的是哪种话（语言)?"这一问题，可能有以下选择：（1）普通话与汉语方言；（2）普通话与少数民族语言；（3）普通话与外语；（4）普通话与混合型方言；（5）汉语方言与少数民族语言；（6）汉语方言与外语；（7）汉语方言与混合型方言；（8）两种汉语方言；（9）两种少数民族语言；（10）外语与混合型方言。作者认为"2、3、5、6、9、10算双母语是没有问题的"，而对于1、4和7、8，作者建议采用"母语为普通话和汉语方言"或"母语为两种汉语方言"的形式分别来表示这两种情况。

董燕萍、赵晨也指出，"从严格意义上讲，能够说两种语言，并且两种语言都达到较高水平的人才叫双语者。但从一般意义上说，能说两种语言的人都是双语者。从更广泛的意义上说，能说标准语和一门方言的人也可以叫双语者。比如，能说汉语普通话和某种方言的人也可以作为双语者纳入到双语研究的范畴"（2010：ix－xi）。

在对以色列的来华留学生陆缇（0417A号访谈对象）访谈时，她说："大多数中国人都是双母语。他们可以自由地转换两种语言，但自己觉察不到，因为他们有很好的语言掌控力……其实那就是两种语言。语言是政治层面的定义，方言就是一种语言。"

因此，本书认为，既然承认方言是母语的一种，那么从小既习得普通话，又习得汉语的某一方言，如吴语、闽语、粤语等，就是一种双母语模式。虽然普通话和方言在社会政治地位上并不平等，但作为儿童习得的语言变体，双方是平等的。因此双母语是就语言认同而言的，与国家认同、政治认同关系不大。语言认同是会随着环境的改变而改变的，而国家认同、种族认同不会。在中国历史上，几乎没有什么政治实体是以方言认同为基础的，实可为证。

另外，一个民族的母语并非就是这个民族的名称加上"母语"一词。例如，回族的先民有的使用阿拉伯语，有的使用波斯语、中亚各国语，以及中国境内部分民族的语言。"从现代回族记中能够找出不少这方面的语料。回族先民在由民族母语转用汉语的过程中，把许多民族母语词汇带入汉语之中，形成了现在回族话中夹杂着大量的阿拉伯语词汇、波丝［原文如此］语词汇的特殊现象，也成为汉语的一种特殊类型。这也正是形成回族话的民族语言基础之一"（高梅，2006：49）。回族没有自己的民族共同语，目前大多数回族人所使用的回族话其实是一种特殊的汉语方言，其语言特征（特别是词汇特征）常常是自己身份的体现。回族儿童将这种方言和普通话共同作为自己的母语，应该也是合情合理的。

将方言母语与共同语母语视作"双母语"只有益处，没有坏处。在我国，推广普通话不会影响方言母语的认同；反之，方言传承也不会影响普通话的认同。

总之，双母语模式既可能是"嵌套式"，也可能是"比翼"式。前者如粤语和普通话，后者如傣语和普通话。如图 5 - 1 所示。

当然，如果从小习得的是与普通话比较接近的官话，如四川话、东北话等，那么是不是属于双母语模式，关键就看本人的自我认同了。如果本人将自幼习得的方言作为自我身份认同的标志，那么就不属于双母语模式；如果本人在日常语言使用中，没有这一语言意识，则不属于双母语模式。

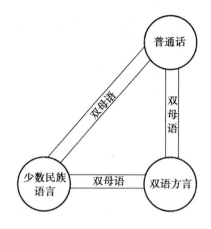

图 5 - 1　双母语的类型

第二节　同步习得与双重认同

双母语概念是根据第四章的母语定义派生出来的，因此双母语的界定也必须从语言习得与语言认同两个维度来进行。本节将结合相关案例，对"早期同步习得"与"双重认同"这两个界定标准进行讨论。

一　同步习得

根据双语儿童的语言习得背景和双语建构的途径，双母语可以分为以下几种类型：

第一种是 OPOL 模式（one parent, one language），即父母语种相异，在对幼儿说话时，各操一种语言。这类主要是族际婚姻造成的。由于家庭生活中两种语言交替使用，"下一代便同时习得了两种语言，自己也分不清哪个是母语，哪个是第二语言，或许，可以称为双母语"（胡素华，2011：52）。后代自出生起就从父母那儿接受并学会使用两种语言，这是最常见的形式。

第二种是儿童早期的主要语言输入来自家庭中除父母外的"第三方"，包括孩子的祖父母、外祖父母、保姆等。他们担任孩子的抚养工作，但说使用的语种可能与父母的语种不一致，儿童因而习得双语。如 0728A 号访谈对象何稳菊从小由汉族的奶奶抚养，习得汉语，而父母（皆为白族）在镇上做做生意，每周回来一次，因此白语习得稍迟。当然，由于村上玩伴都是白族孩子，白语发展也没有受到妨碍。因此从小自然习得了两种语言。

第三种是家庭—社区双语。家庭语言与社区语言不同。虽然父母都是单语，而且讲同样的语言，但儿童从邻居和社区中习得了一种语言。在家中，父母双方以共同的语言输入，在社区，特别是与小伙伴玩耍时，儿童所接受的是另外一种语言输入。这类情形主要是移民造成的。例如，少数民族夫妻（同民族）居住在另一民族聚居的村寨或通行汉语的城镇，其子女自出生后除了习得本族语言外，也有机会习得出生地的非本民族语，很可能成为双母语人。下面的帖子选自国外一个关于母语问题讨论的论坛，其中的双母语习得就是"家庭—社区"类型。①

> ● 🧑 freecloud13
> 　　我出生在意大利，但我是斯洛文尼亚人（Slovenian）。在意大利，斯洛文尼亚是一个被承认的少数民族。所以斯洛文尼亚语（Slovene）无疑是我们的第一语言（first language）——它是我在家里说的唯一语言，也是当地学校的教学语言。但要说到意大利语，我从来不知道如何界定它，因为我既讲斯洛文尼亚语，也讲意大利语，我在意大利长大，吃意大利食品，浸染意大利文化，等等。难道是"近似母语"（native - like）？很多人一直在说："如果你出生在意大利，你就是意大利人"——我真想要尖叫……

第四种是早期习得环境变化带来的双语习得。当儿童早年出现被他人或单位（孤儿院）收养时，语言习得环境可能出现剧烈变化，如果在习得收养家庭的语言或收养所在地的语言的同时，能够维持原有的母语，则可能成为双母语人。例如，在我国 2008 年汶川地震时，一些羌族、藏族幼儿在地震中失去父母，他们中有的人被国内一些家庭收养，习得了所在地的方言，有的人被国外家庭收养，逐渐习得国外语言。例如，4 岁半的安涛被荷兰的一户人家收养，6 岁的孤儿马小琴，经过手术后，先天性心

---

① 参见网址 http://linguaphiles. livejournal. com/4596141. html。

脏病大为好转，在 2012 年 5 月初被美国的一户家庭收养。①当然，在这种双语环境中成长起来的儿童并不都是双语人，是否具足量的有效输入是其中的关键因素。这些儿童如果第一语言的磨蚀不是太严重，则很可能成为双母语人。

要特别说明的是，这里的"同步习得"是与"接续习得"相对而言的。"接续习得"是先完全习得一种语言的句法系统和基础词汇，然后再习得另一种语言。而在"同步习得"中，两种语言是同步发展的，这里除了常见的"平行习得"外，还应该包括幼儿早期的"交错习得"。在"交错习得"这种类型中，可能 A 语言的词汇发展丰富一些，B 语言的语音发展迅速一些。例如，在调查中我们发现，有位白族的双语人是先在幼儿园习得了"蜻蜓"一词，然后回家问了好几个人，才知道白语里面是怎么说的。不少动物词和植物词的习得都经历了类似的过程。但是，反过来，也有很多词语，是先习得民族语中的说法，然后才逐渐知道汉语中的对应说法。这就是一种交错习得。

通常，幼儿习得双语时，有一种语言会经历 6—7 个月的"沉默期"阶段。在这一段时间内，儿童虽然对于这种语言是"只听不说"，但是实际上两者语言在同时发展。齐汝莹（Qi Ruying，2011）研究发现，在澳大利亚社区成长起来的华人移民家庭的汉英双语儿童，在英语习得的某些方面上会经历延误，并度过一段时间的英语"无语期"（speech – silent period)，能听懂英语输入，但无法用英语输出。过了这个阶段，两种语言就齐头并进，几乎以同样的速度发展。至于为什么会出现这一个"沉默期"或"无语期"，可能是因为儿童需要理解一门新的语言，然后去使用它。其真正的心理加工与大脑认知机制还需要进一步研究。

二　双重认同

已有不少学者进行过"双重认同"（dual identity）的研究，提出过类似的说法，如"重叠认同""双认同"等。

人类是一种社交的动物，其大部分时间是在和特殊群体的人交往，这是言语社区能够形成的根本。而在现代社会，多言多语的生活使得交往的

---

① 范承刚："汶川震后 2 万人表态认领孤儿"。参见网址 http://native.cnr.cn/news/201205/t20120518_509646099.shtml。

层次和对象类型都有了很大扩展，基于这种语言实践的认同建构导致了双重认同的产生。为此，Davies 和 Bentahila（1989）指出，每一个多语人（multilinguals）都有自己一套独特的方式来感知语言。如果认为仅仅按照某个条件，就可以准确预测哪种语言是多语人"自己的语言"，就把问题过于简化了。语言的双重和多重认同是一种正常的社会现象。

生活在美国的西班牙裔经常在英语和西班牙语之间进行语码转换和语码混合，这在旁人看来是一种语言缺陷，而那些说"西班牙语—英语"（Spanglish）人却将其作为拉丁美国人的身份象征，"我们说的就是'西班牙语—英语'，它是我们拉丁裔的生活和行动特征的体现，也是我们看待世界的方式"（Morales，2002：3）。这是双重身份认同在语言使用中的真实写照。类似地，周明朗（2014：16）发现，在美国，"有些孩子具有双重身份认同，说'我是美国人，也是中国人'。这样的孩子比较容易对学习话语产生兴趣"。

爱丁堡大学荣休教授 Alan Davies 在专著《应用语言学中的母语讲话人》（*The Native Speaker in Applied Linguistics*，1991）一书的前言中提到，自己虽然从小在南威尔士地区长大，但家庭语言是英语。他觉得自己应该有选择威尔士语母语讲话人身份的权利，但当地许多人不承认双重身份（dual identity），认为母语要么是威尔士语，要么是英语。Alan Davies（1991：viii）指出，"这样的威尔士人身份，我并不想拥有。"

曼纽尔·卡斯特（2006：6-7）认为，所有的认同都是建构起来的，其构建形式可以分为三种：合法性认同、抗拒性认同和规划性认同。本书认为，在中国的语言认同情形中也存在着上述三个类型：（1）双语人将普通话作为自己的母语，属于合法性认同，它由社会的支配性制度引入，对言语行为进行合法化认同；（2）双语人仅仅将方言或民族语言作为自己的母语，属于抗拒性认同，希望借助"乡土情结""民族感情"等认同因素，在言语行为上筑起抵抗的"战壕"，以便在不利的社会体制中生存下来；（3）如果双语人将两者都作为自己的母语，则是一种规划性认同。这是双语人根据语域、场合和交际对象的变化，对自己的语种使用进行规划和选择，从而构建一种全面的多重认同。

从认同对象看，双重认同可以是平行式的，也可以是嵌套式的。平行式双重认同可以本书访谈对象之一陆缇为例，她的双重国籍就是一种平行认同："我是以色列人，也是芬兰人"；另一种是嵌套式的双重认同，例如"我是台湾人，也是中国人"或"我是威尔士人，也是英国人"。对自己民族和自己国籍的双重认同既可能是平行认同，也可能是嵌套认同。如已经在东南亚各国落地生根的华人，既认同自己的国籍，又认同中华文化和自己的华人身份，这就是平行认同；而在我国的各个世居民族，其国家认同和民族认同就是一种嵌套认同。

在语言的双重认同中，"功能主义"的认同模式通常回避宏大目标和情绪化的选择，提倡务实主义。语言的象征性价值减弱，语言身份不再固化，而是常常在两种身份之间游移，语言认同呈现出模糊性和双重性，似乎对两种语言都没有太强烈的情感，更加重视语言的工具性，语言态度呈现积极、开放、包容、乐观的一面，语言生活也完全顺应语境安排。由于社会互动机会的增加，他们已经意识到具备两种语言认同在实际交往中带来的好处，成为实实在在的"多言多语人"。现代社会并不是由边界清晰的群体构成，而是由同时具有多种身份且呈现流动性的个体组成，是建立在身份多元性基础上的，身份的多元性其实就是语言双重认同的社会基础。

在当今世界，随着全球化的不断深入发展，语言接触面越来越广，层次越来越深，大多数言语社区都是有多语的说话者组成。作为单语环境产物的"本地性"（nativeness），已经在当前多语的世界中逐渐失去市场。由于社会互动机会的增加，人们需要双重认同来对自我身份的多重表达，他们不但意识到具备多种身份在族际交往中的好处，而且发现双重认同在多元碰撞和契合的互动空间中，是缓和社会紧张关系的生存策略和应对技巧，是弱势母语依附于强势母语，并利用强势母语的资源来拓展和延伸自己影响力的一个绝佳途径。

在有些人的潜意识中，一个人只能有一个母语，语言的"双重认同"是不能接受的。比如，有人认为"区域母语认同"就是要排斥"通用语母语认同"；或者去除"区域母语认同"是重构"通用语母语认同"的前提。这些看法都不是从客观语言实践出发的。"区域母语认同"与"通用语母语认同"是一种小群体认同与大群体认同之间的关系，犹如"苏格兰人""英国人""欧洲人"之间的关系一样，彼此并非相互排斥和对立的关系，而是可以相互依存和相互包容的。对于较小言语群体的认同之所以是必要的，是因为这种认同是形成大言语群体认同的基础，也只有建构起这种认同才可以在此基础上扩大语言认同的范围。换言之，"只有当个体能够放心地去尊重和认同自己所属的群体时，才可能对周围的群体表现出积极的态度"（陈孔立，2012），否则就很容易导致群体偏见。

以色列来华留学生陆缇（Sarit Ludin）是本研究的第一个访谈对象（访谈编号：0417A）。下面将以访谈的内容为基础，讨论双母语的习得与认同建构。

陆缇是犹太人，1985 年出生在以色列。2004 年就读于耶路撒冷西伯来大学东亚系，2008 年获该校学士学位。2010 年在南京大学海外教育学院对外汉语专业获得本科学位，2013 年在南京大学文学院获得语言学与应用语言学硕士学位。受访人掌握多种语言，具有丰富的国际交流经历。访谈时，语码转换频率很高。具体访谈内容见"附录二"。

受访人从小学会了希伯来语、西班牙语和英语。其中西班牙语是跟外婆学会的，似乎是最先习得的，但实际上和希伯来语很难分清孰先孰后。受访人在跟妈妈说话时，常常不知不觉在希伯来语和西班牙语间语码转换。

受访人能听懂 13 种语言。按照语言水平，受访人将希伯来语、西班牙语、英语作为第一层次，这三种的听说读写能力都达到了；将芬兰语、日语、汉语、阿拉伯语这四种语言作为第二层次，听说读写能力也达到了，但不如第一层次；第三个层次是法语、德语、荷兰语，不太会说，但能听懂、能阅读和写作；俄语、瑞典语、韩语是第四层次，能听懂别人说，但自己说不出来，也不会读写。

受访人说："我每天都会使用 3—5 种语言，通电话啊，写邮件啊，看书阅读啊。每天头脑中都要运行几种语言。"

当问到"这么多语言会不会搞混"时，受访人说："我觉得这三种语言对我来说只是一种语言，是别人把它们区分为三种语言的。这是我的idolect（个人言语）。对于这三种语言都不懂的人，他们就会觉得我是在说一种语言。我自己不考虑区分他们，不必考虑怎么说。他们是一个系统。他们在内在结构是一个东西，表达出来是几个形式。"

当问到"在这些语言中，你觉得哪个或哪些是你的母语？就是英语里的 mother tongue"时，受访人回答："我觉得我的母语有三个：首先是希伯来语，代表我的身份；其次是英语，代表我的交际工具，没有太多的感情，但平时用得最多，如果加上读写能力，可能比一些美国人还要好。……西班牙语，是我小时的家庭语言。这三种语言都是我的第一语言，一起学到的。"

当问到认同建构的基础时，受访人的语言认同呈现出模糊性和双重性：

> 调查人：三个都是母语。希伯来语排第一，是不是因为你是犹太人？
>
> 受访人：其实，我不太喜欢把希伯来语作为我的母语，但我内心知道肯定会算。
>
> 调查人：为什么？
>
> 受访人：很难说。我在以色列，别人觉得我的希伯来语口音很奇怪，甚至有的先会问："希伯来语能听懂吗？"
>
> 调查人：以色列人觉得你的母语不是希伯来语？
>
> 受访人：嗯，是的。他们说我听起来像欧洲人。我自己没有感觉。服务员经常递给我英语的菜单。

这里涉及社区层面的他者认同，于是调查人问："你周围熟悉你的人，应该认为你的母语是希伯来语。是吗？"受访人承认了这一现实，并认为其中的原因是自己希伯来语的发音受到了其他语言的干扰。

当问到受访人对希伯来语的认同是否受到西班牙语和英语的干扰时，受访人激动地说："我是以色列人，虽然 6 岁就离开了，但几乎每年都回去。我可以批评自己，但别人不可以批评我。我从内心认同希伯来语，英语只是我的工具语言。"这是自我认同和他者认同的矛盾；同样，当问到"那你怎么看你的英语"时，受访人回答说："别人很认同，肯定我的英语很好。我可以听说读写，如果不看我的护照，会觉得我的母语是英语。"也存在自我认同和他者认同的矛盾。

受访人的语言多重认同可以从下面的访谈中明显看出：

> 调查人：你会说好几种语言，那么你觉得哪一种语言是你的身份标志？
>
> 受访人：在我身上可以贴好几个标签。我不喜欢被指派，说你就是什么什么的，这样不好。我自己选择我喜欢的，对我有用的。
>
> 调查人：那你怎么选择呢？

　　受访人：我觉得可以是希伯来语，因为我是犹太人，也可以是西班牙语，因为我外婆、妈妈、一半家人都是南美的，说西班牙语；还可以是英语，因为我出去基本用的是英语，人家也跟我说英语，而且我的英语说得比希伯来语好多了，还可以是芬兰语，因为我也有芬兰的国籍，因此有芬兰语的身份。

　　调查人：你是多重认同啊。

　　受访人：很正常。为什么只能有一种认同。那多不自由啊。每种语言都可以成为一个"我"。

　　受访人认为双母语是很正常的现象。在以色列大部分的人是至少两种母语的人，平常会用到三种语言。范雨臣、张零贵（2006）也指出："在以色列具有双母语的人很多，可以说比比皆是。"

　　除了陆缇的访谈外，"附录二"还提供了对傣族"和尚生"、苗族中学生、白族村干部、小学生、高中生、研究生访谈的详细内容。从中可以看出丰富多彩的双语同步习得经历和语言认同模式。总的来说，目前针对双母语的理论探讨和实证研究还远远不够，如果有更多的问卷调查、访谈、实验，就可以对双母语现象有更加深入的了解。

第三节　母语双重建构的实证研究

　　本节介绍两则关于母语双重建构的实证研究。一则是斯瓦迪士100核心词测试，目的是检测被试的词汇习得情况，以确认被试是否同步习得了两种语言；一则是配对语装实验，目的是测试被试的语言态度，以了解被试是否拥有双重认同。调查地点是云南省大理白族自治州大理市大理镇第一初级中学，该校位于大理白族自治州大理市古城区大理古城北城门外的洪家村，是在抗日战争初期的民族书院基础上发展起来的。目前学生主要来自大理镇20多个自然村，大多为汉白双语讲话人。词汇测试和配对语装实验的时间均在2014年4月21日。①

---

① 感谢云南大学何稳菊同学和大理镇一中的杨培凤老师对词汇测试与配对语装实验的帮助。

一 同步习得：斯瓦迪士核心词习得测试

一种语言的词汇可以分为基本词汇和一般词汇。基本词汇中的词是该语言中使用率最高、生命力最强的词，通常历史悠久，全民族使用，是日常生活所必需的，意义为一般人理解，有很强的构词能力。在认知语言学看来，人类认知机制存在着一个基本等级范畴，在语言上表现为指称某一范畴典型成员的一些基本的、无标记的词汇。基本词汇都属于基本范畴层面的词汇，也是儿童最先习得的词汇。

历史比较语言学通常以斯瓦迪士核心词（Swadesh list）为样本，通过核心词比较，来能验证语言内部发生学的关系。一般认为，斯瓦迪士的100 核心词是人类语言中最基本、也是最底层的词，具有很强的稳定性，一般不会发生借用。[①]

词汇是语言调查不可或缺的基础，语言调查必须编制语言调查词表。作为跨语言的词汇调查工具，斯瓦迪士核心词表虽然受到各种批评，但迄今为止，还没有更好的替代词表，仍然为国际学术界所认可。因此，本研究决定采用该词表，快速检测白语学生的双语词汇习得情况。

本次测试的研究假设是，由于基本词汇使用频率高，构词能力强，因此在正常情况下，习得了基本词汇，就可以支撑最基本的言语沟通。也就是说，习得基本词汇是成功习得母语的基础。如果在测试中发现，一个人从小（上小学前）既习得了白语的斯瓦迪士 100 核心词，也习得了汉语的斯瓦迪士 100 核心词，那么就具备了发展双母语的语言基础了。他就是一个潜在的双母语人。

本次测试的被试为大理镇第一初级中学的初二年级学生。通过班主任的判断抽样，剔除非白汉双语学生，获得来自两个班级的样本总数 63 人。

根据试点研究（pilot study），汉白双语地区的初二同学已经全部掌握词表中的汉语词汇，不会发生理解错误现象。测试中，主试分发词汇测试表后，要求学生标出尚未掌握的与汉语词汇相对应的白语词汇，其中完全

---

① 陈保亚（1996）在《论语言接触与语言联盟—汉越（侗台）语源关系的解释》一书中，将斯瓦迪士 1952 年从印欧语言中挑选出来的被公认为人类语言中最稳定的 200 个词语，分为两阶，第一阶是第 100 词集，第二阶是第 200 词集。在这两阶词语中，如果两种语言的关系词（语音相同相近的词）数量从第一阶到第二阶呈上升趋势，则属于接触关系；相反，如果呈下降趋势，则属于同源关系。

不会的画圈，不能肯定的采用问号形式。最后共回收有效答卷60分。

测试词汇中包括代词："我""你""这""那""谁""什么"等；数词："一""二"；形容词："大""小""长""热""冷""满""新""好""圆"等；名词："女""男""人""鱼""狗""树""血"等；动词："吃""咬""看""听""睡""死""游泳""飞""来""躺""坐"等。本次测试词表见"附录四"。测试结果统计如表5-1。

从统计结果看，在"不能确定白语对应词"选项中，除了"（全）都""虱（子）""种子""（皮）肤""（肌）肉""脂肪""爪""膝""胸""游泳""土地""满"12个词外，其他88个汉语词均能确定在白语中的说法。其中，不确定性最高的是"爪"，其次是"脂肪""膝""胸"，可以发现它们均为躯体部位名词。关于"游泳"，只有一名受试者不能确定白语中的说法。

在"不知道白语对应词"选项中，除了"土地"一词为被选中外，其他均见于"不能确定白语对应词"选项。比例最高的是"脂肪"，其次是"爪"这一词语。另外"（全）都""种子"和"满"三个词语均只有一名受试者不会说出白语中的对应词。从总体看，核心词汇习得情况良好。

如果将"不能确定白语对应词"选项和"不知道白语对应词"选项均视为没有掌握该词汇，那么从个体层面看，受试者中有1人的未掌握词最多，数目为8个词；有3人的未掌握词为6个；有5人的未掌握词为5个；有6人的未掌握词为4个；有6人的未掌握词为3个；有7人的未掌握词为2个；有14人的未掌握词为1个。

表5-1　　　　　　斯瓦迪士100核心词检测结果（N=60）

		（全）都	虱（子）	种子	（皮）肤	（肌）肉	脂肪	爪	膝	胸	游泳	土地	满
不能确定白语对应词	人数	4	4	3	4	3	10	15	7	8	1	4	4
	比例	7%	7%	5%	7%	5%	17%	25%	12%	13%	2%	7%	7%
不知道白语对应词	人数	1	4	1	4	4	15	12	4	4	4	0	1
	比例	2%	7%	2%	7%	7%	25%	20%	7%	7%	7%	0%	2%

结果分析：

在斯瓦迪士100核心词中，除了下面几个词语外，其他的词语都有相对应的民族语。（1）"脂肪"，白语说"肥肉"；（2）"土地"，白语说"田"，或者具体是什么田，如自留地，没有"土地"这个统称；

（3）"爪"，白语说"脚"；（4）"皮肤"，"皮"有对应的民族语，"皮肤"没有；（5）"肌肉"，"肉"有对应表达，"肌肉"没有。[①]

　　测试是在学校进行的，受交际环境的影响，学生对有些白语词语可能反应不敏感。比如，像"游泳"和"种子"之类的词，如果是同学之间交流，可能就想不起白语的对应表达，也懒得去想，用汉语表达直截了当，反正大家都听得懂；但是，回到村里，和操民族语的家人、亲戚朋友交流，尤其是年纪稍长或是受教育程度较低的人，别人自然而然就把"游泳""种子"之类的民族对应语带出来了，他们也就顺其自然地用相应的民族对应语和他们交流。由此看来，有些白语词汇在儿童早期习得过，但因为使用频率低，渐渐地处于"潜伏"状态，需要激活。也就是说，如果测试选在开学初，假期刚结束，学生从村寨返回学校，测试成绩会更好。

　　另外一个原因是，随着大理经济、文化的发展和进步，从事农业的人越来越少，大家都去经商、打工，那么像"种子""虱子""土地"等和农业相关的词离人们就会越来越远，逐渐淡出人们的记忆，不在人们日常的对话内容范围之内。所以现在的白族学生想不起来这些词对应的白语表达是再正常不过了。这也是许多调查都会对经典的核心词表进行微调的原因吧。

　　还有一个需要考虑的是年龄因素。孙晓先等（2007）调查发现：上海市学生在家庭中使用上海话的比例随着年龄的增加逐渐上升，方言语言能力也随着年龄的增长而不断增强，最终接近上一代人。在当前相当长的一段时间内，年轻一代人都会重复着同样的变化历程，即小时候在家以使用普通话为主，随着年龄的增长，逐渐过渡到以本地方言为主并接近上一代的语言使用状况（俞玮奇，2012）。因此，儿童在家较多地说普通话的现象只是发生在某个年龄段，应该属于"年龄级差"，而不是一代人与另一代人之间"代际差异"。不能因为目前中小学生尤其是小学生对普通话的认同度高、普通话的使用率高，就得出普通话有代替方言趋势、方言岌岌可危等判断（郭骏，2013）。同样，也不能因为中小学生所说的新派方言在发音以及词汇的使用上不同于以前，就认定学生已经不会说当地方言（孙晓先等，2007：9）。

　　上述学者对方言与普通话关系的考虑也适应于汉语与白语的关系。结

　　①　感谢云南大学扬立权老师和何稳菊同学提供白语词汇使用情况。

合我们的问卷调查和个案访谈来看，初二学生已经对白语词汇的掌握程度要好于小学生，而高中同学的白语词汇量更大。所以不能因为发现许多白族儿童在家很少说白语，就断定白语传承出现危机了，而应该把它看成是一种"年龄级差"。这里的原因有两个方面，一是青少年时期，人的认知能力要比儿童时期强，语言学习能力自然也会变强；二是因为在人的社会化过程中，会形成一些固定的交际群体，群体的存在需要认同维持，而语言是最好的认同方式。在言语互动过程中，青少年对于民族语言的认同会逐渐加强，最后形成一种群体互动时共同遵守的"隐威信"，以对抗强势的通用语。

应该说明的是，本地语言的"隐威信"之所以能够存在，关键在于有一个较稳定的言语社区存在。喜洲镇作为典型的白族古镇，周围有许多规模巨大的村寨存在，大多数都在2000人以上，在这些村寨中，有商店、菜场、卫生所、幼儿园、小学，许多问题可以在村寨内解决。村寨为白语的使用提供了多种场所，换言之，白语的使用域没有受到太大影响。这样，当白语儿童成长到青春期，逐渐认同本族语时，良好的习得环境就为他们母语能力的提高提供了天然保障。

更进一步，虽然现在许多初中学生都不知道以前的常用词汇"种子""虱子"等，但这并不妨碍白语的活力和传承，不能因此得出结论说"白族学生不会讲白语"了。语言的变异和变化是永不停歇的，虽然这些词汇逐渐消失了，但一些新的词汇会进入基本词汇，甚至成为核心词，例如，"（汽）车""电（视）"等。

二　双重认同：配对语装实验

通过问卷调查和访谈测量语言态度易受到社会普遍期望的影响，配对语装调查就是为了了解被试的真实想法，结果能够比较接近被调查者的本能反应和真实态度。

（一）实验设计

（1）语料选择

配对语装实验必须选择一段时间较短、内容浅显的口语语料。在起初的试点研究中，选取的是方言调查常用的《北风和太阳的故事》作为录音材料，调查方法是让受试者分别用民族语与汉语朗读该语料。但实验过程中发现，用少数民族语言讲汉族民间故事时，不但会受到汉字音节的影响，而且受到既有朗读文本中句法结构、语义结构和叙事方式的影响。因此在试验后决定选择无文字的儿童画本作为语料诱发工具。①

实验最终确定采用 Mercer Mayer（1969）绘制的儿童图画书《青蛙，你在哪里?》（*Frog, Where Are You?*）。该图册讲述了一个男孩和他的小狗在寻找丢失的青蛙过程中的冒险故事。这个虚构的故事由 24 张图片构成，讲述内容涉及动物、植物、家具、动作等方面的基础词汇。②图册内容参见附录四。

之所以选择这个故事，一方面是因为书中所有的图片都简单明了，除了标题页外，没有任何文字，内容浅显，长度适中；另一方面是因为目前这本书已经广泛应用于心理语言学、语言类型学、儿童语言习得、临床（诊疗）语言学等方面的研究，因而提供了相当丰富的参照性语料。《青蛙，你在哪里》作为测试工具，起初是通过诱导儿童的叙事话语来研究语言习得过程，用于调查第一语言习得中的语言发育障碍；Berman 和 Slobin（1994）将这种方法发展到一个跨语言的研究范式，研究语言类型对思维方式的影响等。还有学者将基于这一故事的诱导语料用于调查时态和语态、叙事结构和指称标记。正如 Berman 和 Slobin（1994：ix）所言："《青蛙，你在哪里?》为专业人士提供了一个绝佳的机会，以便深入领会人类在通过语言捕捉和传达事件过程中所表现出的复杂的语言、认知和交际能力。"

（2）发音人选择与语料录制

考虑到讲话人的年龄、性别、受教育程度等因素，最终确定二位白族双语人的语音作为口语语料，一位是何稳菊，女，23 岁，云南省大理白族自治州喜洲镇金圭寺村人，云南大学人文学院在读研究生；一位是杨元华，男，25 岁，云南省大理白族自治州喜洲镇桃源村人，大专毕业。两人自幼同时习得白语和汉语，对两种语言的自我认同相当，并通过了社区对他们的认同，是实验所需的理想发音人。

---

① 感谢王苏博士（羌族）在口语语料选择方面提供的帮助。

② 《北风和太阳的故事》是当初赵元任到各地调查方言时使用的朗读材料。但在调查少数民族语言时，发现并不是很合适。比如，白语中没有"北风"一词，只有"北方来的风"这一解释性说法。因此我们采用了看图说话的形式。《青蛙，你在哪儿?》是国际上许多语言学家调查语言类型时所采用的方式，作者为美国的梅瑟·迈尔；国内版本由贵州出版集团公司在 2008 年出版。

　　语音取样在 2013 年暑期。录音前，先让讲话人看图 3—5 分钟，然后分别用汉语和民族语讲述故事，讲述过程中，受试可以翻回前面的图片进行补充，讲述内容分别被录制成不同的音频文件。

　　为防止被调查人察觉其中有两两配对的情况，同样录制两人的语音作为干扰项：杨×玲，女，白族，18 岁，云南省大理白族自治州大理镇下鸡邑村人，高三学生，仅选取其汉语音频；赵义平，女，30 岁，云南省临沧市临沧师范高等专科学校教师，仅选取其白语音频。

　　将选取的 6 段录音打乱顺序，重新合成为一段 MP3 格式的音频材料。每则汉语叙述平均占时 2 分 32 秒，每则白语叙述平均占时 2 分 40 秒，每则故事之间穿插 16 秒的音乐。音频时长共 16 分 18 秒。

　　（3）量表设计

　　量表的评分指标参考了沙平（1988）、张倩（2003）、李腊花（2005）、俞玮奇（2008）等相关研究。设计主要围绕语言态度评价的两个层面——语言亲和力层面（或情感层面）和社会地位价值层面（或威望层面）。语言的亲和力层面包括"为人热情""很有礼貌""为人亲切""颇有风度""值得信赖"5 个具体的评价指标；语言的地位价值层面包括"聪颖睿智""具有威信""令人尊敬""教育良好""成熟自信"5 个具体的评价指标——若使用该语言的群体值得信赖、受尊敬、教育程度高，则相应说明该语言的社会地位高。

　　每个评价指标均采用 1—5 分的五级评价量表（Likert scale）进行测量，分数从低到高代表评价由差到好。满分为 50 分。受试需要在 5 个等级中选择其中一个等级来评价说话人，分数越高说明对讲话人的评价越高。由于说话人是同一个人，所以同一受试者对同一说话人的不同判断体现出其对不同语言的态度。

　　量表样式参见附录三。

　　（4）实验对象与实验过程

　　实验的时间安排在斯瓦迪士 100 词检测之后，中间休息 10 分钟；实验对象相同，也是 63 位汉白双语初中学生。

　　正式实验时，将调查量表发给学生，然后告诉他们："同学们，许多人都有根据声音准确评价一个陌生人各方面特征的才能，比如在打电话时。今天我们也想请大家来尝试一下。大家即将听到 6 个人讲同一个故事《青蛙，你在哪里？》，他们有的用汉语说，有的用白语说。每段故事之间有 10 秒左右的音乐间隔。请一边听录音，一边对 6 位说话人各方面的特征做出评价。"实验时，受试者逐一听取录音，然后让其根据录音对讲话人进行评分。最后共回收有效问卷 60 份。

（二）实验结果

通过 SPSS19.0 统计软件对获得的数据进行分析，得到了受试者对于说话人各项特征的评价性反应值。通过配对样本 t 检验（paired sample t – test），了解学生对汉语和白语在语言态度上是否存在差异。

被调查总体在各项指标上对不同说话人的评分均值见表 5 – 2。

表 5 – 2　被调查总体对不同说话人的评分均值、均值差和 P 值（N = 60）

	对女性说话人的评价（均值）				对男性说话人的评价（均值）			
	汉语	白语	均值差	P 值	汉语	白语	均值差	P 值
为人热情	3.38	3.50	0.117	0.590	3.23	3.62	-0.383	0.023 *
很有礼貌	3.40	3.27	0.133	0.419	3.05	3.35	-0.300	0.035 *
为人亲切	3.57	4.10	-0.533	0.010 *	2.78	3.30	-0.517	0.007 **
颇有风度	2.53	2.65	-0.117	0.532	2.78	3.20	-0.417	0.031 *
值得信赖	2.83	2.87	-0.033	0.839	2.80	2.92	-0.117	0.447
聪颖睿智	2.88	3.03	-0.150	0.425	3.23	3.32	-0.083	0.642
具有威信	3.07	2.77	-0.300	0.126	2.72	2.85	-0.133	0.466
令人尊敬	3.03	3.02	0.017	0.922	2.97	3.15	-0.183	0.291
教育良好	3.48	3.38	0.100	0.507	3.30	3.52	0.217	0.267
成熟自信	3.60	3.65	0.050	0.695	3.63	3.75	-1.117	0.311

说明：＊p < 0.05；＊＊p < 0.01。

将上面表格中每项评价均值以折线图的形式显示如下：

将前五项的总和作为"语言情感"指标，将后四项的总和作为"语言地位"指标，分别进行配对样本 t 检验，得到下面的结果。

表 5 – 3　　　　　　语言情感、语言地位差异汇总（N = 60）

	对女性说话人的评价（均值）				对男性说话人的评价（均值）			
	汉语	白语	均值差	P 值	汉语	白语	均值差	P 值
语言情感	15.72	16.38	-0.667	0.201	14.65	16.38	-1.733	0.001 **
语言地位	16.07	15.85	0.217	0.665	15.85	16.58	-0.733	0.128

说明：＊p < 0.05；＊＊p < 0.01。

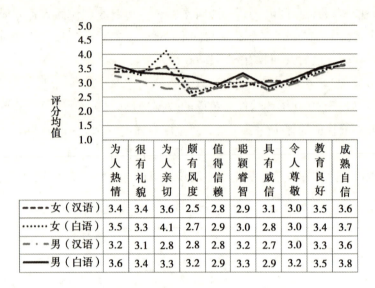

	为人热情	很有礼貌	为人亲切	颇有风度	值得信赖	聪颖睿智	具有威信	令人尊敬	教育良好	成熟自信
━━━ 女（汉语）	3.4	3.4	3.6	2.5	2.8	2.9	3.1	3.0	3.5	3.6
……… 女（白语）	3.5	3.3	4.1	2.7	2.9	3.0	2.8	3.0	3.4	3.7
━·━ 男（汉语）	3.2	3.1	2.8	2.8	2.8	3.2	2.7	3.0	3.3	3.6
━━ 男（白语）	3.6	3.4	3.3	3.2	2.9	3.3	2.9	3.2	3.5	3.8

图 5 – 2　配对语装具体指标评分折线图

分项检验显示，在对女性说话人的评价中，除了"为人亲切"一项外，其他都没有达到 $P < 0.05$ 的显著水平；在对男性说话人的评价中，前面四项"为人热情""很有礼貌""为人亲切""颇有风度"的语言态度差异都达到了显著水平，而所有"语言地位"维度的项目都不具有显著性差异。

从汇总情况看，对女性说话人在"语言情感"维度的评价，汉语低于白语，但不具有显著性差异；对男性说话人在"语言情感"维度的评价，汉语同样低于白语，且具有显著性差异。而在"语言地位"维度，对女性和男性说话人的评价均没有显著性差异。

从图 5 – 2 可以看出，女性说话人和男性说话人在"语言情感"维度波动较大，而在"语言地位"维度基本趋于一致。对于男性说话人，几乎所有指标都是白语略高于汉语，而对于女性说话人，白语的情感指标略高于汉语，而白语的地位指标略低于汉语。

（三）结果分析

可以看出，在对待汉语发音人的态度方面，受试者认为男性发音人所说的白语比汉语好听、更亲切；同时被试认为男性的白语发音人更认真严谨、聪明机智；而在"值得信赖""聪颖睿智""具有威信""令人尊敬""教育良好""成熟自信"6 个具体的评价指标方面都认为白语和汉语发音人不存在显著差异。因此，从总体结果看，被试对汉语的评价和对白语的评价差异不具备显著性。换言之，同时认同两种语言是完全可能的。

受试者对白语评价高，可以归因于其对本民族语言的"语言忠诚"（language loyalty），而其对汉语功能和地位评价也较高的原因主要是受社会环境的影响。在宏观环境方面，"双言双语"已成为中国语言生活的重要时代特征。就全国范围来看，汉语普通话与少数民族语言、汉语方言"共存共用"的局面已经形成。就跨地区、跨民族、大范围的交际来说，汉语的使用更为广泛，特别是用于教育、新闻出版、公共事务、大众服务等领域；民族语言主要用于家庭、社区交际和乡土文化活动等方面。就微观环境方面，汉语不仅是课堂的主要用语，也是少数民族学生聊天、购物等非正式场合所使用的主要语言，学生已经意识到了汉语的重要性，开始顺应语言环境的改变。

本研究有两个创新。一是以往研究的录音文本大多是先提供汉语文本，然后让说话人分别用两种语言（或普通话与方言）朗读文本，通过录音获得两种口语语料。这种方式难免会使有文字参照的语言获得比较优势，没有文字参照的方言或少数民族语言不仅在表述时有"无根"的感觉，而且其语义和句法结构都会受到拘束。通过这种语料诱导出的语言态度可能会有些"失真"。为了避开这一漏洞，张倩（2003）采用了"话题陈述"的形式，让说话人就"租房子"这一话题谈谈自己的经历。虽然讲话人不再拘束于朗读文本，但不同说话人的内容和观点可能会影响被试的看法，通过这种语料诱导出的语言态度同样可能会出现"失真"现象。本研究采用看图说话的形式获取语料，有效避免了上述问题，获得的语言态度评价较为真实。二是在一些细节上的创新。首先，发音人都是学生：一位是研究生，一位是中专生。受试者是初中学生，对于社会网络和社会分层都不是很熟悉，选择与他们同样身份的评价对象不容易出现判断偏离；其次，为了避免听音疲劳和答题乏味，每段语音中间都穿插了音乐，且评价表分别打印在不同的纸张上，学生感觉"评价任务容易完成"，愿意配合，减少随意打分的情形；最后，为了保证学生不会发现是同一发音人，使用了同样真实的汉语和白语两段干扰语音。

研究发现，民族语言的认同度与教育程度成正比，而不是像人们想象的汉语文教育会侵蚀和瓦解民族语言的认同。双语能力越强，对两种语言的认同度越高。不必担心双语教育会降低民族凝聚力，但需要坚持。因为这是一个曲线模型，对民族语言的认同是一个 U 型结构。对于儿童，起初对于两种语言并没有太多认同上的差异，但随着汉语教育的积累，儿童会对汉语产生亲切感，对标准的普通话有正面评价和羡慕感，对汉文化产生崇拜感，伴之产生的是对本民族语言文化的"羞愧感"，觉得语言土气，认识不到独特的文化价值。然后随着年龄的增长，特别是教育程度的提高，逐渐认识到所有语言是平等的，没有一种语言是更优美，或更先进的。认识到语言地位的高低是受社会经济影响的结果。当汉语水平都达到一定程度时，会反观自己的民族语，发现其价值，正面评价会更多。

第四节　双母语概念：相关争议与研究价值

本节讨论双母语概念中的两个争议话题，一个是"早期双语"，这里面又包含几个问题：缺乏语言交际能力和自我认同的婴幼儿有没有母语身份？儿童早期的双语同步习得是否一定能发展为双母语？过了什么年龄段习得的语言就不能成为母语了？有没有"母语习得截止期"？另一个争议话题是"半母语"。有的少数民族青少年只能听懂本民族语，却不能进行口语表达，有学者提出将这一现象称为"半母语"。那么"半母语"是母语的一种吗？"半母语"概念有没有存在的合理性？"半母语"与"双母语"的关系如何？这些都是很有争议的话题，本节尝试进行初步的探讨。

同时，本节将讨论"双母语"概念在理论意义和应用价值。理论意义主要通过普通语言学和社会语言学视角，结合言语社区理论进行探讨，应用价值主要结合语言规划与语言政策进行探讨。

一　概念争议："早期双语"与"半母语"

（一）早期双语

"早期双语"也称为"幼儿双语"或"儿童双语"。并非所有的"儿童双语"都能发展成"双母语"，相反，在现实生活中，常常有儿童双语发展为青春期单语或成人单语的情形。主要原因是儿童语言习得环境发生了巨大变化，家庭重组、儿童收养、移民等都是重要诱因。部分原因是心理层面的，如受到某些事件的刺激，儿童对一种语言的认同大幅度降低，不太愿意积极主动地习得该语言，这类情形在跨国移民家庭儿童中有时可以见到。由于上述原因，儿童双语中的某种语言因为失去使用机会，逐渐磨蚀，最终使讲话人成为单语人。

双母语必然经历早期双语的这一阶段，但早期双语不一定发展成双母语，关键看是否有持续的言语互动。维基百科对母语的定义中特别提到："母语一般是自幼即开始接触、并持续运用到青春期或之后。"之所以要"持续运用"是因为并非所有的第一语言都可以成为母语。儿童母语习得虽然有个体差异，但一般在 1 岁左右说出第一个词，开始语言阶段，然后经历单词句、双词句和完整句阶段。到 5 岁左右，都能掌握复杂的句子结构，能准确自如地进行表述。到 7 岁时，词库迅速发展。青春期到来之前，孩子已经掌握了母语的全套复杂语法（李宇明，2004）。

双母语的界定中有一项是"同步习得"，对于儿童习得语言的起始时间、两种语言的时间差距、母语习得截止年龄等有什么样的要求，大多数答案都比较含糊："从小""自幼""儿童期间"，有的则给出了较准确的起始和截止时间：如 Byram 和 Brumfit（2000：83）将 3 岁以前开始接触第二语言的都叫作同步双语，3 岁以后才开始学习第二语言的叫作接续双语；贝克（Baker，2008：108）认为"同步双语发生在 3 岁之前"。Genesee 和 Nicoladis（2008）将同步双语定为"4 岁之前"；Hamers 和 Blanc（2008）将儿童双语（childhood bilinguality）的时间定在 10—12 岁之前；De Houwer（2009）将双语同步习得的时间差距严格限制在出生的 1 个月之内；Meisel（2009）认为，要发展成双母语，不一定需要从一出生就开始习得两种语言，只要儿童在 4 岁以前接触两种语言即可。

这确实是一个很难回答的问题，因为人类对大脑的语言加工机制还不是太了解，其变化规律也没有能够把握。根据目前的研究，那些 6 岁以前习得语言的熟练双语者在处理句法时，两种语言的句法引起的脑功能区改变没有差别；而 12 岁以后的双语者，不管熟练与否，在处理外语语法时引起了额下部和顶部区域的额外激活——也就是说，语言加工机制发生了变化（彭聃龄，2006）。Lenneberg（1967）提出 12 岁左右为掌握语言的临界期（critical period）。在此以前，儿童能够毫不费力地学习语言。在此以后，语言学习就困难多了。Davies（2003）也认为"如果儿童早期习得第二种语言，那么它同样可能成为母语。但在关键期之后习得的，就不算母语了"。

但更重要的是认同的变化。幼儿的语言认同还没有完全形成，处于构建过程中，对于两种语言没有语言态度和语言情感，哪个交际效果好，就用哪个。通过访谈发现，13—18 岁都是语言认同"关键期"，13 岁以前（初中以前）对母语没有太多的感觉，到了中学，开始变得敏感，认同感增强。其中当地语言的隐威望对认同的形成起了巨大作用。但具体的"母语习得的开始和截止期"很难确定。习得截止期可以参照第一语言习得的关键期假说，认同截止期可能在"你什么时候意识到自己的民族身份的"这类问题中得到答案。总的来说，早期双语能否发展成双母语，既要考虑语言习得的持续性，也要考虑认同的建构情况。

（二）"半语"与"半母语"

班弨（2008：115）发现，在现实生活中"有一部分人在幼儿时期（10 岁以前）只部分地掌握某种语言（相对于他们的母语和同龄人的母语水平而言）"，建议用"半母语"来概括这种情况。并指出，半母语在世界范围内都有普遍性。比如，有的族际通婚家庭以某一种语言为主，另一种语言为辅，导致儿童只是部分地掌握了某种语言，出现"半母语"现象；少数民族家庭居住在城镇，儿童通过接触社区语言和幼儿园普通话教育习得汉语，儿童熟练掌握汉语，将其作为母语，并部分地掌握了父母的少数民族语言，出现"半母语"现象；海外华人，如部分马来西亚华人家庭的儿童以当地语言为母语，以汉语为"半母语"。作者通过问卷调查发现，在暨南大学华文学院的来华留学生（华裔）中有 1/3 是"半母语"。作者还区别了"半母语"与"中介语"，认为"中介语"是趋向于目的语（第二语言）的过渡语言系统，而"半母语"则是不熟练的母语。

应该说，"半母语"主要是针对双语人而言的，因为对于单语人而言，尽管其母语能力（准确地说应该是"母语水平"）不是太佳，人们一般不会将其视作 0.5 个母语人。其实早在 19 世纪，英国学界就因为对双语者的歧视而提出了"半语人"（semilingual）的说法。人们普遍认为，双语人是每一种语言都仅掌握了一半的人。剑桥大学的 Laurie 教授指出，"他们的智力发展和精神发展不会因此翻倍，相反会减半"（转引自 Li Wei，2007）。因此，对"半语人"的歧视实际上就是对"双半语人"（double semilingual）的歧视。科林·贝克（Colin Baker，2008）归纳了人们对"双半语人"的评价：两种语言的词汇量不足、句法错误多、说话时表现出有意识的加工痕迹、语言创造力弱、难以用其中一种语言表达复杂情感。

Martin‐Jonesand Romaine（1986）指出，双语社区中成长起来的儿童虽然从小面临两种语言输入，但可能因为各种原因无法充分习得其中某种语言，在语言能力维度上成为该语言的"半语人"。Crystal（2004：95）认为，由于实际判定中的不确定性，semilingualism（半语现象）这个概念一直被忽视，但在21世纪它将受到关注。该词主要有两个所指：一是指"因自幼居无定所而没有熟练掌握任何语言的人，如移民、流浪者、避难者，能讲所有的语言但讲不好一种语言"。二是指生活在多语社区，但因故不能或不愿熟练掌握该社区任何语言的人（丁信善，2006：11）。双语类型中有一种分类是"接受型双语"（receptive bilingual）和"产出型双语"（productive bilingual）。前者指有一种语言只能听懂不能说，后者指指既能听懂也能表达两种语言（Li Wei，2007）。其实，前面讨论的"半母语""半语人"都是属于"接受型双语"类型。

徐大明等（1997：148—149）认为，虽然"半语人"指的是"两种语言都没有完全掌握好的讲两种语言的人"，但是在实践中很难说谁是"半语人"，绝对均衡地掌握两种语言的情况可以说不存在。尽管我们可以把"半语人"定义为"不能够仅靠一种语言完成交际任务的人"，多数双语人也仍然会出现各种不同程度的"半语"现象，完全平行地使用两种（以上）语言的社会根本就不存在。熟练的双语人士也不会在所有的交际场合、为了所有的交际目的都能一样得心应手地运用所掌握的两种语言。Davies（2003：149）甚至认为，"半语人"无论从语言学角度还是心理学角度，都是说不通的。

多伦多大学教授Cummins（1978）按照双语水平将双语可以分为三种类型：两种语言都达到与年龄相当水平的状况是"完美双语"（proficient bilingualism）；其中一种语言的水平与其年龄相当，而另一种语言水平明显不足，称为"部分双语"（partial bilingualism）；两种语都没有达到与年龄相当的水平是"有限双语"（limited bilingualism）。第一类型中两种语言都高度发达，相互刺激，相互作用，对认知发展产生正面效应，第二类型对认知发展既无正面效应也无负面效应，第三类型对认知发展产生负面效应。这就是所谓的"阈限理论"（threshold theory）（Cummins，1978）：越过某个双语"门槛"，才能达到某种认知优势。按照这一理论模型，"半母语者"既可能在第二"阈限"，也可能在第三"阈限"。但是双母语不一定是平衡双语，应该兼顾"半母语"的情形。

　　"半母语"是否可以界定为母语,关键不在语言能力。一方面,在母语的界定中,主要考虑的是"早期习得"和"语言认同",而习得的最低限度就是"能够在言语社区内进行正常的言语交际"。同时,语言能力是一个连续体,在哪一层次可以划分为"半语"是很难确定的,因此关于"半语人",至今还没有看到有关的明确标准。更重要的是,语言能力是发展的,"半母语人"的输入理解能力基本没问题,只是某些语域的表达能力存在问题。通常,他们的音位系统已经健全,语法系统也已初步建立,主要是词汇系统还不够。总的来看,"精致语码"(elaborated codes)掌握较差,"局限语码"(restricted codes)掌握较好。有的被贴上"双半语人"标签的人可能只是在某些场合语言表述能力较弱,但是很可能在另外一些语境下能够滔滔不绝、非常自如地说话。最后,"半母语人"通常对该语言有认同感,只是语言能力不足而已,他们具有母语讲话人的语法自信,这一点与外语和二语完全不一样。因此只要有互动机会,他们的语言能力会发展很快。

　　对于语言能力,还需要用发展的眼光来看待。在调查中我们发现,有的儿童在小学阶段只能听懂本族语,说的能力很弱,但到中学后,由于同侪压力,开始认同本族语言,语言能力迅速提高。调查显示,许多中学生的白语能力都比小学生的白语能力强,看图说话的能力非常强。

　　在"半母语"这一问题上,应该更多地考虑语言认同。仅凭语言能力,在定量基础上做出选择,就会出现"半母语""四分之三母语"之类的情形。因此,应该结合"个体的自我认同"和"社区的他者认同"的评估结果来决定。如果"半母语人"自己不认同语言能力弱的语言,放弃对这一语言身份的选择,那么就不必强求将其看作该语言的母语人。如果本人认同该语言,则应该尊重其选择。当然个人的主观认同有时会和社区的集体评价不吻合。这时候应该考虑两个问题:第一,评价应该来自周围的同龄人,因为根据社会语言学的语言变异与变化原理,对语言规范的评价具有年龄差异。这一点从本书对访谈对象陆缇(编号0417A)和何稳菊(编号0728A)的访谈内容中可以看出。第二,应该动态地看待母语身份,尤其是对于青少年,因为他们的母语能力和母语认同都是动态建构,不断发展的。因此应该实行"先上车,后买票"的政策,按照其语言认同,承认其母语人的资格。

　　双母语并不意味着两种语言拥有同样的语言能力,也不意味着两种语言具有同样的认同。双母语者的两种母语不一定是平衡的。在一段时间内，总有一个是更加倚重的。从长期看，两种语言可能具有不同的使用域，使用频率、能力、场合完全相同是不可能的。从认同情况看，双母语者对两种语言和文化的倚重并不是平行的，而大多是互补的。真正意义上的双母语成员，应该既有言语社区 A 的群体身份，也具有言语社区 B 的群体资格，才会面临两种语言文化认同的冲突和协商。

总体说来，"双半语人"目前还是一个空的概念，缺乏可操作性。许多人之所以成为"双半语人"，主要不是语言能力贫乏所致，而是因为外在的政治、社会、经济等诸多因素。伯恩斯坦（Bernstein）早就指出，"精致语码"和"局限语码"是因为儿童家庭背景的不同而发展出来的。因此"双半语人"并不完全是个语言学术语，它有时候是一个政治词汇。不能借用这一概念来表达对双语人的偏见。

二 双母语概念的理论意义与应用价值

双母语概念有助于解开多语人和多语社区母语界定标准的死结，使许多难题迎刃而解，从而可以解释更多的语言现象；双母语的观念突破了"单母语"的禁区，消除了多语人母语识别中进退维谷的现象，化解人为形成的壁垒；双母语理念所蕴含的"双重认同""同步习得""语言建构与解构"等概念及相关的实证研究将为社会语言学理论的发展提供基石。

在当代社会语言学中，言语社区是一个研究热点，言语社区理论的提出带来了认识角度、研究内容等的更新与拓展，同时也有助于相关研究的进一步深入。双母语的研究成果就是该研究范式的有效性的体现。双母语研究也有助于完善言语社区理论。随着多语人和多语社区的大量涌现和语言接触的加深，双母语人作为言语社区的"人口"因素可以成为一个特定的研究对象，双语社区中双母语人的"认同"和"互动"特点研究都有助于言语社区理论的深化。从双母语角度切入，实际上就找到了一个观察该言语社区语言面貌及其使用状况的最佳窗口，这就像使用"双筒望远镜"来了解和认识社区语言的基本特征，获得的信息会更加全面。

双母语研究可以完善社会语言学的语言规划理论。目前语言规划通常不直接将母语作为规划的对象，无论是从时间上还是学者的表述上都找不出母语与语言规划之间的直接渊源关系的证明。然而这恰恰是当前语言生活中所必需的。对于全球化背景下出现的新问题，必须要有新概念和新视角。在语言规划和语言政策的研究中引入"双母语"的概念，有利于进一步明确研究对象及其关系，进一步发现和解释造成语言濒危和母语丧失的原因，有利于进行理论的提炼和升华。

双母语理念启示我们国家关注声望规划。声望规划是语言规划中极其重要的一环。一种语言要得以维持，必须在母语中生存。双母语的定位有助于两种语言获得相近的声望。

如果社会能够接纳双母语的概念，会消除双语地区许多语言习得过程中的负面干扰情绪。董鼎山在《我在美国三十年》（1988：12）一书中提到一位美国土生土长的华人女孩对他既能说中文又能说英语非常羡慕。董问对方小时候为什么不学说中文，回答是"小时候不愿说中国话，因为耻于做中国人"。听罢此言，董大发感慨："孩童们的理智是很简单的。在白人社会中，因为自己肤色的不同，发生自卑自怜感，坚认自己是美国人，排拒父母的言语与文化。这类复杂的心理情绪，已使孩童们的精神上有了重担。但是他们一到成人之后，又发生了相对的自惭心理，悔恨自己在幼年时不学父母的言语文化。"如果尽早让儿童和青少年认识到，双母语是一种正常现象，甚至会在将来发展成为一种个体的优势，不但有利于他们的语言习得，也有利于他们心里的健康成长，有利于为语言传承创造社会环境和构建和谐语言生活——构建认同是语言规划的一个目标。

双母语理念有助于个体消除母语认同焦虑，在内心深处解决语言声望的心理问题。德国学者 Haarmann（1990）提出了声望规划（prestige planning），认为地位和本体规划的失败常常是因为对声誉规划的忽视。埃杰（2012）认为一种语言能否延续，归根结底在于个体的好恶，这取决于语言规划能否将该语言的形象提高到高声誉领域（high prestige domains）。在语言规划中，"地位"是具体真实的方面，而"声誉"是抽象的社会心理形象。地位的提高不一定会改善语言的形象和声誉，声望规划其实更为复杂。语言规划工作者和政府决策人员，对于那些所谓"真实问题"，如语言地位、语言习得或语言本体方面的规划，可以拿出一套套的方案，但"对于软的看不见的东西（如声誉和形象）则不知所措"（赵守辉，2008）。新加坡的语情调查表明，在具体真实的方面，华语在法律上享有与英语平等的地位，但若就非真实的社会心理学方面，如声誉和形象而言，则不是很佳。华语的声誉在新加坡华人中已远不如英语。"把双语制看作是有声望者的活动而不是一种卑微者的实践"有助于提高双母语人的社会威望，使普通群众了解双母语是现代社会正常的语言现象，既不把他们习得双母语的情形视作民族或文化"背叛"，也不仅仅将他们习得双母语视作一种应付社会交际的权宜之计（赖特，2012：240）。李宇明（2003）在《努力培养双言双语人》一文中指出，要将"双言双语人的心态与优势"作为今后双语研究的一个重要课题。这自然也是双母语研究中的重要课题。

在语言政策与语言规划中，"双母语"模式有利于方言、民族共同语与国家通用语的并存，有助于达到"多语共存，和而不同"的语言规划目标（徐大明，2012）。双母语理念倡导语言平等，无优劣之分，这有助于弱势语言的维持。语言公平与语言保存息息相关，因为语言的流失或死亡常常是语言不公平的结果。弱势语言由于缺乏强势语言独享的语言权利，难以在公共场合使用，也缺乏制度层面的支持，导致族群语言活力（ethnolinguistic vitality）不足，弱势族群常被迫放弃母语，转向强势语言（Allard & Landry 1992：224—26）。从当前语言状况看，双母语是濒危语言保护的最佳对策，可以减少因为负面的语言态度而导致的放弃母语的行为，有利于文化传承。双母语理念与语言保护工作者呼吁的"在学前教育中实施母语教学"不谋而合。相反，在单母语心态下，讲方言或少数民族语言被视为一种缺陷，其后果是使讲话人感觉文化安全受到威胁，身份认同感和归属感被挑战，更加远离主流社会，不利于语言保护和社会和谐。双母语模式有益于培养双语人使用两种语言的信心。

在落实语言人权时，常常会遭遇"人权悖论"，比如，"尽管我希望国家认可我有使用某种语言的权利，但是我并不期望国家强迫我继续使用我无意中从父母那里习得的权利。让人们可以自由选择自己的语言，这是人们对国家的一种合理期待，因为这表明了国家对民权和人权的尊重"（斯波斯基，2011：146）。双母语概念正是基于这一观念：国家全部认可，个人自由选择，这有利于化解母语权问题的症结。

双母语理念有助于构建和谐的社会语言生活。两位社会心理学家Hornsey 和 Hogg 发现，"只有当个体在他所属的群体中或者对文化认同感到安全放心，他们才能宽容其他群体和文化。换句话说，只有当他们能够放心地去尊重自己所属的群体时，才会对其他群体表现出积极的态度，否则就会对外群体产生偏见"（转引自陈孔立，2012：4）。双母语概念彰显了人们对每个民族、每种文化，乃至每种语言的尊敬。"许多人的成长过程中，生活语言被分优劣了，开口说话需要小心了，语言身份受到质疑了，甚至工作能力因语言习惯被定格了，自信心也就交给别人了"（郑惠芳，2011）。双母语人可以通过各种语言认同策略，选择更有利于自己交际身份的母语，这有助于其在社会化过程中的心理健康，使其更好地融入社会，不至于在语言身份认同上产生进退两难的窘境。双母语人的双重认同和跨文化素养可以增加社会互动的机会，这种多元文化在同一个人身上的展现对社会和谐的建构具有暗示作用。

在语言规划中大力倡导"双母语"的概念有利于"家庭语言规划"的实施。在"濒危语言代际传承分级量表"（GIDS）里，关于个人和家庭作用的有三、六、七级，因此，多语社会的语言维护往往是"社区的作用大于政府的规划"（Fishman，2004）。双母语儿童可以通过讲家庭语言保持交往，使自己更有归属感，避免在自己的家庭产生局外人的感觉。在跨族婚姻家庭中，能够与父母亲双方的亲戚交流，在几代同住的大家庭中，可以有效填补"语言代沟"。这些都是家庭语言传承的极佳模式。

双母语模式对于目前的语言经济研究具有一定的启示作用。将语言视作一种资源，通过开发语言资源，发展语言经济和语言服务，来提升语言声望，提高语言活力，从而更有效的保护弱势语言，是当今语言规划的一个崭新思路（方小兵，2013）。双母语的习得成本虽然很低，但可以带来各种红利。在日益全球化的今天，双母语人可以将语言能力转换为人力资本与文化资本。从社会资源看，双语者可以有更大的社会网络，其发展空间比单语者要大；从人力资源看，双语者在求学、就业、升职等方面具有潜在的优势，而且可以通过开发自己的双语资源获得经济上的回报。有了这些好处，双母语人就会自觉爱护自己的语言。

李嵬（Li Wei，2007）归纳了儿童双语习得的一些优势：可以在一定程度上激发大脑功能区的潜能，使逻辑思维能力和想象力都得到较好发展，语言表述能力比单语教学环境下的同龄儿童更有优势，具有更大的心理灵活性，更强的抽象思维能力，在概念形成上更为出众。可以说，所有这些都是双母语者的潜在优势，是重要的语言资源。双母语理念可以推动国家在语言规划中重视双母语者这一特殊的国家语言资源。通过大力培养双母语人，提升国家语言能力。比如，涉及跨境语言的双母语人，以及香港、澳门的双母语人都可以成为我国外交和翻译领域的人才储备，对语言资源进行管理和配置，防止资源的流失和浪费。在语言普查中，建立双母语人才资源库，发挥他们在谈判、协调与不同文化背景人的关系，在各种口译、对外投资谈判，以及创造性思维等方面的优势。

最后，双母语理念有助于加深我们对"语言权利"概念的理解。弗里兰（Freeland，2013）通过对尼加拉瓜加勒比海岸地区的语言政策分析发现，大部分困境都源自对语言权利核心概念的不同理解。作者指出："语言权利话语将'母语'视为一种单一的、同质性身份的表达。但是，对于许多海岸群体而言，他们已经发展出了多语的、多面而动态化的身份，这样的母语观念将迫使他们作出与交际实践相违背的简单选择。"双母语其实就是一种摈弃单一母语身份，追求多语权利的理念。

总之，"双母语"理念是符合当代语言规划目标的一种合理取向。

本章小结

双母语并不是虚构出来的概念，还是来源于语言事实。要解释当今复杂的双语多语的语言现象，双母语是一个较理想的模式。

双母语概念是根据母语的界定标准派生出的概念——如果一个双语人的两种语言都符合母语标准，那么这个双语人就是一个双母语人。因此，双母语人必须是双语人，但并不是所有的双语人都是双母语人。根据第四章提出的母语界定标准，如果一种语言是在儿童早期习得，并享有自我认同和他者认同，那么这种语言就是母语。对于许多双语人来说，可能只有一种语言是母语，而另外一种语言是第二语言或外语。但也有一些双语人，所说的两种语言都符合母语的界定标准，因而成为双母语人。

母语习得不是单维度的，可以发现许多同步习得的案例；母语认同也不是单维度的，双认同是常见的社会现象。因此同时建构两种母语是完全可能的，换言之，一个人可以同时拥有两种母语，成为双母语人，这就是母语的共生性特征。双母语形成的前提是两种语言都是社区语言，母语必须在社区中习得，要培养更多的双母语人才，应该为双语社区的形成创造条件。

双母语理念有助于消除母语认同焦虑，维持家庭母语传承；也有利于构建和谐的社会语言生活，达到"多语共存"的目标；同时，对于摆脱语言人权悖论，维护多语权利也大有裨益。

第六章

母语的流变性与母语社区规划

　　既然母语是建构起来的，就有可能遭遇建构失败，或因为各种因素导致母语解构（deconstruction）。也正因为如此，母语是可以进行规划的。以母语为本体的规划应该凸显"母语人"的地位，应该基于母语社区。为此，本书倡导"母语社区规划"的理念，应该从言语社区构成五要素（人口、地域、互动、认同、设施）入手，通过完善母语习得规划（acquisition planning）增加母语人口，通过母语声望规划提高母语认同，通过发展母语经济，促进社区社会经济文化发展，维持社区稳定性，从而保障母语使用域，为母语互动、母语传承提供"语言巢"。

第一节　母语的流变性：解构与重构

　　母语的流变性（fluidity），也称为母语的可塑性（plasticity），指的是母语在建构过程中，当其结构、形态和功能还未达到成熟和稳定水平时，容易受环境因素的影响而产生变异的一种自然属性。母语的流变性是从母语建构性推导出来的，因为凡是需要建构的东西，都有可能经历建构过程的中断或原有结构的解体。个体母语可能因为"不完全习得"或"认同消解"导致的母语磨蚀而产生流变，群体母语可能因为"使用域缩小"与"声望降低"导致的母语转用而产生流变。流变性就是对这一动态的逐渐变化的过程特征的概括，是与恒定性相对的。对母语流变性的探讨可以弥补母语本质论（原生论）的不足。

　　应该注意的是，"流变"是一个动态、相对的表述，而非结果性、绝对化的"消失"；"流变"不是急剧变化，不是"母语—非母语"模式的直线单向式，而是不断地经历移植、消解、重构的复杂辩证过程，在这个过程中，母语使用受到阻遏，母语能力受到磨损，母语人对自己身份认知产生了模糊倾向。"流变"强调的就是持续的、复杂的、迂回的、胶着的动态过程，这一过程会因为客观情况的不同，如家庭语言数量、社区语言类型、学校教学用语、国家语言政策等，而显现出不同的情形。

一　个体母语的磨蚀与消解

拉孔布和维斯曼（2012：2—4）指出："个体也有可能失去母语，如一些母亲主动或者被迫的迁居导致她们与她们母亲的文化分割开来，抑或她们的语言被打上了耻辱的痕迹，这时，她们就会放弃传授母语。在此情况下，另一门语言就会成为'母语'，即个体成长时所处的直接的周围环境所使用的语言。"

以往研究的母语流失基本上是"代际语言流失"（intergenerational language loss），最典型的例子是 Li Wei（1994）提出的"1－2－3 模型"，即一个家庭、两种语言、三代人口，就完成了母语的替换。周明朗（2014）的调查也发现，许多美国家庭在三代之内完成了从非英语到英语的母语转变，少数学生家庭在四代或五代内完成这个转变。

然而本书所指的母语流失是"代内语言流失"。个体因为各种原因未能将早期接触的语言建构成母语。常见的原因有幼儿期间随父母移民（如从乡村到城镇，从国内到国外）、被个人或机构收养、遭遇灾祸或身患疾病等，导致语言习得中断；或是因为家庭语言规划中，受有权威的家属的影响，最初接触的语言被"污名化"，语言认同消解，从而放弃了对该语言的继续学习，转而习得高威望的语言。

每个人都是有母语的。在原有母语解构的过程中，必然有另外一种母语在重构，形成母语转用。在这里不使用"母语失却"的说法，因为"母语失却"这一名称容易让人产生误解，认为一个人注定以某种语言为母语，然而却最终没有习得该语言，成为没有母语的人。

20 世纪 90 年代初，Seliger（1991）发现"母语声望""社会地位""受蚀者的母语认同"和"文化适应度"都是影响母语磨蚀的重要因素；Waas（1996）曾用"主动参与俱乐部或教堂活动""与同族人群交往""工作语言选择"等，来研究移民的语言态度对母语磨蚀的影响；Schmid（2011）发现，居住在英语国家的犹太人受到极端的社会文化环境（如歧视、迫害）的影响，这种情感因素对语言磨蚀的影响远远大于其他因素的作用；Kopke（2000：59—65）将加拿大和法国的德国移民的母语能力进行了对比分析，发现多语社团中移民的语言态度会影响到母语磨蚀的程度（转引自倪传斌，2012：37—38）。

2003 年，在联合国教科文组织濒危语言特别小组的倡议下，联合国教科文组织召开了专家会议，通过了题为《语言活力与语言濒危》的方法论文件。文件设定了 9 项指标用于评定一种语言的活力和濒危程度。其中第 8 项指标用是"语言族群成员对母语的态度"。这一项指标是影响母语社区成员流失的关键因素。"语言族群成员对母语的态度通常不是中立的，他们可能将母语视为族群及身份认同最根本的东西加以推广，也可能只使用而不推广，还可能以母语为羞而不愿推广，或者可能将母语视作讨厌的东西而刻意避免使用母语"（UNESCO，2011）。

年龄是所有引发母语磨蚀的因素中最为关键的。其中，6—7 岁是敏感期，如果母语磨蚀在这个年龄前开始，其母语系统的完整性也可能受到磨蚀；青春期（12—14 岁）也是一个临界点，在这个年龄之后，母语磨蚀的程度和速度就小得多。其次，受蚀时间也非常关键，如果与母语接触停止或减少的时间较长（比如超过十年），母语受蚀的迹象就很明显。另外，情感因素也从一定程度上影响到母语的磨蚀（倪传斌，2012：22—23）。这里的情感因素就是对母语的认同。如前述所言，语言认同的消解会影响母语的建构。

儿童语言环境改变得越早，语言环境差异越大，其母语系统就越可能重建，从而表现出母语的替代。研究发现，"被外国人收养的儿童，其母语磨蚀不仅非常快而且彻底"（倪传斌，2012：33）。本书第二章提到的"福建洋娃娃"也是早期母语习得不够充分，母语遭受磨蚀的例子。

语言输入不够充分是不完全习得的原因之一。在下面的例子中（详见"附录五"），母语磨蚀是在所难免的：

> 我有一个孙女，她的父母是印度人，母亲说印地语（Hindi），父亲说泰卢固语（Telagu），父母双方的英语也都很好。由于父母都在工作，孩子由讲完全不同语言的人照料。有趣的是，因为签证问题，护理人每半年就要变更一次。因此孩子学到了很多语言。在她三岁时，所有这些语言她都说得同样流利。但由于生活在美国，孩子将英语作为她的第一语言（first language）。

这里的"流利"当然是相对于女孩的年龄而言的，女孩以后可能会将英语以及父母的语言建构为自己的母语，但从护理人那里学到的语言是难以维持的，如果没有其它条件，这样的母语是无法建构起来的。

语言输出对母语的建构也非常关键。在云南省西双版纳傣族自治州调查时发现，在一个跨族婚姻家庭中，母亲是傣族，父亲是哈尼族，5岁的女儿在家基本只说汉语。生活在双语社区是一个原因，但更主要的原因是女孩的父母常年早出晚归，与孩子言语互动的机会较少，孩子主要与村口小店的老板和孩子交流玩耍，老板一家是来自四川的汉人，因此该女孩首先习得汉语。由于村上大部分小孩都能说傣语，因此女孩应该能够逐渐习得和建构其傣语。至于哈尼语，虽然她有少量的语言输入，但由于几乎没有这方面的语言输出，估计难以建构起来。

儿童是否能充分习得并顺利建构起母语，与家庭语言环境密切相关。威尔士的研究者注意到，当父母都讲威尔士语时，孩子讲威尔士语的可能性是82%；然而，当父母只有一方讲威尔士语时，孩子讲威尔士语的可能性陡然降到40%（丁石庆，2007）。黄宣范（1994：170）在做社会语言学调查时，发现一个有趣的母语习得现象。一位说台湾国语的军人娶了原住民妇女，因为军人在家时间短暂，孩子都是跟原住民妈妈学习母语。结果老大成为流利的双语人，老二、老三习得的原住民语言越来越弱，主要原因就是妈妈的国语能力越来越强，在家用国语说话的机会越来越多。

在双语环境中，并不是说习得一种语言必然导致另一种语言的流失。正如本书第五章所讨论的，儿童完全可以建构起"双母语"。在访谈中，西双版纳傣族自治州教育局的岩香伦主任介绍了"少数民族语言辅助汉语教学"的教学实验，即学前教育阶段推行母语先行政策。主要形式是让儿童在幼儿园阶段学习傣文，进行100%的傣语教育。到了幼儿园大班阶段，儿童能够用傣文写简单的作文。实验发现，到了小学阶段，这些儿童思维发展好，敢说敢讲，双语能力强。他们发现学习是愉快的，无压力，符合素质教育的要求。这些优势在小学一年级还没有完全表现出来，但到了二年级和三年级，这些学生的汉语文能力反而比那些在幼儿园阶段就开始学习汉字和汉语拼音的儿童要好。原先担心受傣语的干扰和影响，怕他们汉语跟不上，现在这些担心都没了。说明傣语和汉语的学习并不是相互干扰的，而是相互促进的。由于是傣文学习是在幼儿园阶段进行的，不影响义务教育阶段的汉语学习，家长没有太多的反对意见。

应该说明的是，"母语流失"并不是指"母语语言特征的流失"，而是指"母语人"的流失。在母语习得过程中，没有完全传承上一代的语言特征，母语特征存在"代际差异"是完全正常的，不必"斤斤计较"。语言本身是充满变异和变化的，决定母语身份的是语言认同。语言习得中产生的差异不影响认同的建构。

因此，在讨论母语建构和解构时，应该更多地关注母语人，而不是母语的语言特征。斯波斯基（2011：218）指出，尽管犹太人"千方百计地完成了史无前例的希伯来语复活任务"，但"复活语言与希伯来语以前的各种变体有天壤之别，它们不但在词汇方面不同，而且在音位和语法方面也都不同。这里的复活语言深受语言复活者所使用的各种语言的影响，也受儿童早期语言习得过程的影响，还受众多移民语言的影响……"海地克里奥尔语虽然是在法语基础上发展起来的，但在获得当地民众的支持之后，已经成为民族认同的标志，成为与法语竞争的对手，法语成为"他者"使海地克里奥尔语的凝聚力得到强化，同时语言本身在系统上也逐渐完善，功能和使用域得到发展，在语言结构上与法语的距离逐渐拉大。

由于频繁的语言接触，方言在传承过程中有的消失了，有的出现了变异，以"普通地方话"或"地方普通话"的形成传承下来。[①] 这时，我们应该认可其方言母语的身份，不要对某些方言特征的消失斤斤计较。在中国，许多农村儿童并没有完全习得当地的方言，而是习得了"地方普通话"，既有普通话的语言特征，又有方言的语言特征。如果就此认定方言因此而处于濒危，似乎过于悲观了。其实"地方普通话"正反映了当地民众对方言的认同。原有的方言沟通困难，无法满足现代社会生活的需要，而"地方普通话"则既可以作为当地通用的交际工具，又可以作为群体认同的标志。对于许多人来说，他们的语言身份就是通过普通话的地方变体来体现的，因而是一种"新方言"的身份存在。由于兼具交际和认同的优势，这种"新方言"可以抗拒普通话的同化作用而长久存在，不必担心会逐渐不断地过渡到普通话。甚至有时候受社会心理的影响，某些"地方普通话"

---

① 郭骏认为，"普通地方话"处于方言向标准普通话发展的初级阶段，而"地方普通话"则处于向标准普通话发展的高级阶段，所以"普通地方话"先要经过"地方普通话"这个阶段然后才能成为标准普通话。参见郭骏《方言变异与变化：溧水街上话的调查研究》，北京大学出版社2009年版，第135—136页。

与"标准普通话"的语言距离反而会拉大。拉波夫就曾发现"美国黑人方言不断偏离白人语言"的事实，令全美震惊。① 可以说，地方普通话不但不是向普通话过渡的中介语，反而是抵制方言向普通话过渡的屏障。

以前，只有文人、秀才和少数商人才有地方普通话（蓝青官话）。他们人数少，流动性大，既是方言社区的边缘成员，也是官话社区的边缘成员，无法形成自己的言语社区。而现在一些地方普通话有自己固定的交际区域，拥有较大数量的人口，有相对稳定的语域，只要社区成员在持续互动中建构起语言认同，就可以形成自己的言语社区。然而遗憾的是，许多方言地区人口流动规模大，且频次高，方言面临非常严重的母语流失现象，作为方言变体存在的地方普通话也无法形成一个广泛认可的语言使用规范，变体的社会声望也不够高，难以形成一个新的言语社区。原有的母语特征也很难通过新变体保存下来。因此应该高度重视母语社区的建设，特别是小城镇的建设，其中的方言或少数民族母语讲话人应该具有一定的人口规模，熟悉当地文化，有稳定生活来源，并有一定社会地位。

如果说在全球化和城市化背景下，方言母语和少数民族母语的流失已经成为一种"新常态"，那么在语言接触初期就尽早选择一种地方语言的变体（如地方普通话）来推广，并通过各种途径提升其社会声望，让更多的当地民众使用这种对外具有可懂度，对内具有凝聚力，且最大程度保存了原母语特色的语言变体，也许不失为保持母语传承的一条出路。

二　群体母语转用

群体的母语转用（mother language shift）是在母语社区成员流失累加的基础上形成的。群体母语的转用会导致语言濒危，最终导致语言消亡。在语言转用过程中，该群体或者全部采用其他群体的语言作为母语，或者群体解体，原有成员分别采用各自不同的语言作为自己的母语。

母语濒危到最终的消亡必然要经过语言转用这一过程。② "语言转用，

---

① 参见佚名《社会语言学创始人拉波夫》，载《世界汉语教学》2001 年第 1 期。

② 谭志满（2010：152—153）认为，母语危机与语言濒危在实质上没有多大区别。母语危机和语言濒危实际上是从主观和客观两个不同的角度去看待同一个问题，是近几年来在社会语言学研究中人们广泛关注的焦点。"母语危机"是指使用某种语言的人对自己母语的文化生态环境与社会交际功能日渐衰退而感觉其濒临消亡的一种心理反应，是语言使用者的主观感受。"语言濒危"是语言工作者对出现社会交际功能危机的语言的一种质的界定，是外界对特定语言的一种评价。

又称语言替换，是指一个民族或一个群体放弃事业自己的母语而用其他语言代替母语的现象"（《语言学名词》，2011：195）。

德莱斯勒（Dressier，1988）把语言消亡的原因分为语言自杀（language suicide）和语言谋杀（language murder）。语言自杀是指在两种或两种以上语言共存的言语社区，弱势的语言不断向强势语言借用词汇和语言结构，最终导致自己语言的衰弱死亡；语言谋杀是由于人为的过分强调某一语言而打压另一种语言，而导致一种语言的死亡（转引自张治国，2012：108）。徐世璇（2002）则将语言濒危的原因归纳为"导致语言群体灭绝或语言群体解体的灾变""强制性的语言同化"和"自愿的语言转用"，其中主动的语言转用造成的本族语消失是主因。从中都可以看出，语言转用是语言濒危和语言消亡的重要原因。

日本人侵占台湾期间，制订了语言同化的三阶段方案：绥靖期（1895—1919），私塾可以存在，公立学校的教学语言是日语，汉语是必修课；同化期（1919—1937），取缔所有私塾，公立学校的汉语改为选修课；日化期（1937—1945），公共场所禁止使用汉语，取缔所有汉语出版物（卡普兰、巴尔道夫，2014：23）。这一方案就是一种"语言谋杀"或"强制性的语言同化"。

语言谋杀除了母语使用被禁止外，还可能是因为原有的母语社区被摧毁。比如，西夏亡国后，党项族人被大肆屠杀，少数幸存者逃离家园，与其他民族间错杂居，逐渐为汉、藏、蒙古等族所同化，失去了自己的母语。

母语转用中更多的是为了适应社会生活而进行的"自愿的语言转用"。七百多年前，一部分蒙古族平民跟随大军南迁到云南，并在此扎根。在玉溪市通海县的兴蒙蒙古族乡，蒙古族占全乡人口的97%。他们逐渐转用了属于汉藏语系藏缅语族彝语支的嘎卓语，出现了群体母语的转换。"现在问到他们母语是什么时，他们会毫不犹豫地回答是嘎卓语"（戴庆厦、何俊芳，1997：61）。

语言接触会对语言的本体产生影响，语音格局、句法形式和词汇特征都可能发生变化。但是，如果一种语言社会声望不高，使用域狭窄，那么在语言接触中就可能逐渐丧失其作为社会交际的功能，达到一定程度，该语言就可能消亡。在中国历史上，鲜卑语、契丹语、西夏语等语言都是在与汉语的密切接触中先后消亡的。

　　罗时英（2013）认为，语言濒危不能简单概括为"不适应性"，因为语言濒危是由社会文化与语言政策等因素导致的，而不是语言本身的"高级"或"低级"。通常，"濒危语言的使用群体会逐步变成双语人，然后在双语交际最后逐步发展为语言转用，选择更有威望的强势语言……语言的选择行为往往是自觉的，是随着语言资源的价值变化而变化的"。

　　群体母语解构的语言和社会特征主要表现在：语言使用功能下降，使用域缩小，使用者数目减少。这些导致了语言的互动量下降、社区不同年龄层次群体母语技能出现退化，语言认同度降低，语言传承出现断代。因此，提升母语活力和加强家庭语言规划是阻止母语转用的重要手段。

　　语言声望对于群体母语的保持非常关键。盖尔特克司特是爱尔兰的一个欠发达地区，为了改善生活，大量说爱尔兰语的居民迁徙他乡。为了改变人口外流的局面，政府对该地区提供了经济援助。于是，盖尔特克司特人又从爱尔兰的各大都市或海外回流到该地区。但是，这些人已经习惯于使用英语，而且这些人的生活相对于该地区的人要稍显富庶，无形中提高了英语的声望，贬损了母语的声望，对爱尔兰语不断流失的使用状况起了推波助澜的作用。斯波斯基（2011：214）感叹说："在这样的一个地区，语言维持本来应该是一件再容易不过的事情，可现在却成了一件不容易做到的事情。"

　　当然，接受和使用另外一种语言和身份，并不一定要求放弃原有的母语和母语身份。萨仁娜（2011：81—85）在对青海省"河南蒙古族"①认同问题的调查中发现，"蒙古族"这一身份还未被该群体成员所认可和接受，更没有在内心固化为一种群体和自我认同。他们经常会在"蒙古族"和"藏族"两种族群之间游移，呈现出认同的模糊性和双重性。比如，在念经时他们常说："苍天保佑我们黑头藏族人吧……"如果进一步问："那你是藏族人吗？"他又会说"是蒙古人"。正如当地一位干部所说："只有在填各种表格，在填写'民族'一栏时，才会意识到自己是蒙古族。"由于社会互动机会的增加，他们意识到具备这两种身份在族际交往中带来的好处。"在言语互动实践中，为了便于交往或者出于自身利益的考虑，他们会根据需要选择认同，认同表现出不稳定和变化的特点。甚至在特殊情况下，会避

---

　　① 河南蒙古族自治县是青海省唯一的蒙古族自治县，俗称"河南蒙旗"，地处青海省东南部。

免谈及对自己不利的母语身份"（萨仁娜，2011：84）。

第二节　母语社区规划：从语言规划到言语社区规划

语言规划是人类有意识对语言进行干预的行为。母语在习得、传承、使用和传播过程中都可能受到外来影响和干预。因此，母语是可以规划的。本书首次提出"母语社区规划"的概念，认为母语规划在本质上是母语社区的规划，是对母语人的规划，母语社区规划在母语习得、母语人权、母语认同等层面凸显了"母语人"的存在，其中家庭语言规划是母语社区规划的着力点。

一　以母语为对象的语言规划

早期的语言规划研究中，许多人曾经提出过这样的问题："语言能够被规划吗？"例如，Rubin 和 Jernudd（1971）编著的语言规划著作标题就是《语言可以规划吗？》（*Can Language Be Planned*?）。对此，许多学者（如徐大明，2007；卡普兰、巴尔道夫，2014）都做了肯定回答。

那么，"母语能被规划吗？"母语原生论者主张母语是不能被"规划"的，因为它是与生俱来的，命中注定，不可改变的。本书持母语"建构论"，认为母语完全可以规划，卓有成效的规划可以保障个体的母语选择权、使用权和传播权，提高个体的母语能力（甚至成为高水平的双母语人），增强群体母语的活力，提高母语的地位和声望等。与一般的语言规划不同，以母语为对象的语言规划需要从母语自身的性质、特点、建构过程等出发，主要涉及母语的早期习得、母语认同的建构、母语人权、母语及双母语的声望规划、母语活力与母语濒危、母语资源保护、母语社区规划等话题。

母语权的保障是母语规划的首要任务。与一般的语言权（linguistic rights）不同，母语权是一种"语言人权"（linguistic human rights，LHR），是最基本的、不可剥夺的人权，但语言权，如外语学习权利，只是一种普通的"充实取向"的语言权利，而不是语言人权（Kontra, Phillipson, Skutnabb‐Kangas and Varady, 1999）。Halliday（1968：165）指出："如果让一个人因为其语言习惯而羞愧，那么伤害的就是他作为人的基本尊严。让任何人尤其是儿童为此而羞愧，就像让一个人因为其皮肤而羞愧一样，是站不住脚的。"联合国教科文组织确定母语使用权利和使用母语接受教育的权利为基本人权的核心内容之一。为此，联合国从 1999 年起，将每年的 2 月 21 日确定为国际母语日。在世界各国中，有 150 部宪法涉及语言问题，其中 28 个国家（如匈牙利、俄罗斯、阿富汗等）的宪法中出现了"母语"概念。①

　　母语人权首先是母语平等，这种平等体现在社会声望、政治地位和经济地位上，是民族平等的宪法精神和人人平等的普世理念在语言政策的体现。徐大明（2013）论证道：母语平等的政策不仅能给国家带来政治利益，也能给国家带来经济效益。

　　笔者认为，涉及母语的语言人权既包括对一种（或多种）母语的认同权，又包括使用一种（或多种）母语作为媒介进行教育和公共服务的权利。母语权应该从权力本位向权利本位转变，因为按照社会契约论，权利是天赋的、天然存在的，而权力来自群体或他者的权利让渡。当前社会语言生活中存在的许多不和谐现象其实是母语权受损害引起的，当前学界、政府还没有充分意识到事件的背后是母语问题。

　　母语权的保障目前还存在以下一些疑难问题：

　　第一，母语权利是否可以放弃？李宇明（2003）认为："母语权利不可剥夺，但是，个人和群体也有自愿放弃母语而使用其他语言的权利。"然而问题的关键是如何确定是"自愿"，还是"无奈的选择"？

　　第二，应该如何解决个体母语权利与集体母语权利之间的矛盾，以及不同层次的集体母语权力之间的矛盾？母语权的保障中有两个常见的逻辑："我们正确，因为我们强大"（We are right, because we are powerful）和"我们正确，因为我们弱小"（We are right, because we are weak）。前者认为强大的一方代表"物竞天择"的结果，是历史的正确选择。在母语问题上，要推广有政府支持的主体民族语言，放弃弱小的方言和少数裔语言；后者认为弱小一方是珍贵的文化资源，需要保护、迁就和关照。在母语问题上，强调语言多样性、母语保护、民族文化传承和身份认同。笔者认为，双母语理念是语言人权保护中的一个突破，有助于母语争端的

---

　　①　参见《语言公平、语言政策及制定，语言公平法之研究》，网址为 http：//mail. tku. edu. tw/cfshih/ln/。

解决。

第三，母语权利的保障更多地依靠立法还是司法？从世界各国的情况看，语言权利的保护通常是通过语言立法的形式来进行。联合国教科文组织也一直重视各种民族语言的保护，已多召开与母语相关的会议并发布主题宣言，其中《世界语言权利宣言》（*The Universal Declaration of Linguistic Rights*，1996）明确表示支持语言权利，尤其是濒危语言的权利。欧盟也一直倡导语言平等和语言保护，并在此方面积极行动。其中《保护少数民族框架公约》（1994）和《欧洲区域或少数民族语言宪章》（1998）都贯彻了"所有语言相互平等"和"保护区域及少数民族语言"的政策（方小兵，2013）。

李宇明（2008：25）认为维护母语权应该更多着眼于司法层面，使个人语言权利得到实实在在的维护，而且能够避免因个人语言维权带来的群体矛盾和社会不安。一个明显的教训是：苏联仅仅在立法层面解决语言问题，忽视了司法层面的语言维权。最终各种语言矛盾和语言战争伴随着苏联的解体。①相反，美国选择的是在司法层面解决语言问题，因而各类语言冲突较少，冲突层次较低且规模较小，没有因为语言问题引起社会大的动荡。

应该说，世界各国的许多语言保护的法律法规还存在不少问题。一方面，母语保护从根本上说并不是为了保护语言，而是母语人和母语群体的权利。现在一些国家的语言政策和法规让人感觉立法的目的仅仅是为了保护语言，而不是使用这些语言的人；一些行政双语和司法翻译援助的规定让人觉得，立法旨在保障程序公正而不是保护人的语言权。另一方面，目前各国语言立法对权利主体的界定还不够明确，比如，儿童是否具有权利主体？个体与群体意愿相互抵触时，应该优先选择哪个主体？这些问题给语言政策的制定和实施带来不少障碍。此外，"一些语言保护的政策法规忽视了实际的语言生活实态，脱离政治经济环境，超出了社会的承受力，地方政府望而却步，语言立法难以得到贯彻执行"（方小兵，2013）。

通过声望规划来提升母语认同，以及通过语言教育规划来优化母语习得，都是母语规划的重要内容，也是接下来的"母语安全"中将重点探讨的内容。

---

① 参见《苏联加盟共和国地区语言立法状况》，载《中国语言生活状况报告（2006）》。

二　言语社区规划与母语社区规划

言语社区首先是一个符合社会学定义的社区，是一个客观存在的自然交际聚合体。社区是第一位的，语言是第二位的（徐大明，2004）。语言的存在在于其社区性，失去了社区，语言就失去了赖以存在的基础，所以，保护语言首先要保护其所在的言语社区。母语赖以生存的、最有活力和稳定的言语社区是母语社区，因此对母语的保护必须通过对母语社区的保护、维护和建设来实行。

母语社区包含了言语社区的最基本的特点，同时又具有其自身的性质。母语社区是以讲某种母语为主的人群构成的，单纯的个体力量是极其微弱的，语言只有在使用当中才具有活力。只有母语社区存在，才能保证该母语话群体的趋同性。母语忠诚的语言态度和语言心理是在长期的语言生活中自发产生的，也是维系言语社区互动合作，相互认同的重要纽带，具有稳固性和持久性，对增强内部凝聚力起到了积极的作用。客家人的"宁卖祖宗田，不忘祖宗言"，就生动地体现了这种母语心态。

言语社区规划必须从言语社区的"五要素"着手：区域、人口、互动、认同和设施。首先要建设一个经济、文化相对发达、社会相对和谐、能留得住人的社区；其次要提高母语在社区各领域的使用范围和频率，通过持久的交流促进更紧密的社会网络的形成，借助潜在的、细致的、多维度的声望规划，提高成员对社区的认同度。

言语社区本质上是一个"说话者群体"，是通过语言使用而形成的社会聚合体。这里的"社区"是现实世界中客观存在的、可供描写的实体，不是一种抽象或理想化的"想象的共同体"。语言规划在根本上是言语社区规划，而语言的实践主体是人，一种母语只有有了一定数量的"母语人"才能使其延续和发展。所以，言语社区规划的理念是"以说话者为中心的语言规划"。[①]

在爱尔兰，只有一小部分国民把爱尔兰语作为母语使用。斯波斯基（2011：215）将其作为语言管理失败的典型案例，并提供了一个解释：

[①]　相对于"语言规划"这一概念，"言语社区规划"尚未在学界通行，这方面正式发表的论述也很少。本节的观点主要受徐大明教授启发。

爱尔兰从一开始就把民族语言复兴的希望全部寄托在教育系统上，而没有呼吁和发动家庭、社区来支持在校学习爱尔兰语的儿童。

母语保护不只是口号或行政命令，而是应当使操该母语者发自内心去保护自己的母语，国家政策只是外因，起引导和促进的作用。保护母语应当从母语社区角度实施。最重要的是保护这一社区不被侵害，以免其中的母语讲话人大量流失。如果母语社区受到了冲击或遭分裂，则操该语言的人群将面临如何保存母语的问题。对于贫困的少数民族地区采取经济引导，解决当地人的生活问题，创造优良生活条件，使其生活的社区对其成员仍具有强劲的吸引力。增强人们的母语意识也十分关键，既要认识到母语的重要性，又要允许语言的多样性。

在全球化时代，双语和多语社区的规划成为语言规划的一个重点。Bloomfield（1933：29）和 Gumperz（1983）都认为频繁的言语互动使得同一言语社区内的人们说话方式相近，言语社区也因互动的频率及密度与周围社区区分开来。然而与布龙菲尔德不同，甘柏兹的言语社区既可以是单语的也可以是双语的，语言的多样性不会妨碍言语社区的形成。甘柏兹在研究印度北部村庄时发现，来自不同种族的村民虽然能听懂对方语言，但都坚持保持各自语言的特性，语言间的语码转换规则也为所有人遵守。Jackson（1974：50—64）调查发现，亚马孙平原西北的沃佩斯（Vaupes）地区有一个不成文的规定：同一种语言的人不能通婚。社区中拥有来自不同语言派系的配偶，因此呈现高度多语的情形，但这不妨碍这一言语社区的稳定发展。Weinreich（1953：101）也指出，多语现象不是混乱，相反，它代表一种有序的社会共识和一致。双语社区的维持，并不一定需要儿童都平衡地习得两种语言，也不需要社区成员平衡地使用两种语言，但是社区通行的语言交际规范必须得到尊重，和谐的语言环境是母语得以传承的保证。

（二）流动性：言语社区规划面临的难题

19 世纪 80 年代以前，犹太人散布在世界各地，流动性非常强。当他们在 20 世纪初逐渐回归聚集到巴勒斯坦地区后，一些民族主义者发起了希伯来语的复兴运动。其中很关键的一点是发起者们积极投身于集体农庄的劳动，在那里，所有的公共活动都用希伯来语来进行；还有一个起关键作用的是 1906 年特拉维夫的建立，成为世界上第一座以希伯来语为主的城镇。于是，希伯来语成为犹太人社区的公共语言（斯波斯基，2011：

216—217）。语言意识形态的宣传固然重要，但流动性的减弱和语言交际密度的增强是希伯来语能够复兴的关键因素。"在分析语言转用时，人们往往把这些社会因素和经济因素作为背景提出来，然而这些恰恰是最重要的因素"（斯波斯基，2011：242）。

罗时英（2013）在《光明日报》的"知行论坛"撰文指出，"政府应当有系统地实施语言复原计划"；建议参照"经济建设、精神文明示范村社"的模式，"在语言资源丰富的地区设立'濒危语言保护示范区'"。虽然这一方案实施起来会遇到许多困难（如人口流动性的加强、民众对语种选择权的认知等），但可以看出学者对言语社区的语言维持功能的重视。

付义荣（2008：168—172）认为，社会流动是语言变化的动因。而流动性是当代社会的一个特征，而且规模和速度都在加大。如此看来，似乎方言母语和少数民族母语的转用已经无法阻止了。然而，仔细观察可以发现，在任何社会，流动较大的永远是青年人和中年人，儿童和老年人的流动性都很弱。而儿童时期正好是习得语言的关键阶段，因此如果能够将国家语言发展战略与城乡发展战略结合起来，有计划地打造一批留得住人的言语社区，就可以为儿童习得当地语言提供较理想的环境，儿童也不必随父母一起流动，而导致母语的磨蚀和转用。同时，在这一言语社区中，老年人也可以担任母语和文化传承的角色。在云南省大理白族自治州，一些较大规模的村寨就起到了这样的作用，成为白语使用和传承的"堡垒"。

如果在城市化进程中，更多地将目光投向小城镇，加强其基础设施建设，配备较完整的生活、教育、医疗设施。使人们安居乐业，离土不离乡，在附近就学、就业、就医，就可以大大降低流动的规模和频次，使小城镇成为保护方言和少数民族语言的母语社区。小城镇还可以起到传播文化、编织社会网络、增强社区认同感和凝聚力的作用，并为方言和民族语的歌谣、戏曲、民间故事等文艺节目提供足量的观众。遗憾的是，近年来，受发展思路的制约，我国小城镇发展滞后，由于医疗、教育、社会保障等公共服务匮乏，人们越来越向大城市和特大城市集中，小城镇对语言保护的作用没能显现出来。

三　母语社区规划的五要素

言语社区规划理论要求我们在考察母语状况时，应该以社区为立足

点，从母语讲话人出发，而不是从母语自身出发；应该关注言语社区整
体，分析地域、人口、互动、认同和设施五个要素，而不是仅仅分析语言
文字这一项。下面，笔者尝试从言语社区五要素出发，考察母语社区规划
问题。

（一）地域

地域是言语社区构成的基本要素。尽管常常有学者谈论"虚拟社区"
"网络社区"及"想象的共同体"等类型，可是在语言实践中，没有一个
人是从这类社区中习得母语的，也没有一个人仅仅凭借这类社区就可以完
成自身的社会化过程。真正的母语社区必须有地域因素的支撑。

保护母语应当从母语所在的地域开始。首先要保护这一母语社区不被
侵害，不受冲击或遭分裂。应该尽力为经济贫困的少数民族地区创造良好
生活条件，解决当地人的生活问题，使母语社区对其成员仍具有吸引力和
凝聚力。

希伯来语的复兴是语言规划中的一个热门话题，学者常常从"母语
意识"的维度进行解释，然而斯波斯基（2011：216—217）发现"母语
社区"建设在希伯来语复兴中起着关键作用。一千七百多年来，散布在
世界各地的犹太人具有很强的流动性，没有一个家庭能够将希伯来语以母
语形式传承下去。20世纪初他们逐渐回归巴勒斯坦地区后，希伯来语复
兴运动的发起人积极提倡在集体农庄中只讲希伯来语，而1906年建立的
特拉维夫市成为世界上第一座以希伯来语为主的城镇。就这样，希伯来语
逐渐成为犹太人社区的公共语言。母语意识的宣传固然重要，但以固定地
域为依托的母语交际密度的增强是希伯来语复兴的关键因素。"在分析语
言转用时，人们往往把这些社会因素和经济因素作为背景提出来，然而这
些恰恰是最重要的因素"（斯波斯基2011：242）。

为保护方言及少数民族语言，应该大力发展区域性小城镇。在城市化
进程中，应该加强小城镇的基础设施建设，配备较完整的生活、教育、医
疗设施，使人们安居乐业，离土不离乡，在附近就学、就业、就医，以降
低人口流动的规模和频次，使小城镇成为保护方言和少数民族语言的母语
社区。同时，小城镇还可以起到传播文化、编织社会网络、增强社区认同
感和凝聚力的作用，并为方言和民族语的歌谣、戏曲、民间故事等文艺节
目提供足量的观众。

另外，罗时英（2013）提出的参照"经济建设、精神文明示范村社"

的模式，在语言资源丰富的地区设立"濒危语言保护示范区"的方案，也体现了言语社区的母语维持功能。遗憾的是，受发展思路的制约，我国小城镇发展滞后，医疗、教育、社会保障等公共服务匮乏，人们纷纷向（特）大城市集中，小城镇对语言保护的作用没能显现出来。

（二）人口

任何一个言语社区要能够生存，必须要有一定数量的母语人口。人口过少，母语在短期内就可能消亡。人口只有达到一定的量，才能保证母语在中期（in the medium term）内的安全。而要保证母语的长期安全，母语人口更是一个关键因素。"假如我们认为语言的使用者达到一万才足以保证该语言在中期内的安全，那么，世界上60%的语言都将在这一时期内消失掉"（斯波斯基，2011：234—235）。

母语的客体是"语言"，而主体是"人"。传统的语言规划主要是"语言文字规划"，常常是见"语"不见"人"。应该看到，母语认同归根到底是对母语讲话人的认同；母语传承最关键的因素是讲该语言的人；保护母语、保护母语所承载的文化，最终目的是保护该语言的讲话人，而不是为了保护语言而保护语言。

言语社区中的人口因素包括出生地、居住地、年龄、性别、教育水平、职业、社会地位或经济地位、所属民族及宗教信仰，等等。处理母语社区中的人口因素，应该充分考虑以上所有内容。

社会流动是语言变化的关键因素（付义荣，2008）。目前造成一些小型言语社区生存危机的主要原因就是在城市化的冲击下，社会流动加剧，母语人口不断流失。然而，仔细观察可以发现，在任何社会，流动较大的永远是青年人和中年人，儿童和老年人的流动性都很弱。儿童时期正好是习得语言的关键阶段，因此如果能够将国家语言发展战略与城乡发展战略结合起来，有计划地打造一批留得住人的言语社区，就可以为儿童习得当地语言提供较理想的环境，儿童也不必随父母一起流动，而导致母语的磨蚀和转用。同时，在这一言语社区中，老年人也可以担任母语和文化传承的角色。

人口因素与地域因素是紧密结合在一起的。在对云南省大理白族自治州的调查发现，一些较大规模的村寨就起到了较少母语人口流失的作用，成为白语使用和传承的"堡垒"。例如，大理镇下鸡邑村有近3000人，村里面有村委会、幼儿园、小学、卫生所，还有各类小店和流动摊位，书店、电视、电话、网络设施一应俱全。整个村寨通行汉语和白语，而且白语的使用域广，使用频率高。这样一个政治、经济、文化、教育概念完善的村寨为白语的使用和延续提供了理想的环境。

（三）互动

在言语社区中，其他四个要素其实都是围绕"互动"这个要素在运作：人口和地域是互动的基础，认同是互动的结果，而语言是互动的表现、工具（设施）和副产品——语言结构和意义其实是话语参加者协作互动的产物。

不难理解，人们的频繁交往构成了言语社区。通常而言，聚集在一定区域内的人群会形成一个社会经济单位，单位成员之间自然也保持着频繁的社会和经济互动，其中最主要的就是言语互动。因此，言语社区在很大程度上与一般意义上的社区产生重合，是意料之中的事（徐大明，2004）。

"互动"这一要素本质上是指母语在言语社区中使用域的大小。以往的研究注重母语在官方领域的互动情况（主要是政府和学校），其实母语在社区成员形成的社会场所（如乡村店铺）以及在家庭场合的使用域直接影响着该语言的传承。随着社区生活条件的改变，语言使用的新领域可能会出现。母语的互动范围能否扩展到新工作环境、新媒体、包括广播媒体和因特网则会影响母语中长期的发展。

频繁持续的言语互动是儿童习得母语的必要条件，言语互动也是母语认同的基础。在互动交际中，互动参与者不仅共同建构、协调了他们的话语和行为，也不断地共同构建或重构他们认识世界的方式和他们的社会身份（罗桂花，2013）。具有交际功能的言语互动是语言的本质所在。一切语音、语法规则，其价值只存在于具体的交际活动之中。通过言语互动产生了交际效果的语言形式才是语言事实。

Fishman（2001：190）指出，"濒危语言之所以成为濒危语言，是因为缺乏非正式的代际传承和非正式的日常生活的支撑，而不是学校里不再教授这些语言"。母语的活力取决于互动的频率。因此，要提高母语在社区各领域的使用范围，通过持久的交流促进更紧密的社会网络的形成。人口流动破坏了原有的社区结构，一些远离言语社区的人言语互动的频率降低、互动持续时间减少。这时他们会借助手机、网络、报纸、书信等形式，以维持母语交际。

（四）认同

母语与二语、外语的一个重要区别就在于母语的认同作用最强。就语言能力而言，母语有时不一定是三者中最强的，但语言认同必定是程度最高的。母语认同深藏于内心深处，成为一种根深蒂固的语言态度和语言信念，并以微妙的方式影响着母语人对语言所属文化和社会群体的认知，影响着母语人的语言行为倾向和语言能力发展。

根据言语社区理论，在一定区域内互动的人群，为了能够顺利和高效地交际，逐渐遵守同样的语言规范，并在频繁的交往中产生默契，日久生情，对群体也产生依赖感，逐渐形成认同。同一母语社区的成员在互动过程当中构建、协调他们的话语和行为，并最终共同构建起他们的社会认同。所以，母语认同归根到底是在长期的言语互动过程中逐渐建构起来的。

母语保护中，有时会遇到母语识别的问题。在判断一门语言是不是一个双语或多语人的母语时，语言能力因素的作用值要远远小于语言认同。假如有两个讲话人，一个是方言口音很重、口语也不太流畅的中国农民工，另一个是接近普通话口音、汉语口语非常流畅的外国人，然后让中国学生来判断哪一个和他们属于同一个言语社区，或拥有同样的母语，那么被接纳的对象毫无疑问是中国农民工——语言能力被忽视了，而语言认同则受到了重视。因此，黄行（2009：11）认为，母语认同与语言结构本体、语言交际能力乃至说话人的民族归属都没有直接的关系，说话人对一种语言产生认同感，往往是来自群体自我与他人认定之间互动的结果，而不是对语言本身的认定。

语言的政治地位是具体真实的，而语言的声誉是抽象的社会心理形象。德国学者 Haarmann（1990）提出了"声望规划"的概念，认为地位规划和本体规划的失败常常是因为对声望规划的忽视。Ager（2001）也认为一种语言能否延续，归根结底在于个体的好恶，取决于语言规划能否将该语言的形象提高到高声望领域。声望规划实际上是对言语社区成员语言认同的规划，在语言规划中起着十分重要的作用，因为"给一种少数民族语言赋予权势和声望是扭转语言衰落的最万无一失的方法"（Romaine，2007）。

（五）设施

传统语言规划的对象是言语社区中的"设施"要素。设施不仅仅包括语言文字标准和语言文字使用规范，而且包括各种辞书、字库、输入法、文学和艺术作品（如歌曲和诗歌）。

在言语社区规划中，将语言视为言语社区的一种设施来进行管理，有以下三个方面的意义：

第一，有助于人们认识到，语言的本体规划实际上是对言语社区的设施进行维护和管理工作，使其更有效地为社区成员服务。换言之，语言规划就是政府或社会提供的语言服务。新中国成立后，汉语拼音方案的制订、汉字的简化和整理、汉语词汇的规范化和现代化、中文信息处理标准的制定，实际上都是针对设施进行的语言维护和管理工作，是政府的一种公共服务。

第二，如果言语社区的设施遭到破毁，那么言语社区的安全就会受到威胁。"语言污染"通常指的是母语受到外来语的侵袭和影响。外语特别是英语的传播与过度使用会对母语、方言、民族语言的纯洁性、认同、活力乃至生存带来冲击。语言纯洁化运动并不是为了抵制外语，而是一种"捉虱子"行为，目的是有利于母语的健康成长，保障文化安全。

第三，母语既然是言语社区的"公共设施"（徐大明，2004），其所有权就是全体社区成员。对一种母语的尊重，就是对该语言所代表的成员的尊重。语言政策的出台，应该征求言语社区成员的意见。联合国教科文组织一直倡导的"母语人权"正是这一理念的体现，也是做好科学语言规划的重要指导原则。

四　母语社区规划理论框架的阐释优势

对母语的保护必须通过对母语社区的保护来实现。真正的母语社区必须有地域因素的支撑，当前应该加强新农村和小城镇的基础设施建设，使其成为承载和保护方言和少数民族语言的稳定的母语社区；应该学习新西兰的"语言巢"模式，打造一个交际网络稳定、凝聚力强的言语社区，让不同年龄的人都参与到社区母语传承活动中，为人民，特别是儿童习得母语提供频繁持续的言语互动环境；应该重视母语的声望规划，提高母语认同，因为一种语言能否延续，常常取决于个体的好恶；母语是言语社区的"公共设施"，应该对言语社区的设施进行优化，这是政府公共资源的管理，也是政府提供的一种语言服务。传统的语言规划其实是言语社区规划的一个部分，是针对言语社区组成部分之一"设施"的规划，而仅仅对"设施"进行规划是远远不够的。

采用言语社区规划理论阐释语言安全问题可以深化对语言濒危现象的认识，更加全面地分析语言濒危产生的缘由，并将其中的各个影响因素有机整合起来，形成一个较为完整的理论阐释体系；可以优化语言活力的评估模式，从不同区域的语言人口比例、母语认同量表，语言习得与语言使用等情况，更好地分析语言安全问题；也可以适应"自下而上"的语言管理模式，满足多层次的语言管理要求。

（一）深化了对语言濒危现象的认识

言语社区的五个要素实际上涉及语言规划的不同方面，仅仅强调其中的任何一个方面都是不完整的。目前对母语安全的研究有多个视角，如方言地理学、语言生态学、语言意识研究、语言活力研究等，言语社区规划理论的作用就是将多个视角整合为一个完整的理论框架，并将各种考察内容落实为可验证的客观指标。

通过言语社区规划的视角，可以较全面地分析语言濒危产生的根源。以爱尔兰语为例。爱尔兰语享有较好的地位规划，在本国的宪法和体制中都得到了认可，是爱尔兰作为独立主权国家的第一国语。然而，目前只有一小部分的国民将爱尔兰语作为母语来学习和使用，而懂得英语的人数却占了全国人口的 98% 以上。许多学者（如 Fishman，1991；Spolsky，2004）分析了爱尔兰的语言实践、语言观念和语言管理，指出了以下一些缘由：

一是母语认同出现了问题。一些民族虚无主义者认为爱尔兰语是爱尔兰社会发展和政治进步的障碍，而英语是迎接全球化最便捷的途径，于是只有放弃母语，转用英语。

二是缺乏相应的母语使用域，社区言语互动不足。爱尔兰从一开始就把语言复兴运动的重点放在了学校教育系统上，然而在学校学习爱尔兰语的那些儿童无法得到家庭和社区的支持。

三是母语人口结构出现了问题。一方面，城镇是国家的贸易、工业和政治权力中心，然而在城镇中建立起来的是英语强势阶层，这在无形中提升了英语的地位；另一方面，频繁出现的灾荒摧毁了爱尔兰真正的乡村生活和传统，使爱尔兰语的母语人口大量迁徙他乡。虽然后来政府意识到存在的问题，为欠发达地区提供了经济援助，但事与愿违，移民回流对乡村爱尔兰语的流失反而起了推波助澜的作用——因为回流人群已经转用高声望的英语，这就进一步瓦解了爱尔兰语乡村母语社区。

不难发现，以上分析都是从言语社区的五要素出发的。因此，从言语社区规划的视角，可以更加全面地分析语言濒危产生的缘由，将其中的各个影响因素有机整合起来，形成一个较为完整的理论阐释体系。

（二）优化了语言活力评估模式

母语安全与母语活力紧密相关。自 Stewart 提出"语言活力"的概念后，人们一直将其应用于语言濒危与语言安全研究。《语言学名词》将"语言活力"（language vitality）定义为"语言交际功能的大小，包括语言的使用范围、表达能力等"。

对语言活力的调查涉及语言使用、语言能力和语言态度等。Fishman（1991：87—109）的"代际语言差异级别量表"（Graded Intergenerational Disruption Scale）常被用于估算语言活力，量表有八个等级，涉及母语使用人口数目、年龄分布、代际传承、读写能力、使用语域、社会地位等因素。2003 年 3 月，联合国教科文组织在巴黎召开了濒危语言国际专家会议，会上通过了专家组提交的《语言活力与语言濒危》报告。报告共设定了 9 项指标以描述一种语言的总体面貌，包括：语言代际传承、语言使用者绝对人口、语言使用者相对人口、语言使用域变化趋势、语言对新领域和媒体的反应、语言教育读写材料、官方语言态度和政策、语言族群的语言态度、现有记录材料的种类和质量等。Edwards（2010）提出了"说话人—语言—环境"的三方评估模型，总共涉及语言、地理、社会、历史、教育、宗教等方面的 33 个问题。

然而，至今为止，语言活力评估还没有形成完整的理论体系，缺乏一个统一、科学的标尺，其中存在的各种诟病，如要素不统一，指标计算方法不一致，变量界限模糊等，影响了人们对语言活力进行判断以及这一概念在语言规划领域的应用。

言语社区规划理论可以优化语言活力评估模型，更好地阐释语言安全问题。可以从不同区域的语言人口比例、语言熟练程度，从家庭、学校、政府、工作、社区、媒体等限定的语域出发，并基于对母语的情感态度、社会地位评价、实用功能评价和行为倾向等调查量表，考察语言习得与语言使用情况，分析各种因素的占有比例及保持状况。其实，在《语言活力与语言濒危》报告中，有一节的标题就是"言语社区的作用"。肖自辉、范俊军（2011）提出的含人口、地理等 12 个要素、33 个具体指标和指标权重关系建模系统的语言生态监测分级指标体系也是基于社区视角，而不是语言视角的。

可以说，言语社区五要素的分析框架是一个相互关联、相互依存的体系，也是一个个可以量化和进行实证研究的指标，有助于更加全面地评估母语社区的语言活力。同时，基于言语社区规划模型，各个言语社区的语言活力评估结果也具有了可比性。

（三）适应了"自下而上"的语言管理模式

Johnson（2013：105—108）认为，语言管理是多层次的（multiple layers），可以出现在家庭、社区、经济体、教育机构、社会组织、地方政府、中央政府、国际社会等各个层次。传统的语言规划则是通过"自上而下"的语言干预来改变语言实践，实施者是政府或权威机构。然而，仅有"自上而下"的宏观语言政策是远远不够的。

言语社区规划实质上是一种"自下而上"的语言管理行为。语言规划领域国际期刊《语言规划的当前问题》（*Current Issues in Language Planning*）在 2010 年出版了"自下而上的语言规划"专辑，指出：语言规划的成功依赖于政府和社区的有效互动；社区可以率先发起语言规划，推动政府采取公平有效的语言政策，而不必等待政府来启动。既然政府可以动用的资源有限，那么如果家庭、社区等也能调动资源来支持，那么语言规划就会取得事半功倍的效果。承接家庭语言教育的是社区语言教育，新西兰毛利语复兴的经验说明，对于濒危语言保护和复兴，母语社区起着关键的作用（何丽，2014）。

全国科学技术名词审定委员会公布的《语言学名词》（2011）对"语言政策"的解释是："政府就语言问题所制定的政策。"其实政府的能力有限，有效干预人们语言生活的能力更有限。许多语言规划内容与其说是政策措施，不如说是奋斗目标，或象征性的"政府姿态"。由于政府制定的母语教育政策主要由教育部来实施，然而并非人人都上学，而且学前的早期习得是语言教育的关键期，再加上政府的经费有限，宏观的语言教育规划通常效果并不明显。实践证明，语言教育规划的成功很大程度上取决于中观（社区、组织机构层面）和微观（个人层面）的参与和支持（卡普兰、巴尔道夫，2014）。"家庭、乡村、工厂、矿山、医院、连队、机关、学校、科研院所等都是社会终端组织，其语言生活关系到国家、地区和行业语言规划的实现"（李宇明，2012：9）。

近年来，人们对语言规划的微观方面产生浓厚兴趣，更加注重自下而上的基层作用（赵守辉，2008）。母语社区规划的思路契合当前西方语言政策从宏观语言规划向微观语言规划或语言管理（language management）转换的思潮。

第三节　母语安全

"母语安全"（mother language security）这一术语可以从狭义和广义两种角度加以理解。狭义的母语安全包括语言形式与语言功能两个方面的内容。所谓"形式"，指的是母语的本体形式在使用过程中受到其他语言的"污染"，在语音、词汇、句法、语用等层面变得不纯洁，如法语中因大量借用英语词汇而引发法国学者呼吁的"法语危机"，以及汉语中字母词的普遍使用而导致的国内"母语安全"讨论。这一类语言安全问题主要与语言接触、语言霸权、语言污染等话题相关；所谓"功能"，指的是母语的社会地位降低，失去活力，逐渐被弃用而处于不安全状态，属于母语生态安全，主要与语言转用、语言濒危、语言消亡等话题相关；广义的母语安全指的是"母语问题与安全问题的关系"，研究母语在国家安全，包括各类传统与非传统安全，如政治安全、军事安全、文化安全、社会安全、经济安全、信息安全等安全类型中的地位与作用。

一　母语安全问题的具体表征

母语安全是在英语全球化和国际语言竞争加剧的背景下提出来的。单纯从交际工具意义上讲，英语消除了国际交往中的语言障碍，使信息交流变得更加通畅便捷。然而，语言问题从来都是与政治、历史、社会、文化、宗教、民族感情等交织在一起的，过度使用一种语言往往意味着排除另一种语言，从而对其生存和发展产生威胁。汉语虽然是一种历史悠久、使用人口众多的语言，但面对像"黑洞"一样吸纳和吞噬所有语言的英语（De Swaan，2010），其规范性和语言活力都受到影响，英语能力的畸形发展也对国民母语能力产生了抑制作用，伴随英语使用的异域文化传播对于母语认同带来各种冲击。可以说母语本体、母语习得、母语认同、母语传播等诸多方面都有母语安全问题的表征。

（一）母语本体安全

由于国民缺乏母语意识和民族自信心，近百年来，汉语和汉字可谓命运多舛。晚清到民国，从推行世界语（Esperanto）和汉语拼音化，到"汉字不灭，中国必亡"的口号，各种针对母语的"修理"运动持续不断。

而如今，由于全球化和随之而来的英语浪潮，英语几乎进入了每个国家的社会语言库。强势语言的"入侵"侵蚀着母语本体的安全，使母语的语音、词汇和句法出现许多类似"洋泾浜"的不纯洁现象。各类出版物中出现了直接使用英文单词或字母缩写，在汉语言中随意夹杂英语等外来语问题；欧化句式充斥于各类文体，严重损害了母语的标准和规范性；更严重的是，各年龄段的人群都出现"提笔忘字"的现象，许多学者惊呼真正的"母语危机"已经来临。

关于母语本体安全，目前讨论最多的是字母词的泛滥。《现代汉语词典》（第6版）收录"字母词"引发了巨大争议，甚至有学者举报其"违法"。傅振国（2010：5）提出"禁止在汉语文出版物中使用字母词"，否则"历经5000年的汉字终于抵挡不住英语的侵入而最后消亡"。应该说，外来词一直在汉语中存在，如源自西域和印度的"葡萄、玻璃、因果、报应、世界、刹那"等。但由于它们使用的是汉字，经过长期使用，现在一点"洋味"也没有了，已彻底母语化。然而字母词采用的是另外一套文字系统，无法母语化。随着字母词的数量越来越多，使用域越来越广，甚至对汉语的本体结构（如构词法）也逐渐产生了影响，许多人担心字母词的泛滥会影响汉语的整体和谐与健康发展，危及汉语本体安全。

字母词的母语化应该是当前语言本体规划的重要组成部分。前人能够译出"禅、菩萨"，能够用"肺结核"代替TB，"激光"代替laser，为什么今天我们就对CT、CPI、WiFi、MBA、VIP无能为力了呢？有人为了给字母词"正名"，将英语中的字母词与中文释义翻译进行对比，以证明使用译词不如字母词便利。比如，常听到的一个说法是"人们到医院做检查时，都是直接对医生说做CT，哪个会跟医生说做'计算机层析成像'呢？"细想一下，这里的对比并不恰当：英语中使用的是缩略形式CT，而非全称computed tomography，而汉语的"计算机层析成像"是全称，尚无简称。不过已有学者在进行这方面的尝试，如李宇明（2013b：77—79）建议将CT译为"析体"。应该说，这一译名音意兼顾，具有理据性，有利于字母词的母语化。

　　字母词的过度使用导致汉语词汇系统理据性降低，而欧化句式的泛滥将导致语法系统中异质体的剧增。语言污染、芜杂和病态会加大母语习得成本，降低母语的社会声誉，对文化自觉也有很大的杀伤力。不可否认，字母词确实拥有许多优势，否则它不可能在汉语中如此"滋润"地生存，也不能否认，语言自身确实有择优除劣、自我完善的功能。但是，由于社会变迁速度加快，语言接触频繁，层次加深，语言生活正发生急剧变化，语言的自我完善系统似乎跟不上语言的变异与变化了。面对强势英语的竞争和过多的外来语侵袭，面对语言污染和损害（如语言无标准、生造语词、语法混乱等），我们不应该无动于衷，无所作为。

　　（二）母语习得安全

　　当前，无论在家庭、学校还是社会，都呈现母语意识薄弱缺乏，母语习得权利受侵害的现象。在家庭，儿童外语教育呈现极端低龄化趋势；在学校，学生的母语教育资源被占用，母语学习空间受压缩；在社会，英语享有"超国民待遇"，母语使用空间受挤压。这些因素的叠加会逐步导致全民母语能力下降，威胁母语习得安全。

　　在一些家庭，英语学习低龄化趋势已经影响了部分孩子正常的母语习得。有的父母往往认为母语是自然习得的，无需成本和精力，而外语学习需要付出努力，而且付出越多，回报越多，付出越早，回报越大。由此形成了"英语学习从娃娃抓起"的观念，一些幼儿园也教孩子们学英语，且美其名曰"不让孩子输在起跑线上"。自2001年始，全国各地的小学也逐步开设英语课程，且为必修课程。幼儿期是人类语言学习的"关键期"。这个时期的语言训练，直接影响到母语的理解力与表达力，过早进行外语教育无形中剥夺了儿童的母语习得权。

　　同时，在学校教育体系中，教育资源的分布也非常不均。外语挤压母语习得空间已经成为中国教育中最大的诟病。1978年以来，英语科目考试从无到有，计分权重也由低到高，日益受到重视。书店里最热销的不是母语资料，而是英语辅导书。在各层次教育中，母语教育被严重弱化，而耗费在英语上的时间和金钱几乎超过任何其他课程。

　　母语能力是逐渐建构起来的，而每个人的学习时间和精力总是有限的，英语挤压母语学习和使用空间必然会造成母语积淀不深、能力下降的恶果，影响学生对母语的崇敬和自身文化的认同。同时，母语是学习其他语言的基础，母语能力是外语学习的天花板，结果会造成母语和外语都是

"半瓶水"的糟糕状况。任何其他语言的学习都必须根植在母语的基础上，母语学不好，第二语言也很难学好。

（三）母语认同安全

由于母语意识的缺失和"崇洋媚外"心理的存在，国内有人以能说流利的英语为荣，认为汉语"落后""不雅""不精确"，甚至不愿意承认自己的汉语母语身份。现在，母语在国内受歧视的现象屡见不鲜。例如，2004 年在上海召开的第四届全球华人物理学家大会，从论文汇编到会议网站，从演讲到提问，乃至会场门口的指南，全是英文。倒是美籍华裔诺贝尔奖得主丁肇中坚持用汉语做报告，成为唯一的"反潮流"者。同年，在北京召开的"全球华人生物学家大会"也几乎一律使用英文。在这种国际学术大会上如果使用汉语，会让发言人感到很难堪，因为那就代表外语水平不够。

民族认同的一个主要方面就是对母语和本土文化的认同。语言不只有交际功能，还有认同功能。语言认同是民族认同和国家认同的基础。因此，殖民者在军事占领后往往会实行语言同化政策，强迫殖民地或所占领国人民学习自己的语言。例如，日本在东三省和台湾推行的一系列语言同化政策，就是企图消灭国人对中华民族的认同，用语言这个工具来达到改变国家认同的目的。

人们在学习和使用某种语言的同时，就下意识地接受了隐藏在该语言背后的价值观念，在潜移默化中接受了该语言承载的文化传统。异域文化往往寓含与异域民族相适应的人生观、价值观、伦理观、宗教观、政治倾向等。"由于国情差异的客观存在，不自觉的文化移植会带来危害，如果不加鉴别地宣扬强势外语文化的优越性，会使一些外语学习者的精神世界发生蜕变，直接冲击他们对祖国语言文化的认同，导致民族身份的缺失或丧失。目前的外语教育规划不仅耗费国家财力，导致优秀人力资源的不当配置，还可能会培养出一些'香蕉人'，消解国民对自己的文化特性和传统价值的认同。调查研究表明，外语教育作为整个语言、文化教育的一个部分，会以不同方式、不同程度地影响国民特别是青年大学生的文化认同"（陈新仁，2008）。经过近几十年来的积累和强化，"英语文化和价值观对我国的影响已经从潜在的变成显性的，社会上崇尚西方文化习俗和价值观念，热衷于模仿西方的生活方式，触目皆是，这在青少年中表现最为明显"（黄德宽，2014：12）。

　　母语教育可以加强幼儿对民族语言文化的认知和理解，初步建构其民族文化身份，铸造其文化主体意识，并形成初步的文化认同。从国家语言文化安全的角度着眼，然而，目前在升学、晋职晋级、就业等领域事实上存在着轻汉语重英语的政策，这在无形中有损汉语的声望，影响家庭教育中对母语的情感，轻视母语的终身学习。母语能力是一个民族立足于世界民族之林的根本，许多后殖民地国家英语普及程度很高，但这并没有帮助它们发展得更好更快，相反，一些更看重本国文化和本国语言的国家反而走在了世界前列，如日本、德国等。

（四）母语传播安全

　　如果说母语的习得安全、本体安全和认同安全属于母语的国内安全，那么母语传播安全就是一种外部安全。语言传播是促进语言文化发展的重要途径之一。语言是文化的主要承载物，要想输出文化，就必须输出语言。英美等国政府深知语言输出背后隐藏巨大的政治、经济、外交和文化利益，多方促进英语在全世界的扩散，其直接后果是英语作为"世界通语"地位的确立。目前英语是国际传播领域里占据主导地位的语言，在全世界各个领域被广泛应用，包括政治、经济、贸易、文化、外交、旅游、通信、学术研究等，几乎囊括了所有方面。

　　汉语母语的使用人口虽然远多于讲英语的人，但汉语在国际语言生活中并不占优势。首先，将汉语作为国家通用语言或工作语言的国家和地区不多；其次，联合国虽然将汉语列入工作语言，但是地区性、国际性的组织或会议上真正使用汉语的还不多；再次，汉语在地区或国际上的重要交际领域，如外交、贸易、科技、教育等，使用十分有限；最后，非汉语区域的华人后代，保持汉语相当艰难，放弃汉语的人并不在少数，而非华人的外国人学习汉语的人数虽然正在增加，但真正在社会生活中使用汉语的却是凤毛麟角（李宇明，2008）。

　　洛克夫（Lakoff）在《语言的战争》中指出："权力与地位之争是对话语权力的争夺，语言控制权实际上是一切权力的核心基础。"应该树立国家语言主权和安全意识，制定科学的语言传播战略，让汉语更快更好地走向世界，并强调"文化力"已成为当今世界综合国力竞争的重要组成部分，语言文字既是"文化力"的基础性要素，又是"文化力"的重要构成部分，应该使语言文字工作服务于国家发展战略。

　　在全球化时代，母语的国际传播是在竞争激烈的传媒环境下发生的。

除了像广播、电视、电影、出版这样的传统媒体，互联网、手机、微信、微博等新兴媒体极大地拓展了获取母语传播的渠道，而计算机软件、电子词典、电子游戏、搜索引擎等，则为母语传播提供了无数的可能性。联合国教科文组织于 2003 年发布了《关于普及网络空间及提倡和使用多种语言的建议书》，我们应抓住这一机遇，积极开展基于语言文字信息化的新媒体传播研究。

二　母语安全新思维

(一) 母语声望规划

在豪根（Haugen，1966）"地位规划"和"本体规划"矩阵框架基础上，库帕（Cooper，1989）提出了"习得规划"（即"语言教育规划"），随后，Haarmann（1990）提出了"声望规划"。地位规划面向社会，本体规划面向语言，习得规划面向教育，声望规划面向形象。这一模型使语言规划最终获得理论上的完善，拓展了人们的视野，也标志着学科体系趋于成熟。

声望规划可以改变人们的语言信仰（language belief），"语言信仰体现了人们对各种语言变体的价值观，人们在语言实践中依据自己的语言信仰从各种语言变体中做出必要的选择"（斯波斯基，2011：208）。语言声望规划是语言地位规划的一个先决条件，因为只有具有社会声誉的语言才能够得到全社会的认可和接受，从而转变为自觉的语言习得。因此在语言规划中，除了要关注显性的地位规划外，更要重视隐性的声望规划，后者在很大程度上影响人们的语言态度、语言认同和语言传承，并对母语安全产生实质影响。

李宇明（2013a：2）指出："所谓显性语言政策，是指法律条文和政府文件等明文规定的语言政策，世界上多数国家当今都有自己的显性语言政策。所谓隐性语言政策，是指通过语言意识形态、语言实践活动等体现出来的语言倾向，以及可能影响到语言生活的其他法律条文或政府文件。隐性语言政策虽不是关于语言生活的明文规定，但是能够起到语言政策的作用。……显性语言政策是隐性语言政策的'法规化'，其基础是隐性语言政策。显性语言政策在执行中仍然需要隐性语言政策的襄助，甚至需要再转化为各种隐性的语言政策……显性语言政策如果得不到隐性语言政策的支持，则只能是一个口号、一只花瓶或是一个梦想，并不能真正发挥什么作用。"

对母语进行声望规划的主要途径是让母语经常在高规格的场合使用，如大众传媒、司法领域、高雅文化（包括民族文学），从而提高母语的荣誉，使人们乐于模仿和传播。声望规划用于对规划目标语言进行评价，它刻意营造一种有利的心理环境，使该语言能够得到社会的认可，以利于规划活动取得持久成功，最终目的在于改变人们对待语言的感情、态度、看法。例如，马来西亚自 1963 年独立以来，一直通过"爱我们的语言"或"语言乃民族之魂"等口号，低调倡导公共马来语意识。

联合国教科文组织（2011/2015）在《语言评估和语言规划的工具——联合国教科文组织语言政策指针》报告中指出："语言族群成员对母语的态度通常不是中立的，他们可能将母语视为族群及身份认同最根本的东西加以推广，也可能只使用而不推广，还可能以母语为羞而不愿推广，或者可能将母语视作讨厌的东西而刻意避免使用母语。"

没有一定声望的母语是很难在家庭语言规划中被优先选中的，也很难成为学校教育中的教学用语，更不用说去占据宗教、商业、工作等语域，这样母语的安全就难以得到保障。新加坡华语之所以走向弱势，主要就是新加坡政府在双语教育的过程中，一直注重英语的"声望规划"，隐性地宣扬英语在全世界的至高地位，从而潜移默化地影响了民众的语言心理倾向。香港对普通话的声望规划做得也很不够。回归后，香港区政府教育署要求公营中学推行"母语教学"，结果英文学校的大门前，家长通宵排队领取新生入学表格，最后警方出面平息风波才没有闹出群体性事件。家长为了使子女能够挤进这些"精英化"学校，越发使劲地逼迫孩子从刚开始讲话就学英文。推行"母语教学"的结果是使英文学校地位更高，可见，仅依赖行政手段是难以真正提升普通话地位的，应该依靠社会变化和市场需求的力量，要增加社会对中文的需要（曹景行，2007）。

在历史上，威尔士语是一个被污名化的语言，不仅说支配地位语言的人有歧视态度，操这种语言的人本身也有自卑感，有的努力掩饰该语言的一些特殊腔调特征，有的坚决反对自己的孩子学习威尔士语。由于没有用出现对威尔士语身份的认同感或自豪感，威尔士语的复兴遇到很大的阻力。

清末民初开始的"白话文运动"则是语言声望规划成功的典型例子。白话文书面语自唐末、特别是宋元以来，逐渐兴盛。从比较接近口语的

"变文"和"语录"，发展到明清章回小说，颇受大众欢迎。然而直到清末，白话文还是局限在通俗文学范围内，未能改变书面语中文言文独尊的局面。为了给白话文取得合法地位，证明其并非"引车卖浆者言"，而是有精确的语法、语义标准，可登大雅之堂的语言，倡导者通过大量的宣传和具体的语言实践来改变人们的语言意识形态。最终，白话文运动取得了决定性胜利。

在全球化框架的塑造中，以英语为代表的西方文化扮演了主角。虽然中国现在的经济总量已经排名世界第二，然而仅靠经济发展是不会获得文化自信和文化自尊的，21世纪的中国要摆脱经济巨人、文化侏儒的命运，必须建立文化自信。目前在中国面临的各种危机中，核心的危机是身份危机，其实也就是全球化语境中的中国的文化认同问题。当务之急要破除对西方语言文化的盲目崇拜，只有解决了心理问题，修正了语言态度，人们才会主动自然地运用母语去交际。"语言的地位规划和习得规划只是全部战斗的一半，没有隐性或显性声誉规划的配合，语言规划的目的，不管是推广、变迁、维护还是抢救，最后只能是一纸空文"（赵守辉、王一敏，2009）。

（二）多语制框架下的母语教育

推广母语教育无疑是保证母语安全的有效措施，但绝不能陷入语言规划中的"单语情结"。联合国教科文组织成立之后的数十年里，发表各类宣言和倡议书，单方面强调母语教育和母语权利，然而这既得不到各国政府的支持，也得不到当事人的响应。这是因为母语教育需要政府投入大量的经费，尤其是在母语语种数量较多，而每一个语种的学生绝对数量又较小的语言环境中。同时，学生家长也担心，如果孩子把宝贵的学习时间花在母语学习上，就会影响他们对官方语言（或国家通用语）以及其他科目的学习。考虑到有的母语使用人口少，应用语域窄，如果仅仅提倡母语教育，可能会在保障人们语言权利的同时影响其经济权利，减少其向上流动的机会，最终就不能真正保障人权的实现。

为了解决上述语言困境给母语教育、母语权利、母语保护等问题带来的认识模糊和思想混乱，解决多语世界中教学语言的选择问题，确保知识与技能的传授与分享，从而促进公平教育和优质教育，联合国教科文组织于2003年发布了《多语世界中的教育》这一影响深远的立场文件。这份立场文件在倡导母语教育的同时，首次正式彰显了双语教育和外语教育的重要性，认为双语教育可以促进社会公平和性别平等，维护语言文化多样化，而外语教育有助于跨文化交流，促进文明间对话和各成员国之间的相互理解。在2011年，教科文组织又颁布了由国际专家组起草的《联合国教科文组织语言政策指针：语言评估和语言规划的工具（草案）》，建议采用"多语制评估"方法来评估语言濒危状况，从而更有针对性地保护母语，并指出"相对于评估一种语言的绝对使用人口数量而言，评估一种语言的使用范围和一个人的语言技能，可能更为有用……母语先学的多语制政策对儿童十分有益，能为他们学习其他语言打下良好基础"。

可以看出，在继续强调母语重要性的同时，教科文组织已经逐渐意识多语教育的价值，认为多语教育不仅有利于语言和谐，而且可以推进人的全面发展，因此开始将母语问题置于社区多语、地方多语和世界多语的大环境下。2016年1月，联合国教科文组织正式在孟加拉国的达卡建立"国际母语研究所"，旨在促进"以母语为基础的多语教育"，探索母语保持和多语言使用的关系，尝试建立基于母语的多语教学制度。

联合国《2030年可持续发展议程》设立了17项确保所有人共享繁荣的全球性目标，其中包括"在世界各地消除一切形式的贫穷"；"确保包容性和公平的优质教育，促进全民享有终身学习机会"；"促进实现充分和生产性就业及人人有体面工作"；"实现性别平等，增强所有妇女和女童的权能"；等等。在2016年国际母语日致辞中，联合国教科文组织总干事伊琳娜·博科娃女士指出，要推动实现上述目标，"多语制必不可少。……多语制框架下的母语是优质教育的关键因素，而优质教育又是为女性、男性以及整个社会赋权的基础。我们必须承认和增强这种力量，不让任何人掉队，为所有人建设一个更加公平、可持续的未来"。全球化、城市化和信息化深刻影响了世界语言环境和教育环境，当下多言多语的生活已经是一个"新常态"，多语制框架下的母语教育也应该成为一个"新常态"，唯有这样，才能真正保障母语的长期安全。

三　母语安全应对方略：以汉语为例

首先，面对强势英语的冲击，我们必须进行科学的母语本体规划，以保持母语的活力，有益于母语声望的提高，保证母语在各领域的使用效果。世界上许多国家都为了自己的母语安全，进行语言规范化、纯正化工作。例如，法国1994年通过的《法语使用法》（即"杜邦法"）禁止在公告广告和电台电视台节目中使用外语，违反者将受重罚；德国 1997 年建立的"德语保护协会"倡议以仿译的方式用本族词取代音译外来词，并与奥地利和瑞士等德语国家发起德语改革运动，将那些带有外来语书写特征的词汇本土化，使之符合德语的书写规范；2001 年 5 月 23 日俄国普京总统签署命令，严厉禁止媒体语言夹杂外来语，并要求学校在学校教育中抵制外来语的侵袭。

在我国，当前除了通过翻译和母语化来减缓字母词数量逐年上升的趋势外，对外来术语的规范也是一项重要工作。现代汉语中充斥着大量的外来术语，包括许多政治学、社会学、民族学、传播学的名词。由于这些名词不是汉语中的原创，其解释权掌握在别人手里，我们在使用西方创造的术语时，不知不觉接受其观念的渗透，也不知不觉在传播别人的理念。因此，一方面必须加强权威翻译规范委员会的职能，定期公布新外来语尤其是英语词汇的译名，并要求新闻出版部门必须严格遵守和使用，净化汉语文字的使用环境；更重要的是，通过提升科研实力，加强科研创新，提出自己的理念，把术语的原创权掌握在自己手里，这样不但有利于母语的传播，而且可以在国际上掌握更多的话语权（赵世举，2014）。

其次，应该加强母语的习得规划。应当认真贯彻《中华人民共和国宪法》、《中华人民共和国国家通用语言文字法》、《中华人民共和国义务教育法》，倡导母语意识，尊重母语习得权利，摆正英语在中国的合理地位，废止各种不合理的英语考试制度，使全社会共同关注母语安全问题；同时要发挥媒体、学校在母语教育中的作用，通过汉字书写大赛、汉语成语大会等形式提高母语学习热情；要向民众讲清楚，外语学习并不是越早越好，因为如果缺乏相对稳定、发音正确的语言环境，一旦错误的发音在脑中固化，以后反而难以纠正；最后，要将家庭语言规划作为语言政策的落脚点。

再次，加强母语认同意识的培养，破除对西方语言文化的盲目崇拜。在全球化框架的塑造中，以英语为代表的西方文化扮演了主角。在全球化语境中，中国面临着身份危机，即中国的文化认同问题，或曰"中国性"（Chinesness）。中国现在的经济总量已经排名世界第二，然而仅仅依靠经济发展是不会获得文化自信和文化自尊的，21 世纪的中国要摆脱经济巨人、文化侏儒的命运，必须建立文化自信。

最后，制定符合时代潮流的母语传播战略。世界上不少发达国家都有专门的语言文化传播机构，应该通过"东方文化经典翻译"等国家项目，促进"东学西渐"，提高汉语的国际声望；利用中国作为第一大外贸出口国和进口国的平台，推广商务汉语，使汉语成为国际贸易结算语言；利用承办"中华文化展"或"国际汉语周"等活动的机会，营造商务、集会、留学、旅游等领域汉语需求的氛围；使汉语成为在中国召开的国际会议的工作语言，并逐步进入国际学术领域；鼓励更多的民间热心人士参与孔子学院的建设，从而汇成汉语国际传播的大河。近百年来，大量华人移民至东南亚及欧美地区，形成了规模不等的海外华人区。《国家中长期语言文字事业改革和发展规划纲要（2012—2020年）》提出鼓励海外侨胞来华学习汉语，举办海外华人华侨子弟"母语寻根"夏令营活动。"母语寻根"不但可以让海外华人充分领略到祖国语言和文化的博大精深，促进汉语的海外传播，而且可以增强海外华人对母语的认同感。我国综合国力的增强使得汉语在国际政治、经济、文化等领域中的作用越来越重要，拥有十多亿人口的全球华语市场将备受瞩目。目前，汉语在世界上逐渐升温，越来越多的外国人学习汉语是一个不争的事实。为此，应该进行符合时代潮流的华语传播规划，力争使华语成为21世纪全球性语言。

第四节　母语经济

多年来国际社会倡导的抽象的"母语平等主义"在转换为社会语境中的具体实践时常遭遇困境。在欠发达国家和后殖民地国家，人们常常陷入"语言人权悖论"：母语保护与经济发展之间的矛盾，母语认同与向上流动之间的矛盾。其结果是，一些倡议、公约在许多国家依然停留在文本上，成为"空白支票"，难以付诸实施。母语权利无法成为真正的权利，因为"没有救济措施的权利本质上不是权利"（郭友旭，2010）。

近年来，中国的语言规划学者开始倡导语言经济理念，认为语言经济包括母语经济、二语经济和外语经济，其中母语经济是最重要和最关键的。母语经济理念将联合国教科文组织的母语观念向前推进了一大步，此举将更有利于母语保护和母语权力的实现。

本节主要讨论以下几个与母语经济相关的问题：第一，什么是母语经济？即母语经济的本质属性与理念滥觞；第二，如何从经济视角理解双母语现象？即双母语资源在母语经济开发中的重要意义；第三，如何发展母语经济？即母语经济的实现路径；第四，如何培育母语经济的活动空间？即母语社区的建设问题；第五，母语经济理念对语言政策有何影响？即母语经济的政策定位。

一　语言资源意识：母语经济理念的由来

母语经济从属于语言资源与语言经济的整体分析框架和理论模式。近年来，越来越多的学者提出语言是一种资源，具有经济价值。"语言可以开发成为产品，进入市场，进入消费领域。语言是生产力，在生产过程中语言可以是生产资料，也可以是生产工具，还可以是劳动力的一部分，员工的语言能力直接关系到企业的成本和收益"（徐大明，2012：367—377）。语言经济学就是将语言作为一个经济变量，基于人力资本理论，考察语言地位变化和语言使用状况对宏观经济的作用、对个人收入的影响，计算语言规划的成本收益。

语言资源意识是母语经济的立足点。母语作为一种独特的资源，在信息沟通、文化传播、民族与国家认同等方面都可以起到不可替代的作用。"日本把非物质文化遗产称作'文化财'，是可以继承、利用的财产"（崔希亮，2012：12）。毫无疑问，母语是这种"文化财"的重要组成部分。同时，母语不仅是文化资源，也是经济资源。对母语资源的开发，不但会提高母语的活力，而且作为一种"绿色经济"，会促进整个国民经济的发展。作为人力资源组成部分的母语，其能力高低与劳动力素质息息相关，这是因为母语水平是个体语言能力的重要体现，而且"母语能力是外语学习的天花板"（潘文国，2013：2）。在一定程度上可以说，母语强，则人力资源优良，国民经济发展潜力大；反之，母语弱，则人才市场高素质人才少，必然掣肘经济的发展。

过去人们一直强调对外语经济价值的研究，而忽视了母语的经济价值。其实，母语具有经济学的一些本质特征：价值（value）和效用（utility），费用（cost）和效益（benefit）。母语的经济价值首先体现在其较低的习得成本，其次体现为母语"产品"应用的广泛性上，再次可以反映在母语能力转化为人力资本和社会资本的相对快捷性和便利性上。

将语言视为资源并不是不考虑语言权利和语言问题，相反，"通过对语言资源的掌握、利用和发展，可以防微杜渐，防止有关问题的产生。……在'发展观'的规划指导下，紧密地监测、不断地调控、有计划地发展语言资源。这样，语言资源的利用、再产生和增长就会进入一个良性过程，语言带来的问题就会越来越少，而语言资源的配置也越来越适应实现国家总体目标的需要"（徐大明，2008：12—15）。另外，与"语言问题观"不同，语言资源观还"有助于缓解主体社区与少数族群社区之间的紧张局面，它提供了一种看待社会中少数族群语言的更一致的方法，它强调合作式语言规划的重要性"（王辉，2010：99—100）。因此，语言资源观是当代语言规划中值得提倡的规划理念。

提升一种语言的经济价值，特别是将其文化价值转化为经济价值，是保护该语言的最有效的办法。语言的社会政治问题都起源于经济问题。不解决根源问题，不把语言与国计民生联系在一起，将无获而终。应该找到语言歧视、语言濒危和语言消亡的经济原因。母语使用人口的减少和使用域的缩小，归根到底都是经济因素在起作用。仅仅是出于对于一种语言的热爱，并不能保证它不被替换。在全球化背景下，一个地区的经济不发展，大量人口外流，会导致语言濒危；而以同化为目的的文化传播和经济开发，也可能会导致语言替换。因此，一方面要通过发展区域经济，提高使用该语言人群的经济地位，从而提升该语言的社会价值；另一方面要倡导语言多样性的理念，让人们充分认识到语言资源的经济价值、文化价值等。总之，建构语言保护理论体系必须建立在发展的基础之上，尽量做到语言保护与经济发展双赢。

母语经济的内核是语言权利。如果说"母语人权"更多地强调母语在地位上的平等，以及由权力衍生出来的母语习得权、使用权和传播权，那么"母语权利"就更多地考虑母语给讲话人自身带来的社会效益和经济效益。何俊芳、周庆生认为"语言冲突"从根本上说是缘于对语言所带来的利益竞争。换言之，许多以争取母语人权为口号的运动，其背后大多有个人和社区的利益因素。当然，"母语人权"和"母语权利"两者是紧密相关的。徐大明在《母语平等政策的政治经济效益》一文中就论证了两者的关系，认为语言规划的一个原则是效率优先，"母语平等政策"不再仅仅是一个理想，而是一套实施的方案，而是一套在现实条件下可行的尽可能兼顾效率和公平的实施方案。"从语言经济的层面看，母语平等并不是一个空洞的口号，而是可以给国家带来实实在在的政治和经济利益。母语平等政策的实施，一方面带来社会和谐和政治进步的效果，另一方面也催生语言产业和语言经济，改善民生，扩大就业。因此改善少数民族群体和方言群体的社会语言环境具有重要的现实意义"（徐大明，2013：6）。目前倡导的语言人权概念，其内容多富于礼器的象征性而缺少工具的操作性，应该通过母语权利的获得来真正实现母语权力——这就需要大力倡导母语经济的理念。

　　既然母语经济是母语权利成其为权利的理论基础和现实基础，那么在争取母语权时，就应当更多地考虑母语在社会教育、文化活动、商业贸易等领域的具体应用。在 1993 年，由英国威尔士的教育家和知识分子参与的"威尔士语言运动"促使英国政府通过了《威尔士语言法例》（Welsh Language Act）。然而出乎这些语言活动人士的意料，商业和经济部门对此表达了反对之声，因为他们认为用威尔士语进行教育只会使一些单语的年轻人无法就业。对此，埃杰（Ager）指出，"单单是政治家和知识分子能够用该语言做演讲是毫无意义的，更重要的是社会各个阶层的人们都能用该语言提交纳税申报单、写支票、支取福利报酬。如果没有自下而上的优势体现，没有所有社会阶层能够共享的认同，那么语言政策就只是一个空洞的、象征性的手势，一个知识分子的游戏"（2012：38）。埃杰的这番话是对语言经济与语言权利关系的极佳阐释。

二　双母语：母语经济中的珍贵资源

　　在双语人群中有一类特殊群体。从语言习得看，他们从小几乎同步习得（simultaneous acquisition）两种语言；从语言能力看，他们是平衡双语人，两种语言的水平相当，可以在不同场合进行双语间的自由转换；从语言认同看，他们对两种语言的态度都是积极的，其内心没有厚此薄彼的意识，不存在语言偏见。这类群体可以称为"双母语人"（dual native speakers）。

　　双母语情形通常出现在跨族婚姻家庭、移民家庭，或是双语社区的家庭（如我国一些少数民族和汉族交界地带通常会形成双语社区）。随着全球化、城市化和信息化的加速发展，社会上的双母语人也越来越多。

　　双母语是母语经济中的珍贵资源。首先，从语言习得的成本收益看，自幼习得双母语较之在学校的正规教育中学会第二语言（或外语），其语言习得成本要小得多；从最终的语言能力看，其收益则要大得多。"以自己的母语进行交流是对自然习得的资源的最有效利用。相反，被迫学习他种语言以适应社会生活意味着时间、金钱和机会成本的付出"（郭友旭，2010：235）。其次，从语言对个体收入的影响看，双母语人将语言能力转换为人力资本与文化资本，可以为其带来各种红利。从社会资源看，双母语人可以有更大的社会网络，其发展空间比单语者要大；从人力资源看，双母语人在求学、就业、升职等方面具有潜在的优势。再次，对于社会而言，需要各种各样的语言应急援助。我国是个自然灾害多发且语言、方言复杂的国度，在防灾救灾中离不开语言、方言的支持，在一些灾害的救援和突发公共卫生事件中已经出现过因语言不通而影响救援的问题。例如，2009 年中国青海玉树发生特大地震，由于有些村寨是藏族同胞聚集的地方，他们大多数都不懂汉语，语言援助不能及时到位，受灾地区人民的生命财产安全难以得到保障。在这里，双母语人可以为保障人民生命财产安全发挥较好的作用。最后，对于国家安全来说，双母语人也具有重要的价值。比如，中国共有 30 个跨境民族、30 多种跨境语言，如蒙古语、朝鲜语、哈萨克语、傣（泰）语等。以汉语和这些跨境语言为双母语的国民将是国家重要的语言人才战略储备，香港、澳门的双母语国民也可以成为我国外交和翻译领域的人才储备。

更重要的是，双母语理念有助于保护母语自身，这是最大的经济价值。当前许多发达国家都在花大气力保护濒危语言，政策不可谓不齐，用力不可谓不勤，投入不可谓不多，然而并未取得明显的成效。因为弱势语言由于缺乏强势语言独享的语言权利，难以在公共场合使用，也缺乏制度层面的支持，导致族群语言活力（ethnolinguistic vitality）不足，弱势族群常被迫放弃母语，转向强势语言。

要保护濒危语言，就必须尽可能增加母语的使用者、扩大母语的使用域和提高母语的社会地位，而培养双母语人是最便捷、最稳妥和性价比最高的办法。对双母语资源的开发利用有助于提升母语声望，达到母语"保值增值"的目的，并促进母语活力系数的提高。一方面，双母语倡导母语双重认同的理念，这有助于提高母语声望，消除个体的母语认同焦虑，改善家庭母语传承的社区氛围。在语言规划中，"地位"是具体真实的方面，而"声誉"是抽象的社会心理形象。语言公平与语言保存息息相关，因为语言的流失或死亡常常是语言不公平的结果。双母语理念倡导语言平等，无优劣之分，这有助于弱势语言的维持。从当前语言状况看，双母语是濒危语言保护的最佳对策，可以减少因为负面的语言态度而导致的放弃母语的行为，有利于文化传承。双母语理念与语言保护工作者呼吁的"在学前教育中实施母语教学"不谋而合。相反，在单母语心态下，讲方言或少数民族语言被视为一种缺陷，其后果是使讲话人感觉文化安全受到威胁，身份认同感和归属感被挑战，更加远离主流社会，不利于语言保护和社会和谐。双母语模式有益于培养双语人使用两种语言的信心。

另一方面，双母语理念有助于构建和谐的社会语言生活。只有当个体在他所属的群体中或者对文化认同感到安全放心，他们才能宽容其他群体和文化。换句话说，只有当他们能够放心地去尊重自己所属的群体时，才会对其他群体表现出积极的态度，否则就会对外群体产生偏见。双母语概念彰显了人们对每个民族、每种文化，乃至每种语言的尊敬。双母语人可以通过各种语言认同策略，选择更有利于自己交际身份的母语，这有助于其在社会化过程中的心理健康，使其更好地融入社会，不至于在语言身份认同上产生进退两难的窘境。双母语人的双重认同和跨文化素养可以增加社会互动的机会，这种多元文化在同一个人身上的展现对社会和谐的建构具有暗示作用。

三　语言服务：母语经济的发展路径

语言服务是利用语言（包括文字）知识及语言技术、语言标准等帮助用户解决问题的社会经济行为。语言服务是语言资源开发利用，实现商品化、市场化和专业化的关键。多样化的语言服务会进一步促进语言资源的全面开发，引导和促进全社会的语言消费。只有将语言服务作为语言资源建设的立足点，将语言资源建设与社会语言服务完美结合，才能促进以市场为导向的语言服务需求，避免语言资源开发建设的盲目性。

政府向全社会提供包括国家通用语在内的各民族语言文字标准（如辞书、字符编码、字库、拼音方案、术语标准等）就是一种语言服务，符合现代社会治理即社会服务的理念，而且对于保障国家经济平稳运行，促进信息、教育、传播等产业的发展非常关键。

司法行业的母语服务也有较大的需求。我国宪法规定现行宪法确立了民族平等的原则，少数民族使用本民族语言文字的权利受到国家的平等保护。宪法第一百三十四条规定："各民族公民都有用本民族语言文字进行诉讼的权利。人民法院和人民检察院对于不通晓当地通用的语言文字的诉讼参与人，应当为他们翻译。在少数民族聚居或者多民族共同居住的地区，应当用当地通用的语言进行审理；起诉书、判决书、布告和其他文书应当根据实际需要使用当地通用的一种或者几种文字。"司法领域的语言服务包括为当事人解释特定的法律条文、为当事人代写状纸，对非通用语的语音、话语意义等进行辨识，等等，还包括案件审理过程中为当事人辩护，以及参与案件执行过程中的协调工作。目前我们还比较缺乏这方面的复合型专业人才，语言服务人才资源储备远远不足，不能满足市场的语言服务需求。

语言矫治与语言康复也是母语服务的一种类型。中国患语言疾病的人数很多，其中包括失聪、自闭症、假喉等导致的失语和语言发育迟缓的患者，他们都需要得到语言诊疗和康复。在经济转型过程中，中国大力提倡发展现代服务业，作为残疾人康复工作重要组成部分的语言康复行业将大有作为。语言康复行业发展、残疾人群福利保障都呼唤更多的语言治疗师，而且这对改善就业环境，提高专业人才数量种类也大有好处。Skut-nabb - Kangas（1994：139—143）认为手语"必须被看作所有聋哑儿童的第一语言或者母语"，指出聋哑儿童享有接受这一母语教育的权利。从这一层面看，对语言障碍患者的语言服务也是一种母语服务。

母语服务具有广阔的市场需求。如今广告语言设计、产品说明书文字使用、医患语言交流、救灾和灾后心理援助都成为语言服务的组成部分。我国铁路部门推行的"语言无障碍"服务，要求各主要服务岗位的工作人员要学习各地常用方言200句，产生了各种基于多方言的语言服务。以后交通行业还要推行多语服务、民族语言服务。韩孝荣指出，语言服务在基础教育领域的缺位使得许多新疆维吾尔族群众不能与其他民族群众进行有效的交流，并且在与其他民族的竞争中处于不利地位，影响了新疆的经济发展，加剧了一些人的挫折感。语言服务还渗透在国家的反恐、维稳、重大自然和疾病灾害应对等安全职能之中。

应该认识到母语服务与外语服务并不是截然对立的。比如，我们为来华外国人所提供的外语服务，实际上就是对他们的母语服务。多语种的服务通常能带来良好的商机和世界级影响力。达沃斯是一个瑞士小镇，然而借助其良好的语言服务，它成功发展了国际会议经济。全年的GDP达到8亿瑞士法郎，其中由国际会议带来的收入占比三分之一强。现在每年在达沃斯举办的300—1500人规模的大型国际会议超过50个，小型国际研讨会数量将近200个。天津市根据国际社区外籍居民分布情况，整合和组建了英语、韩语、日语、德语和西班牙语五大语系的医疗服务团队，为母语为以上五种语言之一的外籍患者提供"7×24"的快速响应母语服务。当国际社区外籍居民需要紧急医疗服务时，只需拨打急诊电话，救护车辆便会载着能够讲患者母语的医疗工作人员出发，使患者享受母语交流的救护和医治。社区母语服务也在蓬勃发展。浙江义乌中国小商品城的公交汉英双语报站、多语商店招牌，专门的外文翻译服务，以及汉、英、韩、阿拉伯等多语的政府网站建设，说明语言服务在促进这个"联合国社区"的经济发展中发挥了重要的作用。目前一些网站和机构提供的"英语母语化润色服务"也是其中一个例子，语言服务人员会帮助用户处理论文和著作中的拼写、语法和标点错误，会根据研究领域选择对应专家进行英语母语化润色和校对，使之符国外专业期刊审稿人喜欢的专业语言风格。

本章小结

　　母语之所以能够被规划，是因为母语不是原生的，而是建构的。建构起来的母语有可能会解构，这就是母语的流变性。母语社区规划的目的就是促进母语习得与母语认同的建构。母语社区规划更加关注由社区和家庭主导的微观层面的语言生活，是"从下而上"的语言管理。母语社区规划常见的途径有：通过声望规划，提升母语的社会形象，促进语言认同；通过提高社区的语言经济和语言服务，促进社区的和谐、稳定和发展，来形成社区的经济、文化生活等方面的凝聚力，从而维持母语活力。

　　母语安全与母语意识息息相关。作为最重要的语言意识类型，母语意识主要包括元母语意识、母语认同意识、母语权利意识三种类型。全球化背景下，英语在中国传播的强势和国民母语意识的相对薄弱，带来了我国母语本体、母语习得、母语认同和母语传播方面的安全隐患。为此，必须进行科学的母语本体规划，调整母语习得规划，加强母语认同意识的培养，制定符合时代潮流的母语传播策略，设立国家语言安全战略研究机构。

　　母语经济是语言资源观的必然归宿，其内核是母语权利的真正实现。提升母语经济的可行性办法就在于发展语言服务，而双母语作为珍稀的母语资源，对其开发利用有助于提升母语的声望和活力。既然母语经济的活动空间是母语社区，就应当提高母语社区的经济文化生活水平，为社区成员的母语交际提供便利空间。以母语经济为理念的国家语言政策讲有利于语言生态的保护，有助于语言多样性的实现。

总之，要真正提升母语的地位，既要靠"软实力"，也要靠"硬实力"。"软实力"是通过声望规划，改变传统的语言观念，"硬实力"是通过语言经济，依靠市场需求来改变语言实践和语言生活。

第七章

结　语

在全球化背景下，现代社会的语言生活发生了巨大变化，双语社区和双语人大量出现，那种基于传统的单一民族家庭、单语社区的母语概念已经不能完全解释新的语言现象，视角过于狭窄的母语概念期待着新的界定，这些都给母语研究带来了新的课题。

本书从语言建构理论出发，依据建构的二重性、共生性和解构的可能性，论证了母语能力与母语认同的建构过程、母语的主客观及个体群体二重性、双母语现象存在的条件、母语社区规划等内容，诸项命题环环相扣，逐步推进，形成一个较为完整的理论框架。

基于上述理论框架及多项实地研究，本书获得了以下几个重要发现：

第一，"母语"术语在中西方语言学（语文学）中皆出现较迟，其中最主要的缘由是母语意识的缺乏。只有既认识到语言作为符号形式的本体存在，又认识到语言作为身份认同的标识存在，才能产生所谓的母语意识。母语意识直到西方近代民族国家的兴起才开始呈现，现代意义上的"母语"一词乃随之出现。在中国，"母语"一词直到20世纪中期才开始流行。

第二，母语不能单纯由语言习得顺序、民族归属、语言能力或语言态度中的某一个因素来决定。母语是认同语言，是"个人或群体通过早期言语互动建构起的身份认同语言"。母语的身份认同功能是它与一般"语言"的最主要区别。在全球化日益深入的当下，母语主要体现为一种基本的语言能力（母语语感）和一种身份象征（母语身份），因此母语的界定应同时包括语言习得和语言认同两个要素，其中语言习得是客观基础，语言认同是主观态度，母语是主客观因素共同作用的产物。

第三，母语具有建构性。母语并非与生俱来、预先存在、不可选择和不可改变的，而是在群体发生发展和个人成长过程中，通过社会交际与言语互动逐渐建构起来的，并以语言认同的最终形成作为标志。从英语、现代希伯来语和海地克里奥尔语的发生史可以清晰看出母语的早期建构过程，证明母语是既是"根"，也是"果实"。母语的二重性、共生性和流变性都是从建构性派生出来。从言语社区理论看，母语的建构性主要体现在母语认同的建构上，母语能力在社区层面是一个连续统。

第四，母语认同并不是纯主观的。一方面，语言认同都是基于互动而产生的，具有实践社区的客观基础；另一方面，母语认同既包括个体对自身母语身份归属感的认定，也包括社区对个体母语身份的集体评定。前者是一种自我认同，是一个"由内观外"的过程；后者是一种他者认同，是一个"由外观内"的过程。如果说前者具有较强的主观性，那么后者作为集体意志则能更加准确地反映出客观的语言现实，可以减少讲话人因为自身经历、感情纠葛、价值取向等随意性因素的影响，避免"母语人"定义的尴尬。

第五，母语具有结构二重性特征。母语既存在于惯习之中，又存在于场域之中；既存在于身体之中，有存在于个体之间。母语是个体性与群体性的统一，也是客观性与主观性的统一。准确理解母语的二重性特征有助于避免各种关于母语的片面性观点，从而更加全面地把握母语的属性、构成和功能；群体母语是一个言语社区共同认可的母语，呈多层嵌套结构。其中，方言母语是群体母语的底层，没有方言母语的保持，共同语母语就是无源之水，无本之木。只有通过提升方言母语活力才能留住民族母语之根。

第六，母语的建构是多元的。因此母语具有共生性。如果一个双语人的两种语言同时符合"早期同步习得"和"语言双重认同"的标准，则该双语人就是双母语人。双母语概念有利于多种语言资源的并存，可避免语言身份认同中进退两难的窘境和因心理因素而放弃弱势母语的情形，是和谐语言生活的支柱。

第七，母语具有流变性。正因为母语不是原生的，而是建构的，有可能解构和重构，所以母语才是可以规划的。如果语言习得环境发生巨大变化，母语建构有可能不成功，或者初步建构起来的母语会因为缺乏使用机会而解构，这就是母语的流变性特征。个体的母语磨蚀、母语替代以及群体的母语转用都是母语流变性的具体表现。应当重视家庭母语教育，注重母语声望规划，发展母语经济以提高母语活力，保证母语安全。

现将本书的主要发现列表呈现如表 7 - 1。

表 7 - 1 母语特征的具体含义与阐释作用

特征	主要内容	阐释作用
建构性	个体母语的建构	解释天赋论难以回答的母语能力和认同差异问题
	群体母语的建构	解释诸如现代希伯来语作为以色列犹太人的母语问题
二重性	主观性与客观性	解释母语认同与母语能力不相匹配的问题
	个体性与群体性	解释方言母语、社会母语、国家母语等问题
共生性	个体双母语	解释个人同步习得和双重认同建构起双母语的问题
	群体双母语	解释一个民族拥有两种共同语的问题
流变性	个体母语解构	解释收养儿童、幼年移民等个体因不完全习得、认同丧失导致的母语解构和重构问题
	群体母语转用	解释某些群体因主动或被迫的语言转用而引起的母语失却问题（如回族的母语问题）

基于前面各章的讨论，这里尝试为"母语"概念制作一个特征示意图（见图 7 - 1）。

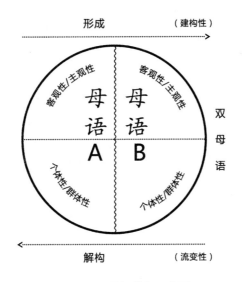

图 7 - 1 母语特征示意图

本书首次梳理呈现了母语理论研究的学术史，呈现了中外母语研究的概貌。研究语种涉及汉语、傣语、白语、英语、海地克里奥尔语、希伯来语等，案例涉及中国、新加坡、以色列、马来西亚、印度、新西兰、爱尔兰、以色列等国，为多语环境下的母语认同和母语习得研究提供了丰富的原始材料，为全球双语社区研究提供了可供比较的案例，内容翔实深入的访谈记录可为相关研究提供参考。

本研究深化了母语认知，清除了母语概念的无谓纷争，提出了新的母语界定标准，有助于阐释多语社会的时代语言生活特征，为完善母语理论框架构建及双语学发展做出贡献；强调了"母语人"的概念，丰富了社会语言学的言语社区理论；倡导的"双母语"理念有助于消除母语认同焦虑，提高双母语人的社会声望，减少因负面的语言态度而导致的母语遗弃；提出的"母语社区规划"理念将母语作为语言规划中的显性概念，为和谐语言生活的构建提供了理论支持，在一定程度上消除了因母语概念不清而导致的政策矛盾和混乱，有助于语言的规划的实施。

本书对多语环境下母语建构与母语社区规划的研究已经取得了一些成果，但仍有许多地方值得进一步探讨。首先，囿于人力和物力因素，现阶段研究没有能够进行大规模的调查，跨区域的比较研究还不够多。其次，因为时间关系，本书的考察主要限于共时母语现象，观察时间还不够充分。今后可以进行历时的母语发展研究。特别是对于双语环境中低龄儿童的词语使用情况，应该进行为期3个月以上的自然观察。另外，还缺乏类似香港、澳门等地的"英语—汉语"和"葡语—汉语"双母语现象的实证研究。再次，本书尝试构建母语的理论分析框架，虽然相对完整，具备雏形，但跨学科的理论整合还有待提高，与中国当今社会的结合度还不充分。

母语是西方民族国家形成过程中的产物，其背景是西方社会的转型，涉及的研究内容有着强烈的时代关怀。在经济全球化和改革开放政策的影响下，我国目前也处于社会转型的重要阶段，具备难得的研究机遇。应当进一步关注我国当下实际的语言生活，避免宏大的理论叙事和狭隘的经验主义，争取在此基础上形成具有较强阐释力的母语理论。

附录一

云南双语状况调查问卷①

说明：为了了解云南的实际语言状况，特邀请您参加该问卷调查。问题选项无对错之分，真实的情况就是最好的答案。本调查结果仅供学术研究使用，不涉及个人隐私。谢谢合作！

编号：_____　调查地点：_____　调查时间：_____

A. 基本情况

1.1 您的性别：（1）男　　　（2）女

1.2 您的年龄：_____周岁

1.3 您是哪个民族？_____族

1.4 出生地：_____市（自治州）_____（自治）县_____乡（镇）____村（街道）

1.5 迁徙情况：

（1）一直居住此地（2）____年从____迁来（3）曾在_____生活了__年

1.6 您是否在外地生活过？如果生活过，主要从事什么？

（1）没有在外地生活过　　（2）打工　　（3）经商　　（4）上学

（5）其他（_____）

1.7 您父亲是哪个民族？_____族

1.8 您母亲是哪个民族？_____族

1.9 您的身份（离退休人员按原职业填）：

（1）农民　　（2）企业单位人员　　（3）事业单位人员　　（4）学生

① 问卷设计参考了［美］法兰克·布莱尔的《双语调查精义》（卢岱译，民族出版社2006年版）。感谢南京大学文学院杨立权博士对于本问卷表格设计的指导。

（5）其他（请注明＿＿＿）

1.10 您的受教育程度：

（1）没上过学　（2）小学　　（3）初中　（4）高中（中专）

（5）大专及以上

1.11 您最早是什么时候知道自己的民族身份的？

（1）上幼儿园前（1—3 周岁）　　（2）上幼儿园期间（4—6 周岁）

（3）小学阶段　　　　　（4）初中阶段　　　（5）高中阶段

B. 语言习得

2.1 您小时候最早跟谁学说话的？【可多选】

（1）爷爷（外公）　　（2）奶奶（外婆）　　（3）爸爸　（4）妈妈

（5）其他（　　　）

2.2 您小时候首先学会的是哪种话？【可多选】

（1）普通话　（2）云南话　（3）您的民族语

（4）其他（请注明＿＿＿＿＿）

2.3 您何时学会说您的民族语？

（1）3 岁前　（2）4—6 岁　（3）7—10 岁　（4）8—14 岁

（5）15 岁以后

2.4 您何时学会说汉语（包括汉语方言，如云南话）的？

（1）3 岁前　（2）4—6 岁　（3）7—10 岁　（4）8—14 岁

（5）15 岁以后

2.5 根据您的双语经验，要均衡并充分掌握本族语和汉语，必须在哪个年龄段就开始学习？

（1）3 岁前　（2）4—6 岁　（3）7—10 岁　（4）8—14 岁

（5）15 岁以后

2.6 您小时候的家庭语言有哪些？【可多选】

（1）普通话　（2）云南话　（3）您的民族语

（4）其他（请注明＿＿＿＿）

2.7 您小时候父亲最常跟您说那种话？

（1）普通话　（2）云南话　（3）他的民族语

（4）其他（请注明＿＿＿＿）

2.8 您小时候母亲最常跟您说那种话？

（1）普通话　　　　　（2）云南话　　　　　（3）她的民族语

（4）其他（请注明_____）

C. 语言使用

3.1 现在您的父亲对您最常说那种话？

（1）普通话　　　　　（2）云南话　　　　　（3）您的民族语

（4）其他（请注明_____）

3.2 现在您的母亲对您最常说那种话？

（1）普通话　　　　　（2）云南话　　　　　（3）您的民族语

（4）其他（请注明_____）

3.3 现在您在家对父亲最常说哪种话（语言）？

（1）普通话　　　　　（2）云南话　　　　　（3）您的民族语

（4）其他（请注明_____）

3.4 现在您在家对母亲最常说哪种话？

（1）普通话　　　　　（2）云南话　　　　　（3）您的民族语

（4）其他（请注明_____）

3.5 您在家对丈夫（妻子）最常说哪种话？

（1）尚未结婚　　　　（2）普通话　　　　　（3）云南话

（4）您的民族语

（5）其他（请注明_____）

3.6 您在家对子女最常说哪种话？

（1）没有子女　　（2）普通话　　（3）云南话　　（4）您的民族语

（5）其他（请注明_____）

3.7 您在本地集市上买东西时最常说哪种话？

（1）普通话　　　　　　（2）云南话　　　（3）您的民族语

（4）云南话和民族语（一样多）　　　　（5）普通话和民族语（一样多）

3.8 您在单位时（如果是学生，那么在学校）最常说哪种话？

（1）普通话　　　　　（2）云南话　　　　　（3）您的民族语

（4）云南话和民族语（一样多）　　　　（5）普通话和民族语（一样多）

3.9 您在和邻居交往时最常说哪种话？

（1）普通话　　　　　　（2）云南话　　　（3）您的民族语

（4）云南话和民族语（一样多）　　　　（5）普通话和民族语（一样多）

3.10 您和朋友聊天时最常说哪种话？

（1）普通话　　　　　　（2）云南话　　（3）您的民族语

（4）云南话和民族语（一样多）　　　　（5）普通话和民族语（一样多）

3.11 您与陌生人（如去商场、医院、政府机关）一般说哪种话？

（1）普通话　　　　（2）云南话　　　　（3）您的民族语

（4）其他（请注明_____）

3.12 您遇到说普通话的人时一般说哪种话？

（1）普通话　　　　（2）云南话　　　　（3）您的民族语

（4）其他（请注明_____）

3.13 您遇到说云南话的人时一般说哪种话？

（1）普通话　　　　（2）云南话　　　　（3）您的民族语

（4）其他（请注明_____）

3.14 您遇到说您的本民族语的人时候，一般用哪种话回答？

（1）普通话　　　　（2）云南话　　　　（3）您的民族语

（4）其他（请注明_____）

3.15 您觉得目前自己使用频率最高的是哪种话？

（1）普通话　　　　　（2）云南话　　　（3）民族语

（4）云南话和民族语（一样高）　　　　（5）普通话和民族语（一样高）

D. 语言能力

4.1 您现在能用哪些话（语言）与人交谈？【可多选】

（1）普通话　　　　（2）云南话　　　　（3）您的民族语

（4）其他（请注明_____）

4.2 您觉得您的普通话掌握得怎么样？

（1）听不懂　　　（2）听得懂但不会说　　（3）会说一些简单的

（4）比较流利　　（5）非常流利

4.3 您觉得您的云南话掌握得怎么样？

（1）听不懂　　　（2）听得懂但不会说　　（3）会说一些简单的

（4）比较流利　　（5）非常流利

4.4 您觉得您对本民族语掌握得怎么样？

（1）听不懂　　　（2）听得懂但不会说　　（3）会说一些简单的

（4）比较流利　　（5）非常流利

4.5 您在购物时心算价钱，用哪种语言算得更快？

（1）普通话 （2）云南话 （3）民族语

（4）云南话和民族语（一样快）（5）普通话和民族语（一样快）

（6）普通话和云南话（一样快）

4.6 您在做梦时，经常跟梦中人说哪种语言？

（1）只说普通话 （2）只说云南话 （3）只说民族语

（4）云南话和民族语 （5）普通话和民族语

（6）普通话、云南话和民族语

4.7 您在使用下列语言时，哪一种最得心应手？

（1）普通话 （2）云南话 （3）民族语

（4）云南话和民族语（一样好） （5）普通话和民族语（一样好）

（6）普通话和云南话（一样好）

E. 语言态度

5.1 您对普通话有什么印象？

5.1.1 好听程度：

（1）很不好听 （2）有点不好听 （3）一般 （4）有点好听 （5）很好听

5.1.2 亲切程度：

（1）很不亲切 （2）有点不亲切 （3）一般 （4）有点亲切 （5）很亲切

5.1.3 有用程度：

（1）很没有用 （2）没有什么用 （3）一般 （4）有点有用 （5）很有用

5.1.4 社会影响度：

（1）完全没有 （2）没什么影响 （3）一般 （4）有点影响 （5）很有影响

5.2 您对云南话的印象怎么样？

5.2.1 好听程度：

（1）很不好听 （2）有点不好听 （3）一般 （4）有点好听 （5）很好听

5.2.2 亲切程度：

（1）很不亲切 （2）有点不亲切 （3）一般 （4）有点亲切 （5）很亲切

5.2.3 有用程度：

（1）很没有用 （2）没有什么用 （3）一般 （4）有点有用 （5）很有用

5.2.4 社会影响度：

（1）完全没有 （2）没什么影响 （3）一般 （4）有点影响 （5）很有影响

5.3 您对本民族语的印象怎么样？

5.3.1 好听程度：

（1）很不好听 （2）有点不好听 （3）一般 （4）有点好听 （5）很好听

5.3.2 亲切程度：

（1）很不亲切 （2）有点不亲切 （3）一般 （4）有点亲切 （5）很亲切

5.3.3 有用程度：

（1）很没有用 （2）没有什么用 （3）一般 （4）有点有用 （5）很有用

5.3.4 社会影响度：

（1）完全没有 （2）没什么影响 （3）一般 （4）有点影响 （5）很有影响

5.4 您认为本地中小学最好用哪种话来教学？【可多选】

（1）普通话 　（2）云南话 　（3）民族语 　（4）其他（请注明＿＿＿＿）

5.5 您认为您的民族语的发展前景怎么样？

（1）会有很大发展 　　　（2）会在一定程度范围内继续使用

（3）能够保持目前状况 　　（4）在可预计的将来不再使用

（5）无法回答

5.6 （如果以后您有了孩子），您希望孩子学什么语言？【可多选】

（1）普通话 　　（2）云南话 　　（3）您的民族语 　　（4）英语

（5）其他语言（请注明＿＿＿＿＿）

5.7 您知道一些本民族的著名人物？

（1）能说出好多 　　（2）能说出几个 　　（3）能说出一两个

（4）知道一两个，但说不出来 　　　　（5）不知道

5.8 您本民族的一些人已经不会说民族语了，您怎么看？【可多选】

（1）正常现象，无所谓 　　（2）很可惜，但没办法

（3）政府应该采取措施挽救民族语言

（4）少数民族的人应该主动传承民族语 　　（5）太不应该了，这是背叛

5.9 在填表格时，如果有一栏是"语言"，您填什么？

（1）您的民族语 　（2）汉语 　（3）民族语与汉语 　（4）汉语与民族语

（5）不知道

5.10 您觉得您会说的这几种语言里，其中哪一种对您更重要？

（1）您的民族语 　（2）云南话 　（3）普通话 　（4）一样重要

5.11 如果是讲同一个故事，您觉得用哪一种语言会听起来跟好听、更舒服？

（1）您的民族语 （2）云南话 （3）普通话 （4）一样好听

5.12 您学习汉语的目的是什么？【可多选】

（1）喜欢汉语 （2）追随时尚 （3）方便和别人交流 （4）多学些文化

（5）方便找工作

5.13 本族人，包括你的父母，认为你的民族语说得如何？

（1）几乎不会说 （2）会说一点点 （3）还行，一般般

（4）比较流利 （5）非常流利

5.14 你觉得周围那些同龄的本族人，他们大部分人民族语说得如何？

（1）几乎不会说 （2）会说一点点 （3）还行，一般般

（4）比较流利 （5）非常流利

调查到此结束，衷心感谢您的合作！

附录二

访谈提纲、访谈名录与文字材料

（一）**访谈提纲**

[1] 你是哪里人？在这里住多久了？现在能讲哪几种话？是从小就会说吗？

[2] 你父母是什么民族？你小时候父母常跟你讲哪种话？最先学会的是哪种话？

[3] 现在你使用哪种话最得心应手？

[4] 讨论什么样的话题，你会使用民族语？

[5] 你跟父母（配偶、子女）讲哪种话？

[6] 你在本地集市买菜（在单位上班、在学校上课、和邻居交往），最常说哪种话？

[7] 你最早什么时候知道自己的民族身份？

[8] 填表格时，如果有一栏是"语言"，你填什么？

[9] 你觉得你会说的这几种语言里，哪一种对你更重要？

[10] 你想跟只会讲汉语的人结婚吗？如果只会讲本民族语呢？

[11] 如果到一个小店，店主只会说你的民族语，你能跟他讨价还价吗？

[12] 如果以后有了孩子，你想不想让他学民族语？

[13] 你经常看用民族语播报的电视节目或收听民族语的广播吗？

[14] 如果是讲同一个故事，你觉得哪一种语言会听起来跟好听、更舒服？

[15] 如果有人用民族语跟你说话，你能用汉语翻译给其他人听吗？

[16] 你在做梦时，经常跟梦中人说哪种语言？

[17] 有的老年人只会说民族语，不会说汉语。你的民族语跟他们有什么不同吗？

[18] 周围的人，包括父母，认为你的民族语说得如何？

[19] 你觉得你周围的同龄人民族语说得如何？

[20] 你在切换这几种语言时，遇到过什么问题吗？发生过有趣的事情吗？

说明：对南京大学外国留学生和西双版纳傣族自治州教育局双语教材编辑室工作人员的访谈没有依照本提纲。

（二）访谈名录
（按访谈时间顺序排列）

编号	姓名	性别	年龄	民族	访谈时间	访谈地点
0417A	陆缇	女	28	犹太人	2013 年 4 月 17 日	南京大学仙林校区
0717A	岩××	男	36	傣族	2013 年 7 月 17 日	西双版纳傣族自治州教育局双语教材编辑室
0718A	岩×	男	15	傣族	2013 年 7 月 18 日	云南佛学院西双版纳分院
0718B	玉××	女	16	傣族	2013 年 7 月 18 日	西双版纳傣族自治州景洪市嘎洒镇曼真村
0728A	何稳菊	女	24	白族	2013 年 7 月 28 日	云南大学翠湖校区
0801A	龙××	女	18	苗族	2013 年 8 月 1 日	禄劝彝族苗族自治县团街镇下播罗村
0805A	杨×玲 杨×娟 杨×淑	女	18 16 18	白族	2013 年 8 月 5 日	大理白族自治州大理市大理镇下鸡邑村
0805B	李××	女	47	白族	2013 年 8 月 5 日	大理白族自治州大理市大理镇下鸡邑村
0813A	杨×银	男	13	白族	2013 年 8 月 13 日	大理白族自治州大理市喜洲镇沙村

（三）访谈文字材料

访谈一

访谈编号：0417A

访谈日期：2013 年 4 月 17 日

访谈地点：南京大学仙林校区

访谈对象：（以色列）陆缇（Sarit Ludin），女，犹太人，28 岁，南京大学外国留学生

　　调查人：我看过你写的硕士论文，你的汉语水平很好。你也是南大文学院第一个支持我"双母语"概念的研究生。所以很想跟你聊一聊。

　　受访人：好的。我对你这个话题也很感兴趣。

　　调查人：听说你懂得好多种语言？

　　受访人：在以色列，我们大多数在家就是双语人。然后，学校里再学另外两种语言。我们好多人是三语或四语人。我们一家都是多语人。我妈妈就是一个语言天才。

　　调查人：哦，你妈妈是犹太人吧。

　　受访人：是的。我妈妈出生在阿根廷，那里说西班牙语。6 岁时离开南美。她不喜欢阿根廷，那边人对犹太人没有好感。她说到"我是阿根廷人"时总是很小声。

　　调查人：后来到了以色列？

　　受访人：对。来到以色列后，在 1974 年，爸爸妈妈结婚，1978 年生了姐姐，1985 年生了我。

　　调查人：你说你妈妈是语言天才？

　　受访人：是的。我妈妈有两种母语：西班牙语和希伯来语，是阿根廷的西班牙语。她还会说英语、犹太德语、法语，目前在学习汉语。

　　调查人：哇，太厉害了。你爸爸在家讲什么语言？

　　受访人：希伯来语。还会说一些波兰语、俄语、德语。

　　调查人：你爸爸的西班牙语怎么样？

　　受访人：我爸爸能听懂，但不会说。我母亲那边的亲戚说我的西班牙语像我妈妈的，他们在电话里分不清是我的声音，还是我妈妈的声音。我跟妈妈说话时，常常不知不觉在希伯来语和西班牙语间语码转换。

　　调查人：看来你们一家西班牙语都很好，主要受你妈妈影响。

　　受访人：其实我的西班牙语是从小跟外婆学的，还有母亲的哥哥姐姐、我的表姐，他们不会说希伯来语，只说西班牙语。

　　调查人：外婆和你们住在一起？

　　受访人：是的，姐姐七八岁时，外婆去世，家庭中说的西班牙语就减少了。

　　调查人：就是说，你的西班牙语是从小学会的，自然习得的。

　　受访人：是啊。记得 5 岁的时候，他们发现我在一旁认真地听，就问我："你听得懂?"等到他们发现我不但能听懂,而且还会说西班牙语,感到很惊讶。没有人特别教我。

调查人:你从小接触过许多种语言吧?

受访人:是的。我爷爷是犹太人,奶奶是波兰人,他们都会波兰语和俄语。我的外婆是德国人,她嫁给了一个俄罗斯人。

调查人:家里经常说希伯来语吗?

受访人:说得比较多。犹太人都要说希伯来语的。为了保护希伯来语,我们都学过。希伯来语就是犹太人的标志。

调查人:那你什么时候学会英语的?是在学校吗?

受访人:不是的。大部分以色列人都说英语,还有电视上,肯定影响家里的。学校里从小就教英语。餐厅、商店、医院有时也说的。

调查人:也就是说,希伯来语、西班牙语、英语都是从小学会的。

受访人:是的。

调查人:那你现在一共懂哪几种语言?

受访人:这个"懂"有好多意思啦。是我知道这个语言?还是精通这个语言?

调查人:都可以。

受访人:如果按照语言水平排一排,首先是希伯来语、西班牙语、英语,这三种的听说读写能力都达到了;芬兰语、日语、汉语、阿拉伯语这四种语言,听说读写能力也达到了,但不如前面的,算第二层次吧。

调查人:哦,你的日语还排在汉语前面呢。

受访人:是的。法语、德语、荷兰语,不太会说,但能听懂、能阅读和写作,算第三个层次吧;俄语、瑞典语、韩语,能听懂别人说,但自己说不出来,也不会读写。

调查人:中日韩的语言你都会呀!这样算起来,你至少能听懂13种语言。太厉害了!

受访人:我每天都会使用3到5种语言,通电话啊,写邮件啊,看书阅读啊。每天头脑中都要运行几种语言。

调查人:用得最多的就是希伯来语、西班牙语和英语?

受访人:要看我当时在哪个国家。但这三种语言肯定是排在前面的。

调查人:这么多语言会不会搞混呢?

受访人:我觉得这三种语言对我来说只是一种语言,是别人把它们区分为三种语言的。这是我的 idolect（个人言语）。对于这三种语言都不懂的人，他们就会觉得我是在说一种语言。我自己不考虑区分它们，不必考虑怎么说。它们是一个系统。它们在内在结构是一个东西，表达出来是几个形式。

调查人：这三种语言在以色列都用得很多吗？

受访人：西班牙语不多。目前在以色列，所有的药品说明书、标识语通常用三种语言：希伯来语、英语和阿拉伯语，有时还有俄语。

调查人：在这些语言中，你觉得哪个或哪些是你的母语？就是英语里的 mother tongue。

受访人：我觉得我的母语有三个：首先是希伯来语，代表我的身份；其次是英语，代表我的交际工具，没有太多的感情，但平时用得最多，如果加上读写能力，可能比一些美国人还要好。

调查人：还有一个是西班牙语？

受访人：对。西班牙语，是我小时的家庭语言。这三种语言都是我的第一语言，一起学到的。

调查人：三个都是母语。希伯来语排第一，是不是因为你是犹太人？

受访人：其实，我不太喜欢把希伯来语作为我的母语，但我内心知道肯定会算。

调查人：为什么？

受访人：很难说。我在以色列，别人觉得我的希伯来语口音很奇怪，甚至有的先会问："希伯来语能听懂吗？"

调查人：以色列人觉得你的母语不是希伯来语？

受访人：嗯，是的。他们说我听起来像欧洲人。我自己没有感觉。服务员经常递给我英语的菜单。

调查人：你周围熟悉你的人，应该认为你的母语是希伯来语。是吗？

受访人：嗯。

调查人：为什么会这样？

受访人：可能我的发音受到了其他语言的干扰。他们会问："你是英国人？澳大利亚人？南非人？……"我说："都不是，我是以色列人。"他们说："不可能！"

调查人：你觉得不会说希伯来语的人可以算犹太人吗？算以色列人吗？

受访人：对我们来说语言是我们的身份。没有它就不是我们自己。所以犹太人在基督教下还继续用希伯来语说。不过，在生活中，对于我来说，不会说英语有生活压力，但不会说希伯来语没关系，可以只说阿拉伯语。

调查人：你对希伯来语的认同，可能受到西班牙语和英语的干扰。

受访人：我是以色列人，虽然6岁就离开了，但几乎每年都回去。我可以批评自己，但别人不可以批评我。我从内心认同希伯来语，英语只是我的工具语言。

调查人：那你怎么看你的英语？

受访人：别人很认同，肯定我的英语很好。我可以听说读写，如果不看我的护照，会觉得我的母语是英语。

调查人：如果有人说，你最先学到的语言才是你的母语，刚出生几个月习得的。你怎么回答？

受访人：希伯来语和西班牙语，因为从我出生听到这两语言。

调查人：好像刚才你把芬兰语排在第四？

受访人：我能说芬兰语，在芬兰待过一段时间，1岁时去过芬兰。10岁前，随家人去过好多次，16岁时在那里待过，每次2—3个月。芬兰是我的第二故乡。

调查人：你的芬兰语是跟谁学的？

受访人：没有人专门教我芬兰语，不断听别人说，就会说了。我去芬兰，看起来像芬兰人，发音听起来也像，他们觉得我就是芬兰人。他们一看我，就和我说芬兰语。

调查人：你自己觉得你是芬兰人吗？

受访人：我出生在以色列，但我也有芬兰国籍。我喜欢芬兰的天气、风格，我的性格与芬兰人很融入，非常认同。我觉得芬兰语很美。马上中国放暑假，我先去以色列，再去芬兰。从中国毕业后，我可以去芬兰大学，也可以去哈佛大学，但我不喜欢美国。

调查人：好像你是说，在所有语言里，你的英语是最强的。

受访人：应该是，使用最多嘛。可能是因为我是"国际人"。其实，我大部分的语言都不够完美。有时候虽然我知道那样说是对的，但还是缺乏一种自然的语感，或者说缺乏 full control（充分的掌控）。

调查人：在以色列，是不是经常会有语码转换的情况？

受访人：这种情况是以色列的特色。感觉别人可能听不懂，就进行语码转换，换成希伯来语，西班牙语或英语。不过美国里也会有这种情况。欧洲也会，但是很少。最多是在以色列吧。

调查人：在家庭里面也是这样？

受访人：在以色列，大家都要知道怎么说和写希伯来语，但也都有家庭语言。然后，我们不知不觉把自己的语言和希伯来语混合在一起。所以说，我家说希伯来语、西班牙语，我朋友家说希伯来语、阿拉伯语。

调查人：你会说好几种语言，那么你觉得哪一种语言是你的身份标志？

受访人：在我身上可以贴好几个标签。我不喜欢被指派，说你就是什么什么的，这样不好。我自己选择我喜欢的，对我有用的。

调查人：那你怎么选择呢？

受访人：我觉得可以是希伯来语，因为我是犹太人，也可以是西班牙语，因为我外婆、妈妈、一半家人都是南美的，说西班牙语；还可以是英语，因为我出去基本用的是英语，人家也跟我说英语，而且我的英语说得比希伯来语好多了，还可以是芬兰语，因为我也有芬兰的国籍，因此有芬兰语的身份。

调查人：你是多重认同啊。

受访人：很正常。为什么只能有一种认同。那多不自由啊。每种语言都可以成为一个"我"。

调查人：听上去很有道理。

受访人：其实，我什么都是，也什么都不是。因为以色列就是混合的。我经常会把所有的语言混合在一起。

调查人：好多语言学家认为母语只能有一个，必须是第一语言。看来你是坚决反对。

受访人：这样的语言学家越来越少了。

调查人：有人说母语是做梦时使用的语言，还有人说母语是喝醉了酒时使用的语言。他们认为做梦、醉酒时是下意识的，可以真正看清人们的母语，看清大脑深处的"语言根"。

受访人：我的梦都是用不同的语言。有时，我会突然用芬兰语。我没法控制自己时，比如，生气时，会用好多语言，比方说希伯来语、英语、西班牙语，甚至是日语。

调查人：你买东西，心中计算价格时，用什么语言？

受访人：应该是根据我几分钟前用的那个语言吧，根据当时的场景，就是与营业员使用的话语。否则，翻译过去，太麻烦了。

调查人：在中国的商店里，基本用汉语？

受访人：我开始学中文时，先翻译成英文或希伯来文，再进行计算。但是很快就习惯了。现在我不需要翻译。计算是逻辑，可以不需要语言。就像人们哼唱一首小曲时，只需要考虑旋律，不会注重语言的。

调查人：我发现母语是个很难的问题。各种个人的想法都不一样。主要是语言习得常常和种族身份不一致。

受访人：以色列也有这种问题。比如：有的以色列人不是犹太人，但是他们从小就学习了希伯来语，为什么他们不能被称为希伯来语母语说话者？就因为他们原来不是犹太人吗？

调查人：是不是说"母语"这个词，除了认同，还要考虑它的"始源性"，就是最初的习得。

受访人：应该是一个条件吧。

调查人：从你的多重认同，可以看出你对双母语的说法很肯定。

受访人：双母语是很正常的现象，特别在以色列、美国。在以色列大部分的人是至少两种母语的人，我们平常用到 3 种语言。我们 8 年以前的总理 Ulmert 就出生哈尔滨！（注：指以色列前总理奥尔默特，其父亲毕业于哈工大，能讲流利东北话；哈尔滨的犹太人纪念馆记录了包括他父母在内的众多犹太人在中国成长的历史。）

调查人：你发现中国的双母语人多吗？

受访人：大多数中国人都是双母语。他们可以自由地转换两种语言，但自己觉察不到，因为他们有很好的语言掌控力。

调查人：但是他们的书写系统是一样的。只是不同的方言。

受访人：好像只有普通话有书写系统，所谓的方言，大多数都没有。其实那就是两种语言。语言是政治层面的定义，方言就是一种语言。

调查人：好的，谢谢你接受我的访谈，回答我这么多问题，给我这么多信息。现在我对双母语研究更有信心了。

受访人：很开心跟你一起探讨。有机会可以到以色列看一看。

调查人：好的，谢谢。

访谈二

访谈编号：0717A

访谈日期：2013 年 7 月 17 日

访谈地点：云南省西双版纳傣族自治州教育局双语教材编辑室

访谈对象：岩××，男，傣族，36 岁，公务员

调查人：你好，请问我可以做一个双语问题的访谈吗？

受访人：可以。

调查人：你学过傣文吗？

受访人：当然。

调查人：报纸杂志上经常提到"母语"这个词。你觉得什么是一个人的母语？

受访人：肯定是他从小在家说的话啦。

调查人：就是他的本民族的语言？

受访人：对呀，比如像我，走到哪儿傣语都是我的母语。

调查人：调查中，我发现傣族的和尚，特别是佛爷，对傣语的语言情感要比普通人更深。

受访人：那是自然的。20 年前，男的都必须当和尚，学习傣文。否则会被人看不起的，认为"不干净"，也没有女人喜欢的。现在呢，没人想当和尚了。

调查人：也就是说，和尚是要学文化的，和尚是可以还俗结婚的？

受访人：是的。我以前就是大佛爷，有法号，现在已经还俗。

调查人：噢。佛爷应该比和尚高一个等级吧？

受访人：当了小和尚之后，可以还俗，或者继续当大和尚。如果当和尚达到 20 年，可以升为佛爷，当然也可以还俗。以前每个村子都有一个佛爷的，在佛舍里为人们讲经书，传播佛教文化。村寨上人家结婚、办丧事、盖房，都要请佛爷去的。

调查人：现在的学校里好像也有和尚。

受访人：小和尚也可以参加义务教育阶段的学习，他们披着袈裟在校园里，称为"和尚生"。

调查人：现在西双版纳的双语教育怎么样？您对这一方面应该比较

了解。

受访人：西双版纳州有 13 个民族，接受双语教育的学生有 1 万多人，教学形式为"少数民族语言辅助汉语教学"，包括学前教育（幼儿园阶段）、小学、初中、中专、大专。

调查人：双语教育很全面啦。

受访人：不过，接受双语文教育的只有 5000 多人，只有一半人。就是说，除了学习民族语言外，还要学习文字，主要是傣文。

调查人：现在小学升初中、初中升高中，考不考民族语？

受访人：准确讲是民族语文，傣语是有傣文的。可惜的是，现在大家都不太重视，这一点不如内蒙古和西藏那里。学生感觉学了没用，影响学习积极性。

调查人：那有没有专门的傣语和傣文老师呢？

受访人：现在双语教师没有专职岗位，大多是其他科目的老师，主要是汉语文老师兼职教授傣语，他们多付出却没有相应的报酬。

调查人：那肯定影响教学效果。

受访人：是啊。另外，也有傣族家长担心在学校学习傣语会影响汉语的成绩。从校长的角度出发，多一事不如少一事。

调查人：现在傣语和傣文在社会上有用途吗？

受访人：从社会角度看，考公务员，只考汉语，不考傣文。在傣族自治州，干部懂不懂傣文不影响其提拔。最近虽然在其中增加了傣语的考试，但仅占几分，而且考的是口语表达能力，并不是傣文的掌握程度。

调查人：只有傣语考试，没有傣文考试？

受访人：对呀。其实民族文化的传承，需要文字。我们教育局的民族教育科，去年设了一个岗，要求 35 岁以下能懂老傣文，结果至今没有人应聘。说明目前双语文人才匮乏啊。

调查人：那有什么好的办法呢？

受访人：州政府要建立民族语文的课程标准，和汉语文一样，成为硬指标。不能只看校长的爱好。要有专门的管理机构，目前的这个双语教材编辑室是教育局的内部机构，是一个临时机构，并不是专设机构，人员也是从州政府借调过来的。没有专门的管理机构不利于双语和双语文教育的长期发展。

调查人：教育局应该是专门管双语教育的，设置起来应该不困难吧？

受访人：民族语言的教育和传承是一项综合性的工程，不能仅仅由教育部门来做。文化、民族、艺术等部门都应该参与进来，协同工作。这样学校的一些课程，如艺术课、文化课就可以联动，齐抓共管，效果会更好。

调查人：是的，是的。语言和文化艺术都是分不开的。

受访人：从更高层次看，干部的提拔分配应该走群众路线，让懂民族语文的优秀干部脱颖而出。双语教育就有希望了。

调查人：可能还要让群众看到双语的好处，要有实实在在的吸引力。

受访人：这一点很对。要重视语言的经济价值。西双版纳州的文艺表演、民俗文化的介绍、佛教文化的传播都离不开民族语言。

调查人：如果要学习傣语和傣文，是不是最好从娃娃抓起？这是留住母语之根的最好办法啊。

受访人：目前，我们在学前教育阶段推行母语先行政策，也属于"少数民族语言辅助汉语教学"的教学实验。今年有5—6个实验班，效果不错。明年扩大到20个班级。主要形式是在幼儿园阶段，让儿童学习傣文，进行100%的傣语教育，到了幼儿园大班阶段，儿童能够用傣文写简单的作文。

调查人：母语先行，就是幼儿园先教傣文，到了小学再学汉字？

受访人：是的。实验发现，到了小学阶段，这些儿童思维发展好，敢说敢讲，双语能力强，他们发现学习是愉快的，无压力，符合素质教育的要求。这些特征在小学一年级还没有完全表现出来，但到了二三年级，这些学生的汉语文能力反而比非实验班的儿童要好，原先担心受傣语的干扰和影响，怕他们汉语跟不上，现在这些担心都没了。说明傣语和汉语的学习并不是相互干扰的，而是相互促进的。

调查人：家长支持吗？

受访人：由于是傣文学习在幼儿园阶段进行的，不影响义务教育阶段的汉语学习，家长没有太多的反对意见。

调查人：就是说，在幼儿园阶段100%学习傣语傣文的儿童，到了小学阶段，汉语比那些仅仅学习汉语的同学要快。这应该说明语言是相互促进的吧。

受访人：肯定是的。有的家长不理解。

调查人：你们能不能说这些在幼儿园学习傣文的孩子是双母语呢？

受访人：双母语？

调查人：是啊。就是他们每个人都是有两种母语——汉语和傣语？

受访人：恐怕不能这样说吧。

调查人：昨天晚上我在一家傣族吊脚楼吃晚饭，向那边的傣族服务员了解过对傣语的看法。他们都说傣语没什么用。汉语方便做生意，傣语落后，妨碍交流。您有什么看法？

受访人：文化程度越高的越重视自己的民族语，希望保留它；文化程度越低的越轻视自己的民族语，希望摆脱它。

调查人：难怪您的母语的认同度这么高！

受访人：大多数傣族人傣语的母语能力很强，但没有了解傣语的精髓，只是了解傣族文化艺术的皮毛。傣语的有大量的充满智慧的谚语、动人的历史传说，虽然也编了一些这方面的教材、工具书，出版了一些母语文学作品，但这方面的开发远远不够，还有许多值得挖掘的东西，越挖掘，越能发现有价值的东西，而且也越能创新。

调查人：可是，按照您所说的，只有经过多年教育的人才能真正了解傣语，发现其价值，并热爱上傣语。

受访人：是啊，是啊。绝大多数民众并不了解傣语的精华，只是当作日常的口头交际工具。而汉语和汉文化，特别是优秀的部分，经过多年的挑选淘洗，通过书籍、电视等传媒，传播给了少数民族地区的人们，不知不觉中提高了汉语在人们心目中的形象。现代的科学技术，代表新潮流的文化观念都是通过汉语来进行传播的，汉语与好听联系在一起。

调查人：其实，许多少数民族文化的精华，如民歌，也是通过汉语来进行传播的。各民族优美的曲子、故事、传说……

受访人：这就更加增加了汉语的魅力，汉语就与"好听""亲切""有品位"联系在一起了。

调查人：虽然现在的青少年不太认同傣语，但是随着年龄的增加，会逐渐意识到傣语在人际交往中的实际价值的。

受访人：感情是培养出来的，是在使用中培养出来的。人是会变的嘛。

调查人：谢谢您接受我的访谈，提供这么多信息。谢谢！

受访人：不客气。再见（送到门口）。

访谈三

访谈编号：0718A

访谈日期：2013 年 7 月 18 日

访谈地点：云南佛学院西双版纳分院（位于云南省景洪市景洪镇）

访谈对象：岩×，男，傣族，15 岁，云南佛学院西双版纳分院初中班

调查人：你好，我是一个学校的老师，想对你做一个关于语言使用情况的访谈，可以吗？不询问什么个人隐私的。

受访人：好的。你请问。

调查人：你来佛学院前没有学过汉语？就是语文课。

受访人：没有。

调查人：你们在这里，既是和尚又是学生吗？

受访人：是啊，所以学校称我们为"和尚生"嘛。

调查人：你在这里（佛学院）待了几年了？

受访人：我来了两年。其实嘛，我学汉文，学中文，才两年。

调查人：那你的汉语为什么比那个小和尚好？他已经学了 6 年的汉语了。

受访人：不知道啊。也许他们不太用功啦。

调查人：哈哈。你的汉语说得很流利的。中文水平会提高很快的。

受访人：还是有我们那里的腔。

调查人：你是哪儿人？

受访人：德宏那边的，傣族。

调查人：德宏那边好像既有傣族，也有景颇族。

受访人：是的。我是傣族的。语音跟这边的傣族有些不一样。

调查人：爸爸妈妈会汉语吗？

受访人：会一点点。

调查人：你什么时候开始当小和尚的？

受访人：六岁，在村上。其实说来，我整整出家了 10 年了。

调查人：每一个傣族男孩都要当和尚吗？

受访人：嗯，按照老规矩，每个男娃一生最少要当和尚 3 个月，离开

家庭，正式在佛寺内出家修行。

调查人：随着年龄增长，从小和尚就成为大和尚……

受访人：小和尚读懂经书就可以升为大和尚。到了 20 周岁还没有还俗，就当佛爷。

调查人：德宏那边有男人没有当过和尚吗？

受访人：不多。没有当过和尚的男人是"生人"，没有做人的资格，女孩看不起，没有姑娘愿嫁。

调查人：小和尚、大和尚、佛爷都可以还俗？

受访人：是的。佛爷继续深造便可升为祜巴。祜巴大佛爷是不能还俗的。

调查人：就是终身的殉道者了？

受访人：是啊。

调查人：你到寺庙后，主要做些什么？

受访人：每天 5 点半就起床，诵读一个小时佛经，晚饭后也要诵读一个小时佛经。

调查人：你们从当和尚起就一直学习经文？

受访人：是的。就是通过学经文，来学我们傣族的文字。

调查人：哦，那很好。那你学傣文的时候，老师用汉语讲吗？

受访人：不，都是用傣语讲的。

调查人：那你以前不讲汉语吗？是到这里才开始学汉语吗？

受访人：以前讲汉语的，碰到汉族人也能讲汉语，只是不太流利。

调查人：你们学过拼音吗？

受访人：没有，也不认识汉字，是文盲，（叹气）……到了这里来，汉语接触多了，汉字也认得好多了。

调查人：你在这儿学完了回去还是做和尚？

受访人：我回去后，就在村上教大家傣文。

调查人：傣族人必须要认识傣文吗？

受访人：一个傣族人，不认傣文又不讲傣话，就不像话了。

调查人：看来，村上的寺庙是保存傣族文化，特别是傣族文字的重要地方啊。

受访人：寺庙很重要的，每个村寨都有佛寺住持。

调查人：那你从这里毕业，有没有什么文凭？

受访人：佛学中专和汉语文中专毕业证书。

调查人：喔，好的。现在我想问你一个好玩的问题：如果你去商店买东西，算账的时候，就是心算的时候，你是用傣话算得更快，还是用汉语算得更快？

受访人：嗯，傣语嘛，还是比较快。

调查人：看来你的傣话确实是很好啦。那你能用话把这些词（注：指斯瓦迪士 100 核心词列表）说出来吗？

受访人：好的。是用这边的傣语，还是用德宏那边的傣语？

调查人：无所谓，都可以。

受访人：（开始读，非常认真）我们的傣语没有"脂肪"这个词。

调查人："游泳"为什么要想半天才想出来？不怎么用？

受访人：是，不怎么用。

调查人：你能不能先用傣语说出你住在哪里，然后用汉语说？

受访人：可以。我住在德宏州瑞丽市××村。

调查人：那你能不能用你们那边的傣语把这个故事讲一遍？就是这张纸上的《北风和太阳的故事》。

受访人：好的，可以。（开始用傣语口译《北风和太阳的故事》，非常流利）

调查人：非常好，非常好。感谢配合！你一定会成为有名的大佛爷。

受访人：（微笑）谁晓得呢？

访谈四

访谈编号：0718B

访谈日期：2013 年 7 月 18 日

访谈地点：云南省西双版纳傣族自治州景洪市嘎洒镇曼真村

访谈对象：玉××，女，傣族，16 岁，高一年级学生

调查人：你好，我想做一个汉语和傣语使用情况的访谈，可以问你几个问题吗？这是给你的小礼物。

受访人：（接过礼物）谢谢！请说吧。

调查人：你们这个村好像是个坝区，村子不大啊。

受访人：是啊。只有七十多户人家。

调查人：你们村全部是傣族吗？

受访人：不是的。有一些汉族的上门女婿，包括一些外省来的，还有嫁来的其他少数民族的姑娘，约20多人。

调查人：我看到村头有卖傣装的，他们是村上人吗？

受访人：不是的。村上有一些做生意开店的，长久居住在这里，但不是村上的人。他们大多说汉语。

调查人：他们这些衣服能卖掉吗？好像没有人穿民族服装哎。

受访人：村上傣族人大多改穿汉人服装了。不过到重大节日，还是要穿上漂亮的民族服装。所以常常有汉人从服装厂进货，到村上来卖。

调查人：你还记得什么时候开始说汉语的？

受访人：应该是上幼儿园吧。我4岁上幼儿园的，上了3年。我们这里四个寨子，有一个幼儿园。

调查人；小学也在附近上的？上了几年？

受访人：在附近。我7岁上的曼真小学，上了6年。

调查人：现在在读初中？

受访人：是。在嘎洒镇中学。

调查人：你从小跟爸爸妈妈学的傣语吗？他们的汉语怎么样？

受访人：爸爸妈妈，还有爷爷奶奶一起，大家都说傣语，我就这么学会的，也没怎么学。村上老年人大多只说傣语，汉语很弱。

调查人：那么中年人呢？是不是傣汉双语？

受访人：是的。他们在村上说傣语，到镇上，或者在村里遇到汉人，都能说汉语。而且他们非常注意子女的汉语教育。

调查人：你们在学校，也说傣语吗？

受访人：说得少。基本讲汉语。可能在学校里说习惯了，我们回到村子，跟同学还是说汉语，因为有的时候用傣话讲不清楚，用汉语说起来方便。反正父母也不管。

调查人：你能把这100个词用傣语说说看吗？（指着斯瓦迪士100核心词）就说前面两行吧。

受访人：（努力说傣语）有的词不太知道用傣语怎么说。

调查人：是不够流畅，你常常会停顿下来思考一下。既然最先学会的是傣语，应该傣语很强的啊。

受访人：虽然先碰到的是傣语，但傣语没有学好，就碰到汉语了呀。

好多词，我们都是先学会了汉语，后来才知道傣语怎么说的。

　　调查人：就是先接触的反而后学会。能举几个例子吗？

　　受访人：比如，"老虎""知了""火柴"……好多好多的。都是先学会了汉语，后来慢慢从各种途径，才知道傣语里是怎么说这些词的。

　　调查人：除了汉语和傣语外，你们在学校里还学什么语言？

　　受访人：在学校里不学傣语。傣语是选修课，好多人，包括我自己，觉得傣语够用了，不需要学。我们学的是英语和泰语。

　　调查人：为什么学泰语？

　　受访人：泰语跟我们的傣语比较像，只要发音稍微拐个弯就行了。也许以后有用。

　　调查人：真厉害，你现在会说四种语言了！

　　受访人：没有，没有。

　　调查人：那么你掌握得最好的是什么？最差的是什么？

　　受访人：汉语最好，其次是傣语，然后是英语，最后是泰语，因为学得时间短。

　　调查人：你们学傣文了吗？

　　受访人：没有。我们是双语教育，不是双语文教育。

　　调查人：你经常讲傣语吗？每天讲？

　　受访人：每天讲。

　　调查人：在学校里也讲？

　　受访人：跟好朋友讲，比较少。

　　调查人：那你经常讲汉语吗？每天讲？

　　受访人：每天讲。

　　调查人：回到寨子里呢？跟父母？

　　受访人：有时候跟父母说汉语，有时候说傣语。

　　调查人：那么你们全家都是傣族人，他们不觉得你说汉语奇怪吗？

　　受访人：没有啊。好像没有什么感觉。

　　调查人：跟爷爷奶奶呢？

　　受访人：主要说傣语。不过说汉语他们也能听懂，只是说不好。

　　调查人：别人跟你讲傣语时，你是不是都用傣语回答？

　　受访人：好像有时候也说汉语。反正我们是学生，学生都是这样的。

　　调查人：你用什么语言跟陌生人讲话？

受访人：汉语啊。

调查人：能够使用双语是不是比只会一种语言好？

受访人：两种语言好。

调查人：通常在什么情况下，你不说汉语？

受访人：跟老年人在一起的时候，还有大家都在说傣语的时候，或者过节的时候。

调查人：通常在什么情况下，你不说傣语？

受访人：在学校，嗯，还有，到镇上。

调查人：如果你去小店，店主只会说傣语，你能跟他讨价还价吗？

受访人：没问题啊。

调查人：心算价格，用傣语还是用汉语，速度更快？

受访人：一样快。

调查人：你有没有讲傣语讲不清楚的时候？那时候，你是就沉默不语，还是用汉语继续说？

受访人：用汉语呗。

调查人：如果有人用傣语跟你吵架，你能用傣语反驳他吗？

受访人：说不过那些年龄大的。

调查人：你讲傣语时，通常会在哪些地方出错？

受访人：说不清楚，有时候说着说着就到换到汉语了。可能跟说什么话题有关。

调查人：那你讨论什么样的话题，用傣语最有信心，最拿手？

受访人：日常生活里的话题吧。不要太正式就行。

调查人：如果你以后有了孩子，是先教汉语，还是先教傣语？

受访人：傣语。傣族人不说傣语还算傣族人吗？

调查人：你会跟只会讲傣语的人结婚吗？

受访人：有吗？行吧。我们这个年龄的好像没见过。

调查人：那你会跟只会讲汉语的人结婚吗？

受访人：应该可以的。

调查人：你最早是什么时候知道自己是傣族的？

受访人：老早。幼儿园之前就知道了。

调查人：傣族的著名人物，你知道哪些？

受访人：我知道一些傣族歌星。

调查人：你什么时候开始说汉语的？

受访人：幼儿园开始的。

调查人：幼儿园前呢？

受访人：也说一点点，不太好，主要是从幼儿园开始的，记不清了。反正以后就会说汉语了。

调查人：你觉得不说傣语可以算傣人吗？

受访人：只能算半个傣人吧。

调查人：可是有的人说，不会说也没关系，只要心里有傣语就行了。你同意吗？

受访人：也可以。

调查人：听起来，你还是比较宽容的。

受访人：我觉得如果自己真的喜欢，就把它说好。与别人没关系。每个人都有自己的选择。

调查人：嗯，很好。在填表格时，如果有一栏是"语言或母语"，你填什么？"傣语"、"汉语"，还是"傣语和汉语"，或者"汉语和傣语"？

受访人："汉语和傣语"吧。

调查人：填"傣语和汉语"呢？

受访人：（顿了一下）也可以。

调查人：你觉得汉语和傣语哪一种对你更重要？

受访人：都重要。都是我自己的语言嘛。

调查人：你这个说法蛮新鲜的，把汉语和傣语看成是自己的"财产"。挺有意思的。现在假设你在城里，忽然听到一个人在说傣语，你觉得亲切吗？

受访人：应该会的。有时候确实有这样的感觉。

调查人：你学汉语是为了"方便交流"，还是为了"多学文化"或"方便找工作"，或者其他什么目的？

受访人：没有什么目的。反正我也没花功夫学，自己就会了。

调查人：小时候学两种语言，当然成本很低。是再好也不过了。不过我想问的是你现在在学校里学汉语，学语文，你感兴趣吗？学习的动力是什么？

受访人："学文化""方便找工作"，都可以。

调查人：如果有两项指标："好听"和"亲切"，让你给汉语和傣语打分，5 分制。你各打几分？

受访人：都打 5 分吧。

调查人：看来你是一个真正意义上的双语人。就是两种语言说得好、经常说，而且不带偏见。

受访人：我们这边，这样的人多呢。

调查人：你有没有发现，那边树底下聚了好多大人、儿童……

受访人：是的。因为前面就是村上的佛寺，是大家活动的中心。

调查人：可是他们好像在说汉语啊。村寨里的人相互之间不是一般说傣语吗？

受访人：可能是因为有一个是重庆来的上门女婿，是汉人，所以大家一起说汉语，反正都会说。再过几天就是"关门节"了，可能在商量什么事吧。学生在村里说汉语，大人们已经习以为常，有的还认为是有文化的表现呢。

调查人：（边上一位年轻妈妈推着婴儿车走了过来）孩子多大了？

母　亲：一岁半了。

调查人：（孩子忽然哼起了"在哪里？在哪里见过你？……"身体在手推车里有节奏地晃动，嘴里哼着不是很清晰的歌词）天哪，她好像在哼邓丽君的歌曲，是汉语歌曲啊！

受访人：肯定是跟磁带上学的。

调查人：孩子会喊爸爸妈妈吗？用傣语？

母　亲：会了。汉语傣语都会。

调查人：哪种先学会的？

母　亲：这哪个会知道……（推着婴儿车继续向前）

调查人：真可爱。西双版纳真是个好地方……傣族人的人生启蒙歌曲竟然是港台歌曲，真有趣。哦，最后想问一下你的年龄，是在上高中吧。

受访人：16 岁，上高一。

调查人：谢谢你接受我的访谈。耽搁你这么多时间。

受访人：没关系的。

访谈五

访谈编号：0728A

访谈日期：2013 年 7 月 28 日

访谈地点：云南大学翠湖校区

访谈对象：何稳菊，女，24岁，白族，云南大学人文学院研究生

调查人：你好，杨立权老师介绍我来跟你聊聊。听说你是云南大学人文学院的研究生，语言学功底很好，又是汉语白语双语人，很想找你做个访谈，可以问你一些问题吗？

受访人：肯定没问题啊。对我来说也是一个学习机会嘛。

调查人：杨老师说你是喜洲人，你们那边应该是白族文化保存得比较好的地方吧。在家基本上是说白语吧。

受访人：我们那边，可能是经济教育都比较发达的那种。现在好多父母可能觉得让小孩讲汉语是一种时尚。就觉得，啊呀，讲汉语多有面子啊，而且可以进更好的小学。

调查人：汉语好了，就能进更好的小学？凭什么？

受访人：小学里，老师都是用汉语授课的。汉语可以帮助小孩更好地融入学校。爸爸妈妈为了让孩子早点学会汉语，在一两岁的时候就有意识地只给他讲汉语。

调查人：怎么学？

受访人：在我们那里，爸爸妈妈都是双语使用者，但都是汉语讲得很不顺的那种，很拙劣的。我有个邻居，他们就让小孩天天看电视，看动画片啊。

调查人：光看电视是学不会汉语的。一定要有语言的输入和输出，有互动。不然，中国人学英语就太容易了。

受访人：其实，这个小孩我带过他。在他出生的时候，他爸爸妈妈没有这个意识的。但一看，大家都教自己的小孩学汉话，就急了。让小孩背汉语儿歌，对汉语崇拜痴迷啊！

调查人：（大笑）不能输在起跑线上。就像南京的幼儿学英语。

受访人：现在这个小孩一般不说白语了。最多只能听懂父母的白语。现在都跟他讲汉话，感觉跟他讲白语很怪的。

调查人：为什么？

受访人：可能大家要配合他，适应他吧。必然就交际不畅了。

调查人：但是我相信，到了初中高中，这些孩子的白语会提高的。

受访人：对，对，对，就是这种情况。他如果还是像小学里那样一本

正经讲汉语，他就融不进那个圈子了。毕竟，讲白语的还是多嘛。

调查人：还有一个，就是他们可能慢慢意识到，白族人不会讲白语不太好。白语嘛，自己的身份啊。

受访人：小时候没有身份意识。大了，就觉得用白语很正常，然后自然成了双语使用者了。

调查人：现在我们看到两类。一类是爷爷奶奶带大的孩子，隔代教育成就了民族语的习得；一类是父母有意识让孩子不学民族语；还有一类可能是父母不是同一个民族的。你们那边有这样的例子吗？

受访人：多啦。许多外地来的，做上门女婿，娶我们白族姑娘。有四川的、重庆的、贵州的，还有滇南的傣族、佤族。

调查人：那是因为你们这边经济比较发达啊。

受访人：他们在家里，主要还是讲白语。我本科时候做过一个调查，写了一篇论文，题目叫"大理喜洲白族居民语言生活调查"，也做了一些问卷调查。发现村上是以白语交际为主，但还是有汉化的迹象。

调查人：不错，不错，我一定会参考你的文章。我今天想了解的就是你对母语的看法。目前对母语有这么几个观点：一是母语就是第一语言，最先习得的语言；还有，母语就是民族语；第三就是思维所用的语言。

受访人：思维所用的语言？

调查人：对，听起来有点玄。因为有时很难证明你在用什么语言思考。所以有人就想通过表象来判断。比如认为一个双语人喝醉后说的话，就是他的母语，或者根据做梦时说的梦话来判断他的母语。

受访人：就是无意识当中说的那种语言。

调查人：对了。又比如说，你付钱的时候，算账的时候，用哪个语言更快，那就是母语。

受访人：我呀，我是用白语更快。我数钱啊，算数啊，心里默诵啊，都是用那个白语。

调查人：白语。

受访人：是啊。我是下意识地用白语，虽然我的汉语也很好。

调查人：但是我刚才观察发现，你买东西，跟人家说话，呱啦呱啦都是汉语，挺流利的。你肯定心里面想的是白语吗？

受访人：啊呀，周围一打人都是说汉语嘛，我当然说汉语。我心里用白语算，说出来就是汉语了嘛。

调查人：我觉得母语的这三个定义都有问题。比如最先习得的就是母语……

受访人：对，对，是有问题。我最先习得的就是汉语。因为我奶奶说的是汉语。

调查人：爸爸妈妈呢？不在家？

受访人：小时候我爸爸妈妈在镇上做生意，一个星期才回来一次，为了更好地赚钱嘛。都是我奶奶带我。

调查人：你奶奶是汉族？

受访人：是汉族。她是嫁到我们那里的，直到去世之前都不会讲白语的。跟邻居都不经常走动的。就是那样。

调查人：啊。很孤独啊。

受访人：她也没有意识去学那个白语，因为我们家人回去跟她交流啊，都是用汉语。

调查人：她是从哪儿嫁过去的？

受访人：昆明。

调查人：从昆明嫁到你们喜洲，也不算远啊。

受访人：也不近啊。关键是她不会说白语的。我小时候出生之后，我奶奶就一直守寡，就一直……白语就听不懂。

调查人：听不懂，那怎么在那里生活？

受访人：我们回去之后就会跟她讲汉话啊，这么的。

调查人：用汉语讲？

受访人：那肯定是的了。还有我爸爸的妹妹，也是双语者，也每年过来看看奶奶。我们那边的人，遇到我奶奶，跟她打招呼也会用汉语。

调查人：哦。所以你是最先习得汉语的。

受访人：对啊。所以我在家里说的都是汉语。但我身边的小伙伴啊，都是说的白语。

调查人：是的。前几天在傣寨调查发现，有的跟你这个情况一样。傣族儿童是先会喊"爸爸妈妈"，用汉语，然后再慢慢地学会傣语。第一语言不是傣语。

受访人：对。我觉得在我这里，第一语言就不是白语。

调查人：不过，话说回来，实际上是很难区分你的白语和汉语，哪个是第一，哪个是第二。哺乳期，妈妈跟你说的语言，你也记不得了。爸爸妈妈在家相互之间说白语，你能听见。白语汉语，实际上是交错学的，就像织布，两种语言相互编织起来，形成你的语言习得经历。

受访人：但是在我记忆之中，我最先会说的还是汉语。

调查人：对，汉语是最先掌握，用于交际的。最初几年里，白语是"习"了，没有"得"；汉语是"习"了"得"到了。

受访人：对，应该是这样。其实，我也不知道我的白语是什么时候学会的。反正会讲话的时候，就会说了。但还是感觉汉语在前，这一点是没有问题的。

调查人：那你觉得你后学的白语，水平怎么样？

受访人：我们上学时，伙伴啊，我们村里面都是讲白语，没有人讲汉语。我肯定白语讲得很好啦。我们那边哦，村子里的小学，老师授课，讲课文的时候，都是汉语。但是一下课，大家都是白语啦。比如，你干嘛干嘛啊，都是用白语的啦。

调查人：你在村子里面上了几年啊？

受访人：六年啊。

调查人：整整六年？那你们那个村子很大啦，能有六年小学的不多啊。

受访人：应该有几千人吧。

调查人：你是在喜洲那里读的中学？

受访人：是啊，大理二中。那边学生都是来自讲白语的地方。初中都讲白语。

调查人：高中和大学呢？

受访人：高中也在那里。大学到昆明，昆明学院。

调查人：也就是说，你是完全习得了白语的。现在看来，如果把最先习得的语言和母语一一对应，可能会产生问题。而且这个一对一的关系还意味着母语是刚生下来就确定了的，是不可能再改变的。这就更有问题了。

受访人：对，这个"最先"听上去简单，其实很难讲。

调查人：好，那现在看第二个标准，"母语就是民族语"。

受访人：这个我更不赞同了。

调查人：是有问题，比如说回族，没有"回语"啊。现在满族人也不以满语为母语了。

受访人：对，那肯定是错的啦。我身边也有一些人的例子可以证明这个是不对的。比如，有的人，我们同学，爸爸妈妈都是白族，自己也是白族，但是从小在城镇里面生活，从小爸爸妈妈都是灌输他们讲汉话的。

调查人：不会说白语？

受访人：不会。但能听懂爸爸妈妈的白语。有时汉白夹杂地说一点点，毕竟周围也有人说。

调查人：一个白族人，不会说白语，但能听懂，这个母语的判断还是一个难题啊。

受访人：难道不能算母语吗？

调查人：还不知道。先看第三个标准吧，思维语言，这个是缺乏可操作性的。我认识一位美国的华裔老师，他30多岁开始在美国定居，现在是美国的大学教授，他说他常常用英语做梦。那又不是他母语。

受访人：我也有过这样的体会。我在昆明读完书，然后放假回去嘛，回到喜洲，就发现我的白语已经有点汉化了，有杂音。但是在那里待一段时间，我又说得流利了。

调查人：对，对，很正常。

受访人：然后我在家里过一个假期之后，回到昆明，就做梦。半夜三更做梦，然后我室友就惊讶，"唉，你做梦讲话，怎么讲白语啊？"

调查人：那你平常在昆明上学的时候，是用汉语做梦的？

受访人：就是啊。我在这里待时间长了，只说汉语嘛，就会用汉语做梦。

调查人：日有所思，夜有所梦。与自己的母语没有关系。

受访人：对，对。

调查人：三个标准说完了，问题一大堆。关键是，现在什么学科都在用"母语"这个词，通俗易懂嘛。相反，"第一语言"这个词，就只在语言学用，远不如"母语"用得广泛，概念很混乱。

受访人：所以有必要澄清。

调查人：对啊。那些大理镇、喜洲镇上的孩子，白族父母让孩子从小学的是汉语。如果对他们进行母语教育？你说应该选什么语言？

受访人：确实很难弄。因为以后有的人还会搬到昆明来，不在白语的地州。又不能违背人家的意愿，强迫人家说。

调查人：所以我想，母语概念是不是要加上一个条件，就是自己的选择，自我认同。考虑一下当事人的语言态度。

受访人：讲话人自己的愿望？

调查人：对，我。这样我认为母语就需要符合两个条件。第一，小时候自然学会的，不管是第一还是第二。

受访人：还有一个就是语言态度？

调查人：对啦，要对这个语言有情感，有认同，是自己的选择。就是你所说的"自己的愿望"。

受访人：嗯，我也觉得母语是有点主观的、情感的东西在里面。

调查人：正因为有这种感情成分，人们才会有珍惜母语，珍爱母语的说法，把母语看成身份标志啊。第一语言就纯客观的了，不带情感色彩。

受访人：需要认同它、亲近它，觉得放弃了可惜。所以你已经给母语下了新的定义。

调查人：是啊。你也发现，我已经把"民族""第一"都去掉了。

受访人：不过我还是觉得里面有个问题，"认同""态度"很难测量。

调查人：是啊。现在有一些调查语言态度的量表，还可以用心理实验来测。

受访人：但你这样就把"母语"的概念弄复杂了，是不是母语，应该马上就能告诉人家。你还要进行测量才行。

调查人：不是啦。对于大多数人，这个还是很好判断的。只是一些"疑难杂症"，才需要用这个来界定检验。就像医生看病，如果症状很明显，一下子就可以判断；但如果症状不明显，那就需要进行医学检查。这两种情况背后的标准是一致的。

受访人：哦，那我能理解。就是自幼习得，加上语言认同，满足这两条就可以确定母语了。

调查人：我一开始觉得这个标准很完美了。但后来发现还不够。还要加上一点，就是"要被社区其他成员认可"。

受访人：哦，对，我觉得这个第三个条件也是非常重要的。我自己一个人说还不算数，别人要承认才行。

调查人：是的，如果光说"这就是我的母语啊"，就认为他有语言认同，这个主观性太强。他可能根本不会说这个语言，这可能不是他的真实想法，他的语言态度可能是受周围人的影响。

受访人：这一点我完全赞同。

　　调查人：我觉得这三条下来，应该基本可以确定母语了。那现在回到你的情况。要确定你是不是双母语者，那就看你的两种语言是不是都符合上面三个条件。

　　受访人：我的白语应该是。

　　调查人：你的白语，虽然比汉语后习得，但仍然是从小学会的，你自己对它也有情感，对白语社群有一种归属感；周围的人也不否定你的白语身份，能听懂你讲话，觉得你是他们群体中的一员。

　　受访人：对啊，这样白语就可以确定是我的母语。

　　调查人：再来看汉语。汉语你是从小学到的，你也是比较喜欢的，对你也很有用。把你的汉语录音放给汉族人听，大家都可以听懂你，接纳你，觉得说得很自然。如果跟你相处，也可以把你看成说汉语的人中一名成员。

　　受访人：我有一个小疑问。说到情感，我对汉语和白语真没有什么感觉。我到白语的地方就讲白语，到汉语的地方就讲汉语。不是因为喜欢，而是环境变化了。

　　调查人：所以要把"语言认同"换成各种指标，用各种方式来测量。

　　受访人："到什么山上唱什么歌"，不是因为我对哪个语言有更多的情感。这个很难把握。

　　调查人：这正说明你对两种语言是平等看待的。

　　受访人：是的。我倒是没有什么语言偏见的。我觉得我还是有点符合你昨天在车上所说的那个"双母语"说法。

　　调查人：你觉得你们那边像你这样的双母语人多吗？

　　受访人：我们那边旅游比较发达。中年以上的基本就不符合你的条件了。

　　调查人：对，中年以上的双母语的概率是很小的。双母语应该是改革开放之后出现的现象。你们杨老师符合这个条件，他也说他自己是双母语人。

　　受访人：杨老师？他的白语肯定没问题，但他一说汉语，我就能感觉到他是我们白族人，他的话带有那个腔调。我们那边好多人都有这种腔调，很难改。我跟他们不一样，我要是只说汉语，他们根本看不出我是白族人。

　　调查人：你怎么知道别人就发觉不了你的口语中有白语的痕迹呢？可

能是不明显罢了。日常生活中，每个人都不可能向电视上那样说标准的普通话。

受访人：比如嘛，有一次我去大理抓药，抓中药。那边人一听，问"哎，你是不是昆明人？"就是这样嘛。他们根本听不出来我是白族。

调查人：仅仅凭一个人的判断是不能说明问题的。

受访人：其他人可能也会这样讲的。

调查人：还有，那个人是不是双语人？是不是白语社区的？他有没有判定的资格？说不准。

受访人：好像那个人是个回族。

调查人：对嘛，这就有问题了。

受访人：其实我的语言能力还是蛮强的，模仿能力也不错。在大学时，有一次问老师，"老师，你猜猜看我是哪里人？"老师说"你是昭通人。"其实我只是偶尔学过一点昭通话。我有时候也学说德宏那边的话。生活在昆明，一些用词不知不觉就会了。

调查人：所以，有可能那个抓药的，听到你的几个昆明词，很敏感，觉得你是昆明人。做生意的，会经常跑，到昆明进口药材。

受访人：但是，我还是觉得，那个双母语，应该两种语言都像母语吧。都应该很流畅的。

调查人：你是说杨老师的汉语不流畅？

受访人：流畅是流畅，但不像真正的汉语。不地道的，能算"母语"吗？

调查人：杨老师能用汉语写博士论文，这是大多数汉语母语者所没有的能力。他在南京和大家交往，如果不说他自己是白族，根本看不出来他的民族身份。我们都把他当作汉语群体的一员，没有什么不同。

受访人：关键是他说话带有白语口音的，一听就听出来。如果是母语人，应该没有那种腔。

调查人：其实不知不觉中，你已经给母语加上了一条标准："母语能力"，在你这里就是标准的语音。如果按照你的标准，我的汉语也是带有口音的，我的母语也不是汉语。语言能力这个东西，是没有底线的。

受访人：至少要让汉族人听上去觉得没有少数民族的口语吧。

调查人：就母语能力来说，你觉得你的白语怎么样？

受访人：应该还可以吧，肯定比不上中年以上的人啦。跟同辈比，还是不差的。

调查人：你有没有发现，你在说《青蛙，你在哪儿》那幅图时，有时候不太顺畅，像挤牙膏一样的感觉。

受访人：因为白语里面嘛，有些动作，那幅画上的动作，想不出了怎么说，比如，"小狗的脖子卡在了玻璃瓶口"，用汉语很好说，用白语就不知道怎么表达。但是，我想，只要回老家待上一阵子，就会流畅的。

调查人：其实问题的关键还在于，每个人都是有口音的，但不妨碍成为说汉语的群体里面的一员。比如，你的汉语有昆明口音，杨老师的有大理口音，我的有南京口音，都是这样的。

受访人：这个我承认。

调查人：汉语那么复杂，那么多的方言，有些方言本身就已经受到少数民族民族语言的影响，数千年的影响。因此我们在口音的判断上是很宽泛的。

受访人：你是说只要能用于日常交际，就是母语？

调查人：这是仅就语言能力来说的，前面的自幼习得和主观认同还是关键。而且，既然是习得，就像你说的，"习"了必须"得"才算数，必须达到基本的交际能力，就是能较流畅地进行日常交流。所以就不单独提语言能力了。

受访人：我们那边的中学生，都有这个能力。

调查人：你身边的白族同学，20 岁以上的，还存在听得懂，说不出的现象吗？

受访人：有的。

调查人：所以啊，如果一个定义，把大部分人排除在外，这个定义就没有可操作性了。语言能力千差万别，母语者也有能力很低的，发音不标准的。

受访人：那肯定是的。

调查人：如果仅从语言标准，你觉得昆明人会觉得你的话是昆明话吗？

受访人：可能不会的。我的一些发音，有些用词，还不太像昆明人。

调查人：对啊，百分之百的一样是不可能的，那是昆明社区典型成员的发音，是大家心目中建构起来的一种语音模式。实际上千差万别。昆明那么大，谁有资格说最算昆明人？

受访人：你的意思是，只要大家认为你说的是汉语就行。定一个宽泛的标准。

调查人：对啊。在喜洲我发现一些汉语很好，白语很差的儿童。我相信他们到了中学阶段，就像你说的，白语会进步很快。但是如果按照语言能力看，现在白语就不是他们的母语，难道他们长大以后，白语就成为是母语了？

受访人：你不能把他们的语言能力与大人的比。

调查人：不，我是把他们与白语的单语儿童比。

受访人：好像不能说，以前不是他的母语，后来变成母语了吧？

调查人：对呀。所以语言能力这个标准是一个"说话不算数"的标准。同样，我们不能说，一个人小时候不是双母语者，长大后是双母语者。

受访人：那双母语者的界定中，有时间因素吗？以前的定义没有年龄一说吗？

调查人：以前词典的定义就是"一个人自幼习得的语言"。什么是"自幼"？7岁前？10岁前？没说。这两天我也一直在思考这个问题，有没有母语习得的截止期？就是什么叫"早期习得"。不过这个不是我研究的重点。

受访人：我觉得11或是12岁之前是学习语言的最佳时期，那以这个阶段为主来进行调查。这个阶段是双母语者，以后就都是了，这样想对吗？

调查人：我觉得是的。现在我有两种操作：一是在某个年龄段之前只提"儿童双语"的概念，过了这个年龄段再确立母语。因为儿童的自我认同和社会认同必须要达到一定年龄。二是母语界定不受年龄限制，但必须接受母语是可以变化的，有母语磨蚀、母语更替的现象。

受访人：我觉得第二个可能好一点吧。现在的标准就是：不管说得怎么样，只要是小时候学会的，然后自己认可的语言就行。

调查人：加上他者认可。其实在自己认可上，有两个很微妙的问题：一是自信心问题，二是文化问题。

受访人：自信心？那还不就是跟语言能力，发音标不标准有关系？

调查人：肯定有关系，但我觉得还有一个原因，应该跟民族特征有关系吧。比如，你说大家都听不出你的普通话中有白语的腔调，所以你对自己是双母语人还是比较自信的。

受访人：我是属于比较自信的那种。

调查人：但是，假设是一个维吾尔族的姑娘，普通话甚至比你的还要好，但她的自信心可能不如你。要让她接受双母语的说法，可能更难一些。因为你不说自己的民族身份，大家一点也看不出来，这就是我说的社区成员的"他者认同"，是一种被接受，被接纳。其实，越是自信，心里就越有底，说话也就越流畅，也就越容易被接纳。

受访人：是这样的。

调查人：而且白族的文化和汉文化很接近，这也是一个容易被接受的原因。所以，我觉得，语言水平不是关键，现在好多少数民族的汉语都说得很好，甚至比汉人的还要标准。但对汉语作为母语的认同程度不一样。在这里心理因素是关键。

受访人：自信心、文化认同是不是都可以纳入"主观认同"这个标准上？

调查人：对的，还是那两个指标。现在你对"双母语"这个说法怎么看？

受访人：应该可以接受吧。反正一开始的时候，觉得蛮新鲜的，蛮奇怪的。以前从来没有听到过。

调查人：你觉得这个说法有什么意义吗？比如，对保护濒危语言有没有用？

受访人：肯定是有意义的啦。至少提醒大家，两种语言都要重视，一个都不能偏废。

调查人：这样，让他知道，双母语的人比单母语的人在社会交际中更有选择余地，是吧？以后要推广双母语的模式。再说，小时候把两种语言学好，成本低嘛。

受访人：对，小时候嘛。以后我的小孩，肯定是两种语言都会让他学的。

调查人：像香港、澳门，甚至可以推广三母语的模式。语言是一种资源，双母语者会更有市场，就业啊，做翻译啊。

受访人：我倒没有考虑这里面的经济利益。我只是觉得，小孩嘛，不能忘本吧。

调查人：对，这就是文化传承的价值啊。也是一种社会利益啊。你说为什么有的家长不想让小孩学白语呢？

受访人：那肯定还是考虑到小孩以后发展啊，不吃苦啊，这类的吧。

调查人：其实里面经济因素在起作用，是为了考虑孩子未来的利益嘛。我们就用这个双母语的说法提醒他，这样的语言模式效益更佳。学白语不但不会影响汉语，反而促进汉语学习。两种都成了母语，都很强。非常理想的状态。

受访人：而且我觉得这里面还有一个好处，就是用不着二选一了。有时候我不想告诉别人我的某个身份，我可以选另一个身份。

调查人：对呀。找工作，填表格时，如果有语言栏，你还可以两个都填上，这是一种资源嘛。这种积极的心态对于儿童的成长还是有好处的，有利于语言认同，有利于民族语言的维持。

受访人：这个双母语概念确实挺有意思的。

调查人：不知不觉谈了几个小时了，谢谢你的配合，给了我很多启发，以后想跟你 QQ 联系，有些语言习得过程、年龄的问题，可能还要跟你确认。

受访人：好的，没问题的，等论文出来了，让我欣赏欣赏。

调查人：好的，一定。

访谈六

访谈编号：0801A

访谈日期：2013 年 8 月 1 日

访谈地点：云南省昆明市禄劝彝族苗族自治县团街镇乐业村委会下播罗村

访谈对象：龙××，苗族，女，18 岁，初中毕业学生

调查人：你好。听他们说你是苗族人。这个村子好像是彝族和汉族的，苗族的不多吧。

受访人：我们是从半坡村迁过来的。

调查人：哦，是哪一年迁的？

受访人：2009 年吧。

调查人：半坡村也是团街镇的吗？

受访人：是的。

调查人：今天想问你几个汉语和苗语学习的问题，可以吗？

受访人：嗯！好的！

调查人：你现在在上学吗？

受访人：不上了。我初中毕业后，到昆明学钢琴的，学了3年了，过几天还要去。

调查人：你们家房子修得挺漂亮的。爸爸妈妈都是做什么的？都是苗族的吧。

受访人：都是苗族的。爸爸开卡车做生意，妈妈帮忙。这房子不是我们家的，是借住的。这户人家常年在外打工，房子都是空置的。

调查人：爸爸妈妈说汉语吗？

受访人：我爸爸汉语很好，因为要做生意嘛，妈妈汉语不好，带了好多苗语的腔调，人家不大能听懂。

调查人：那你能听懂妈妈的汉语吗？

受访人：能的。

调查人：你们在学校是不是既学汉语，也学苗语？老师是苗族的吗？

受访人：不怎么学苗语，好像不需要学啊，自己都会了。我们1—2年级老师是苗族人，后来高年级是汉族老师。

调查人：我发现你的普通话非常好听，发音比我的标准。你是在哪儿学的？在学校吗？

受访人：可能是跟着电视学的吧。我在昆明学钢琴学了3年，可能也学到些汉语吧。

调查人：这里有一个看图说话的幼儿园手册，名字叫《青蛙，你在哪里？》，你能用苗话讲述其中的故事吗？

受访人：（用苗语讲述，偶尔有些停顿）讲完了。

调查人：好。（问受访人的母亲）你能听懂吗？

母　亲：听懂了。

调查人：你一般做梦时，是说汉语，还是苗语？

受访人：一般是用汉语做梦。

调查人：你最先学会的是什么语言？

受访人：苗语啊。

调查人：一般什么时候不说汉语？

受访人：在家里，特别是跟妈妈说话。

调查人：那你在本地集市买菜，还有和邻居交往，最常说哪种话？

受访人：说汉语。我们是从山上搬过来的，这里说苗语的少。

调查人：哦，我忘了。你最早什么时候知道自己是苗族的？

受访人：从小就知道吧。大家都说彝族欺负苗族什么的。

调查人：我打个比方，如果你以后结婚，会嫁给一个只会讲苗语的人吗？

受访人：没想过。好像我们这一代这样的人不多。

调查人：那你会跟只会讲汉语的人结婚吗？

受访人：应该可以吧。

调查人：如果以后你有了孩子，你想不想让他学苗语？

受访人：最好学吧。

调查人：你知道一些苗族的著名人物吗？

受访人：小学里学过的，记不清了。好像有沈从文、宋祖英……

调查人：好。你认为在幼儿园和小学，老师最好用哪种话来教学？

受访人：有些东西好像不能用苗语来讲吧。数学里面有些词苗语里没有。

调查人：你们原来村子里的那些人，认为你的苗语说得怎么样？地道吗？

受访人：还行吧，都能听懂。我说话很快。

调查人：如果有人用苗语跟你吵架，你能用苗语反驳他吗？

受访人：当然可以。

调查人：如果把所有说的话一起算上，你每天使用频率最高的是哪种话？

受访人：那要看在什么地方，如果在昆明，肯定是普通话，如果在家，一半对一半。

调查人：有些苗族人已经不会说苗语了，你怎么看？

受访人：我身边的苗族人都能说一点点的。不会说了，那肯定是没有说话的环境，没有必要说，没有人听呗。

调查人：就是说，不会说苗语，也能算苗族。

受访人：那当然。

调查人：如果人口普查时，登记"姓名""性别""年龄""语言"等等，你在"语言"栏填什么？

受访人：苗语、汉语一起填吧。

调查人：哪个在前面？

受访人：汉语吧。汉语知道的人多。

调查人：就是说汉语和苗语都是你的母语？

受访人：什么是母语？

调查人：就是可以作为你的身份标志的语言。

受访人：嗯，苗语吧。不过，我在昆明的时候，好像也没有这种语言标志，大家都看不出来的。好多少数民族的，相处时间长了才知道身份。

调查人：很正常啊。大多数中国人和所有的外国人都把会汉语作为宋祖英的身份标志，一般不会联想到苗语的。

受访人：应该说，我有时候希望人家把我看作苗族的，有时候又不希望别人把我看作苗族的姑娘。很矛盾。

调查人：就是在不同的场合，有不同的需求。

受访人：对的。在外面，希望和大家一样，都是说汉语的人；回到家乡，都是说苗语的人。

调查人：一个人有多种身份，这是好事啊。语言就是社会资源，许多人都没有你这种资源，你的社会网络肯定会比别人的更宽。

受访人：我觉得就是说"到什么山头唱什么歌"，反正你认可我哪一种身份都行。

调查人：两种语言，两种身份是平等的。

受访人：对。

调查人：如果我说"母语是从小学到的语言"，那你觉得你的母语是什么？

受访人：小到什么时候？

调查人：5 岁前吧。

受访人：那苗语和汉语都是。

调查人：好的，好的。想问一下你的年龄。

受访人：18。

调查人：好的，谢谢你！

受访人：不客气。

访谈七

访谈编号：0805A

访谈日期：2013 年 8 月 5 日

访谈地点：云南省大理白族自治州大理市大理镇下鸡邑村

访谈对象：杨×玲，女，白族，18 岁，高三年级学生

　　　　　杨×娟，女，白族，16 岁，高一年级学生

　　　　　杨×淑，女，白族，18 岁，高三年级学生

调查人：你们好！刚才村支书给我介绍了村上的大致情况。我想对你们做一个集体访谈，是关于语言学习和语言使用的。你们知道什么就说什么，我们开始吧。

受访人：好的。

调查人：你们都是高中生吧。

受访人：（群答）是的，在喜洲上高中。

调查人：请问你们是哪一年出生的？

受访人：（杨×玲）1994 年。（杨×娟）1996 年。（杨×淑）1994 年。

调查人：好的。能说说看你们小时候的白语和汉语学习情况吗？尽可能说得详细一点。（对杨×娟）你先来吧。你爸爸妈妈都是本村的白族人吗？

杨×娟：都是村上的白族，但我不是在村上长大的。我从小在大理古镇长大，那时父母在镇上做大理石生意。

调查人：那你小时候是说白语，还是说汉语？

杨×娟：我从小是先学会说汉语。因为客户来了，爸爸妈妈都用汉语，而且周围的小伙伴也大多讲汉语，所以在我记忆中，小时候都是讲汉语的。当然在家里爸妈有时也说白语，亲戚朋友来了也说白语，所以我还是能听懂他们说话的，但自己不会说白语。

调查人：那你什么时候开始学会说白语的？

杨×娟：后来要上小学，我们家就搬回村上住。村上所有的人都讲白语，同学在课后也用白语交流，我很快就学会了白语。现在我也没有觉得我的白语比哪个同学差。

调查人：（问边上的几位同学）你们觉得她的白语听上去有什么问题吗？

受访人：（群答）没有啊，跟我们一样的。

调查人：你父母和你都是白族，那你觉得你的母语是什么？就是英语里的 mother tongue，你们高中肯定学到的，是什么？

杨×娟：我觉得……应该是汉语。

调查人：如果说你的母语既是汉语，又是白语，就是双母语，你看行不行？

杨×娟：可以。我觉得可以！

调查人：在你心目中，汉语和白语哪一个好听一些？亲切一些？

杨×娟：我觉得白语不好听，一般般吧，不过蛮亲切的。普通话比较好听些。

调查人：好的，谢谢。（对杨×玲）你来说说看吧。

杨×玲：我小时候一直在村上，说白语的。5 到 6 岁时，在村里上学前班学了汉语，我觉得自己的汉语不够流利。

调查人：你为什么有这种感觉？

杨×玲：我的 n/l 不分，平翘舌也不分。

调查人：（笑）我们有的国家领导人也是这样啊。他们还是汉族的呢！你们现在在学校里说普通话吗？

杨×玲：在中学都要说普通话。可能一方面有回族和汉族的同学，他们说汉语，另一方面有剑川和鹤庆的白族，他们的白语方言与我们大理的白语方言沟通有困难。

调查人：如果你以后有了孩子，是希望孩子先学哪一种语言？

杨×玲：先学白语。

调查人：如果有一个看图说话，你觉得用汉语说出来好听，还是用白语好听？

杨×玲：汉语好听一些。白语不太好说，有些词没有，会结结巴巴。

调查人：那你觉得汉语和白语哪个有用、有影响？

杨×玲：你说的汉语是指普通话吧，不是汉话吧？

调查人：有什么区别吗？

杨×玲：我们这里的汉话是指云南话。

调查人：噢。其实我是问普通话和白语的社会影响。

杨×玲：当然是普通话影响大。但也要看是什么场合。有时候说白语好，有时候说汉语好。

调查人：就是说到外面说汉语，回到村上说白语；正式场合说汉语，私下里说白语。它们的使用域不一样。

杨×玲：对的，对的。

调查人：你看这里有一个看图说话，叫作《青蛙，你在哪里?》。让你把故事讲出来。你喜欢用汉语还是白语讲?

杨×玲：用汉语，更轻松些，更方便。从小就是用汉语编故事。

调查人：你试着用白语说一遍，好吗?

杨×玲：好的。(用白语讲《青蛙，你在哪里?》的故事)

调查人：好像聊天和编故事通常选择不同的语言。

杨×玲：是的。编故事好像写作文，好像是考试，是用书面语。

调查人：你说得有些道理。那你在讲这个故事时，是不是脑子里是用白语思考，然后翻译成汉语?

杨×玲：直接用汉语。其实，即使是用白语讲故事时，也是先用汉语整理思路，然后翻译成白语。

调查人：是吗?没想到。你的白语故事有很多停顿。好像不能直接用白语来讲故事嘛。

杨×玲：从小在学校里，老师都是教我们用汉语组织故事情节，所以现在必须借助汉语，才能用白语输出，把故事讲清楚。再说，白语里许多词语现在都想不起来了，不少句子也不能确定白语里究竟是不是这样说的。

调查人：看来你们平时不怎么说白语，他们看到你用白语讲故事时，都在窃笑。

杨×玲：我们觉得用白语讲故事怪怪的，很别扭。从小就没有讲过白语故事。

调查人：也没有唱过白语儿歌?

杨×玲：没有。

调查人：你们见到村里的大人、老人，用汉语还是白语打招呼?

杨×玲：一般用白语。但如果是村上的小娃娃，一般用汉语。

调查人：为什么不用白语呢?怕他们不会白语?

杨×玲：也不是，好多幼儿园小朋友，还有村上的小学生，以会说普通话为荣。说得越好，越自豪。他们见到我们，都用汉语打招呼。

调查人：哦，就是适应他们?

杨×玲：对的。

调查人：到了初中、高中，还有以说普通话为荣的感觉吗？

杨×玲：应该没有了。我们觉得一板一眼说普通话很可笑，很幼稚。

调查人：那你对白语的感觉是什么？好听？亲切？土气？或者其他什么的？

杨×玲：一开始到镇上中学，必须说普通话，因为有好多汉族人和回族人，而且白语也有许多方言，沟通起来比较困难。有的城里学生还笑话我们带白族口音的汉语，当时每次开口都觉得挺难为情的，确实影响自信心。不过到了高中就好多了。

调查人：是因为口音消除了？

杨×玲：也不是，口音是消不掉的。可能觉得这不算什么，因为发现好多老师的普通话都是有口音的。

调查人：这是正常现象，我们都不是播音员。

杨×玲：现在反而觉得白语挺亲切的。每次回到村里听到大家一起说白语，感觉很有味道。

调查人：以前想消除、抛弃的东西，现在发现了它的价值、意义或者说美妙之处？

杨×玲：是的。到了高中，好像想的不一样了。

调查人：当你去商店买东西时，你计算价格，用的是汉语还是白语？

杨×玲：用普通话心算起来更快些。可能是因为小时候教乘法口诀，就是用的普通话。

调查人：哦。那么如果给你一张表，里面有"性别"、"语言"等栏目，在"语言"一栏，你填什么？

杨×玲：我写"民族语和汉语"。

调查人：为什么？

杨×玲：让人家知道我会两种语言啊。

调查人：噢，很好，好的，谢谢。（对杨×淑）嗯，你来说说看吧。

杨×淑：我也是在5—6岁时，上村里的学前班，学会的汉语。

调查人：现在村上汉语和白语的使用比例是多少？

杨×淑：四六开吧。汉语四，白语六。

调查人：你们村子很大，有3000人啦！要是在村上遇到同学，你们怎么打招呼？用汉语还是白语？

杨×淑：用汉语吧。可能是在学校带出来的习惯吧。也怕有的人听不懂白语。

调查人：如果同一个故事，你喜欢人家用汉语跟你讲，还是用白语跟你讲？

杨×淑：用汉语，汉语好懂。

调查人：你觉得用哪种语言听起来更亲切一些？

杨×淑：普通话。

调查人：为什么？小时候爸爸妈妈不是用白语跟你们讲故事吗？那种感觉不是更亲切一些吗？

杨×淑：白语太土气。好多情况下说得不流畅。

调查人：爸爸妈妈的白语说得也不流畅？

杨×淑：是的，他们的白语里就已经夹杂了许多汉话。

调查人：哦。你在做梦时，是用汉语，还是用白语？

杨×淑：那要看梦到谁。那人说什么，我就说什么。有时候是白语，有时候是汉语。说不准。

调查人：你自己觉得在说话时，是用汉语在思维，还是用白语在思维？

杨×淑：讲汉语时用汉语思维，讲白语时用白语思维。

调查人：转换起来困难吗？

杨×淑：不困难，没有感觉。

调查人：那你单独思考问题时，习惯用汉语，还是习惯用白语？

杨×淑：好像是汉语。要有特殊原因，才想到用白语。

调查人：好的，好的，谢谢你们三位，回答我这么多问题。给了我很多信息。

受访人：（齐声）不谢，再见。

访谈八

访谈编号：0805B

访谈日期：2013 年 8 月 5 日

访谈地点：云南省大理白族自治州大理市大理镇下鸡邑村

访谈对象：李××，女，白族，47 岁，村妇女主任

调查人：你们村子很大啊。

受访人：是啊，有 3000 人，所以单独成为一个行政村。

调查人：听说你是村上的妇女主任。

受访人：对的。

调查人：村上都是白族人吗？

受访人：也有一些汉族人和其他少数民族的，不多。主要是嫁过来或招亲招过来的。比如，哈尼族、佤族，还有重庆和贵州的汉人。

调查人：孩子都是白族。

受访人：基本上是的。有一些人不是常住人口，做生意的，或者一些汉族躲避计划生育的。

调查人：躲到村上？

受访人：是的，不过他们一般会躲到云龙、剑川等山区。这儿不多。

调查人：那边也是白族地区吧。

受访人：是的。是正宗的白族。

调查人：那村上的那些躲到这里的汉人，他们的小孩会说白语吗？

受访人：那要看他们在这儿待多久。

调查人：如果这些汉族儿童跟着白族的娃娃一起长大。肯定两种语言都说得很好。

受访人：其实，不管是汉族的娃娃，还是白族的娃娃，现在他们两种话都说得很溜。有的汉人就在这里做生意，孩子都十来岁了。父母忙着上班、做生意，也没有多少时间跟孩子说话，小孩主要跟着周围的娃娃，邻居一起学说话。

调查人：我看村上有幼儿园，有小学。你以前也是在村上上学的吗？

受访人：以前村上有小学，1—5 年级，各有两个班，初中两年制，各有一个班。实行计划生育后，小学每个年级就只有一个班了。现在初中也搬到了镇上了。

调查人：白族也实行计划生育？

受访人：白族最多生两个，其实许多人家只要了一个。

调查人：你在村上上小学，也上初中？

受访人：不是的，我 14 岁时，应该是 82 年吧，到大理一中上初中，但我的汉语不行，能听懂老师说的，但自己无法表达，一个学期后，只好回村上初中。

调查人：就是在村上上完的初中。

受访人：是的。初中毕业，考上大理一中的高中部，还当上了班长。

调查人：大理一中？挺厉害的，是省重点中学啊。是在大理古城吧。

受访人：是的。那时候在学校住宿，周末回家一次，在学校汉语就讲得多了。后来参加高考，但差了几分。然后，85 年就回村当代课老师。

调查人：在下鸡邑村教书？小学还是中学？

受访人：教初中，初一的生物和英语，教了三年书。

调查人：哇，英语老师啊。

受访人：哎，现在英语全忘了。

调查人：后来转正了吗？

受访人：没有，88 年结婚，就在本村。然后到苍山茶厂采茶。到 2003 年竞选村委会，在村委会工作，一直到现在。

调查人：你们在村委会办公室主要讲汉语还是白语？

受访人：大多讲白语。不过，上面来人了，就说汉语了。

调查人：你觉得你的普通话水平和白语水平，哪个更高一些？

受访人：白语吧，我的普通话不好。

调查人：那你说得的最流利的是什么话？

受访人：云南话和白语吧。

调查人：你以前做过老师，那你觉得中小学里选择普通话，还是选择白语，来做教学语言，哪个更好？

受访人：小学里面可以考虑用白语讲一些课程，中学里面就不需要了吧。

调查人：你们经常填表，肯定会有"民族"一栏吧。那有没有填过"语言"栏，就是问"你的语言是什么？"

受访人：好像没有填过。

调查人：如果要你填，你会写什么？比如是"白语"，还是"汉语"，或者"白语和汉语"？

受访人："白语和汉语"吧。

调查人：你管妇女工作，如果有全村的统计，或者计算什么的，需要心算，你是用白语算起来更快，还是汉语算起来快？

受访人：白语。

调查人：我访谈过村上的中学生，有的人觉得白语没有汉语好听，你是怎么看的？

受访人：他们肯定说的是普通话吧，不是一般的汉语。普通话很有威望的，我也羡慕普通话说得漂亮的。但白语也很好听的。

调查人：可能小孩子白语说得相对少。

受访人：是啊，日久生情，不用就渐渐疏远了。

调查人：对你来说，可能白语听起来会更亲切一些。

受访人：对的，对的。对大多数白族人都是亲切的，家乡话嘛。白语比普通话亲切，普通话太正式了，虽然蛮好听的。

调查人：你肯定知道"母语"这个词。

受访人：知道。

调查人：那你的母语是什么？

受访人：白语啊。

调查人：就是说，母语就是民族语。

受访人：对啊。

调查人：如果我说"母语就是从小最先学会的语言"呢？

受访人：对我来说，也是白语。

调查人：那对于现在的儿童呢？他们从小学了两种语言，最先学会的是哪一种？

受访人：最先学会？那就很难说了。应该说同时学会的吧，好像幼儿园小朋友的汉语还要比白语好一些呢。

调查人：是的，确实很难定。我也在思考这个问题。谢谢你的回答。

受访人：没关系，欢迎常来大理玩。我们这里白族人都很好客的。

调查人：谢谢，谢谢。一定来！

访谈九

访谈编号：0813A

访谈日期：2013 年 8 月 13 日

访谈地点：云南省大理白族自治州大理市喜洲镇沙村

访谈对象：杨×银，男，白族，13 岁，小学六年级学生（刚毕业）

调查人：你好，这里是沙村吗？

受访人：是的。

调查人：我是昆明那边过来的老师，不太会说白语。我想问你几个问题，是关于白语的，可以吗？这是给你的小礼物。

受访人：（接过礼物）谢谢！你问吧。

调查人：听说这个村子上主要是白族人，可是村头那边有好多马车的地方，大家都说的是汉语。听不到人说白语呀。

受访人：白话只在家里说。那边大多数是做生意的，还有游客，好多都不是我们村上的。

调查人：哦。我知道了。你现在应该上中学了吧。

受访人：还没有，下学期到喜洲镇上初一。

调查人：你爸爸妈妈都是白族吗？你也是白族吧。

受访人：我们家都是白族。

调查人：你什么时候开始说白语的。

受访人：从小吧，这肯定记不清楚了。

调查人：你的白语应该不错吧，和村上人交流有问题吗？

受访人：没有问题啊，他们讲话，我都能听懂。

调查人：你讲白语，他们也能听懂？

受访人：当然能。

调查人：好，那我来问一下。（走了几步，来到一个三轮车旁，两位村民坐在车沿上聊天）不好意思，想打听一下，这边这位小伙子，白语说得怎么样？

村　　民：他们哪儿还记得说白语啊，早就忘本了。

调查人：他自己说，跟你们用白语交流，没问题的。

村　　民：就会几个句子呗。说了没几句，就岔到汉话上了，自己不觉得吧。

调查人：（回到受访人旁边）白语里面，"爸爸"是叫"阿爹"吗？

受访人：是啊。

调查人：你回到家是喊"阿爹"，还是喊"爸爸"？

受访人：喊"爸爸"。白话听起来搞笑。

调查人：你从小就这么喊的？一生下来，在家里讲汉语？

受访人：是啊。

调查人：如果学校有好玩的东西，你回来给爸爸妈妈讲，是用汉语还是白语？

受访人：汉语。也有时候讲白语，不多。

调查人：你能用白语唱一首儿歌吗？

受访人：不会。

调查人：为什么？就唱一首。

受访人：我们白族没有儿歌。

调查人：哦，好的。你看这个图画，叫《青蛙，你在哪里？》，你能看着这个图，把里面的故事讲出来吗？很简单的，是幼儿园小朋友上课用的。

受访人：（开始看图说话。讲故事时，结结巴巴，难以成篇）好多词我不知道，"青蛙""老鼠""猫头鹰""小鹿"……

调查人：看来你的白语不是很好啊。爸爸妈妈在家说白语，你能听懂吗？

受访人：肯定能听懂。

调查人：你爸爸妈妈不教你说白语吗？比如，"青蛙"怎么说，"老鼠"怎么说……

受访人：妈妈在家讲汉话。

调查人：那谁教你白语的？你怎么能听得懂人家讲白语的？

受访人：是跟外婆学会的。（手指金河村方向）我以前就在那个村子。

调查人：你们班上的同学，在一起，讲不讲白语？

受访人：讲的。一下课就讲，放学的路上也讲。

调查人：那刚才你怎么连幼儿园的图画书都讲不清楚呢？

受访人：从幼儿园，到学前班，到小学，老师都不用白语讲故事的。没有哪个用白语编故事，有点"怪怪的"。

调查人：你妈妈不是白族人吗？为什么不用白语讲故事，不教你说白语？

受访人：妈妈说，学会普通话可以在舞台上唱歌，说白话只能下田干活。

调查人：也不见得。两种语言都学好，以后考大学都有好处。

受访人：汉语要考试的，白语又不要考试。

调查人：那你觉得刚才用白话讲这个故事有意思吗？

受访人：不好听，怪怪的。

调查人：你们白语里面有个词叫"巫抓猫"，你听说过吗？

受访人：不知道。爸爸妈妈没有教过。

调查人："巫抓猫"就是刚才图画书上的青蛙啊。你知道白语里面"蜻蜓"怎么说吗？

受访人：这个我知道。

调查人：那"蝴蝶"呢？白语怎么说？

受访人：想不起来了。

调查人：你们喜洲不是有个蝴蝶泉吗？全世界都有名。怎么会不知道白语的"蝴蝶"呢？

受访人：我们都说"蝴蝶泉"，不用白语说。唱歌也是"蝴蝶飞，蝴蝶飞……"用汉语。

调查人：你觉得哪个容易一些？用起来方便一些？白语和汉语？

受访人：汉话好学，白话难学。

调查人：你一直说白语怪怪的，不好听，很土气。白语一点用都没有吗？

受访人：用不用都无所谓。

调查人：（掏出手机）我这里有一小段录音，是用白语说的。你听听看，能不能听懂。（播放录音）

受访人：听懂了，就是刚才那个图画书。

调查人：这个人的白语好不好？

受访人：蛮好的，其实有的词我是知道的，就是一下子想不起来，这个人一说，我就知道了。

调查人：好的，我再放一段录音，是用汉语说的。你看看能不能听懂。（播放录音）

受访人：听懂了。这个太容易了。

调查人：你觉得哪个好听一些？

受访人：当然是普通话。很舒服。

调查人：你猜猜看，这个说普通话的人是干什么的？她是我在昆明的朋友。允许你猜三次。

受访人：是老师？

调查人：再猜。

受访人：不会是播音员吧。（停顿片刻）我听不出来。声音蛮好听的。

调查人：那你再猜猜看，刚才那个用白语讲故事的人是干什么的。还是猜三次。

受访人：嗯，我们这里的导游？推销员？

调查人：能肯定吗？

受访人：（停顿片刻）我猜不出来。

调查人：告诉你吧，这两段声音，是同一个人录的。

受访人：一个人？

调查人：是啊。白族不是有好多人，汉语白语都说得很好吗？她是一位老师。

受访人：啊？哦。

调查人：谢谢你回答我这么多问题。你的白语会越来越好的。到了初中就会好的，相信我。再见咯。

受访人：再见。

附录三

配对语装实验调查表及看图说话材料

猜猜看，他（她）是个什么样的人？

许多人都有根据声音准确评价一个陌生人各方面特征的才能（如在打电话时），今天我们也想请大家来尝试一下。

你即将听到六个人讲同一个故事《青蛙，你在哪里？》他们有的用汉语说，有的用白语说。每段故事之间有 10 秒左右的音乐间隔。请一边听录音，一边对 6 位说话人各方面的特征做出评价。

第一说话人

序号	评价项目	等级（分数越高，越符合评价项目）
1	为人热情	①②③④⑤
2	很有礼貌	①②③④⑤
3	为人亲切	①②③④⑤
4	颇有风度	①②③④⑤
5	值得信赖	①②③④⑤
6	聪颖睿智	①②③④⑤
7	具有威信	①②③④⑤
8	令人尊敬	①②③④⑤
9	教育良好	①②③④⑤
10	成熟自信	①②③④⑤

注：实验时，被试领取六份同样的表格。第二至第六说话人的评价表格同上，此处略去。

青蛙，你在哪里？
（卡通图解释文本）
晚上，小男孩把青蛙放在了一个玻璃瓶里，然后和小狗一起上床睡觉。

夜里，青蛙想到外面去转一转，就悄悄地爬出瓶子，溜走了。

早上，小男孩张开双眼，爬到床边，突然发现瓶里的青蛙不见了。

小男孩便着急地在靴子里找。小狗把头伸进玻璃瓶里，可是头被卡住，拔不出来了。

他们打开窗户，大声地喊叫着："青蛙，你在哪里？"

小狗不小心从窗台上滑了下来，把套在头上的玻璃瓶摔碎了。小男孩抱起小狗说："小心一点。"他们又跑到外面的树林里找。他们一起喊"青蛙，你在哪里？"

小男孩发现地上有一个洞，小狗发现树上一个蜂窝。

一只臭老鼠从洞里窜了出来，小男孩连忙捂起鼻子。小狗猜青蛙可能藏在蜂窝里，就在一旁用力摇树。

小狗把蜂窝从树上摇得掉了下来。一大群蜜蜂从蜂窝里飞了出来，追着小狗不放。

小男孩发现树上有个洞，他爬上去看看青蛙是不是躲在里面。忽然一只猫头鹰从洞里飞了出来，小男孩吓得从树上摔了下来。

猫头鹰扑着翅膀朝小男孩飞来，小男孩连忙跳到一块大石头边，爬了上去。他紧抓着石头边的"树枝"，大声喊道："青蛙，你在哪里？"

这时，一只小鹿的头冒了出来，把小男孩的身体顶了起来。原来那不是"树枝"，而是鹿的角。

小鹿飞快地跑到悬崖边，小狗一直追着它。

小鹿来了个急刹车，把小男孩甩了出去，掉到了池塘里。小狗也跟着掉了下去了。

他们俩在水里挣扎着，小男孩爬了起来，把小狗扛在肩上。

忽然，小男孩听见"呱呱"的叫声。他来到一根巨大的枯树干后面，对小狗悄悄地说："嘘，别说话！"

小男孩和小狗爬到枯树干上，发现下面有两只大青蛙。他们是青蛙爸爸和青蛙妈妈。

接着，青蛙的孩子们一起蹦蹦跳跳过来了。

小男孩从枯树干上滑了下来，对青蛙爸爸说："我可以带一只小青蛙回家吗？"青蛙爸爸答应了。于是小男孩和小狗就一起带上小青蛙，和青蛙一家告别了。

青蛙，你在哪里？

FROG，WHERE ARE YOU?

By MERCER MAYER

-9-

-10-

-11-

-12-

附录四

斯瓦迪士100核心词习得调查表

测一测我的白语水平

下面这些词语非常简单，你肯定早就会了。那么他们在白语的日常口语里面是怎么说的，你都知道吗？请把你现在还不会说的词圈起来。如果有些词，你不能肯定他们在白语里面怎么说，就在旁边打个问号吧。

我	你	我们	这	那	谁	什么	不	（全）都	（很）多
一	二	大	长	小	女	男	人	鱼	鸟
狗	虱（子）	树	种子	叶	根	壳	（皮）肤	（肌）肉	血
骨	脂肪	蛋	角	尾	羽（毛）	头发	头	耳	眼
鼻	口	齿	舌	爪	脚	膝	手	腹	颈
胸	心	肝	喝	吃	咬	看	听	知道	睡
死	杀	游泳	飞	走	来	躺	坐	站	给
说	日	月	星	水	雨	石	沙	土地	云
烟	火	灰	烧	路	山	红	绿	黄	白
黑	夜	热	冷	满	新	好	圆	干	名（字）

本词表参考了下列文献：

1. 丁志斌：《语言调查词表研究》，博士论文，上海师范大学，2012 年。

2. 汪锋：《语言接触与语言比较——以白语为例》，商务印书馆 2012 年版。

3. 陈保亚：《论语言接触与语言联盟—汉越（侗台）语源关系的解释》，语文出版社 1996 年版。

附录五

国外网络论坛母语视点选译

2009 年 7 月 7 日，一位网名叫 narcissus1 的作者在美国的大型社交网站 LiveJournal 的 linguaphiles 栏目（http：//linguaphiles.livejournal.com/4596141.html）上发帖，咨询 first language，mother tongue，native language 三者之间的区别，引来各国网友的纷纷跟帖和讨论。跟帖者大多是双语或多语者，他们不但提出了自己的观点看法，而且提供了各种双语或多语环境下独特的语言习得案例，对于真正认识和准确理解"母语"这一术语起到了很好的作用。

这里摘译部分跟帖，主要是提供各国网民对于与"母语"相关词语的观点，以及各种语言中的一些典型的双语案例。

- 🖳 narcissus1

关于"母语"（mother tongue）和"第一语言"（first language）的区别，我想问问大家的意见。根据《牛津高级学习词典》，"母语"和"第一语言"都是指儿童期间习得并能流利使用的语言。我想知道他们是否具有种族、文化背景方面的内涵？例如，一个人是日本人，就一定意味着他的母语是日语吗？有的第二和第三代移民没有习得其父母的语言，他们的母语是什么？

另一个问题是，什么样的人可以称为"说母语的人，说本族语者，说本地语者"（native speaker）？《牛津高级学习词典》的定义是"本族语者是说第一语言的人"（a native speaker is one who speaks a language as a first language）。我一直认为英语是我的第一语言，只是因为英语是我最流利的语言，但在我的国家，英语只是第二语言。因此我从来没有认为自己是英语本族语者（a native speaker of English）。

大家觉得什么是"母语"、"第一语言"、"本族语者"？文化和社会因素在其中起作用吗？

• 👤 coldxxheritage

哈哈，我也想知道这个！"第一语言"（first language）虽然在字面上指孩子习得的第一个语言，但我觉得它是指一个人懂得最多、使用最流畅的语言。比如，我认为亚美尼亚语（Armenian）是我的母语——我从小学会说的第一种语言，但英语是我的第一语言，因为英语是我使用最流畅的语言。

至于 mother tongue 和 native speaker，我认为他们是同义词。

• 👤 Someidiot

我认为母语更多涉及的是种族和文化的东西。我有一些讲英语的朋友，他们在墨西哥的祖父母希望他们学习西班牙语——他们的"母语"。

我认为 native speaker 是指这样一些人，他们不仅从小就学习讲这种语言，而且在讲这种语言的社区中长大。

• 👤 puppet_ princess

我认为"mother tongue"（"母语"）这个词的内涵与"motherland"（"母亲的土地"、"祖国"）有关，但它的主观性太强，因为它意味着你必须在那个国家出生。

• 👤 sollersuk

我不太喜欢"母语"（mother tongue）一词，它太泛了，目前已经越来越多地被"第一语言"（first language）取代——当然我说的是英国。这个术语会让人认为所有的孩子都是从他们母亲那里学习语言，但事实并非如此。

"第一语言"（first language）的字面意思是"一个人学到的第一种语言"。但问题是，对于从婴儿阶段起就是双语输入的人，其第一语言是什么，还是一个需要讨论的问题。

至于"说本地语者"（native speaker），我觉得应该指第一语言

是该语言所在文化中的主要语言的人（someone whose first language is
that of a culture where that language is the main language）。很抱歉，这
听起来有点令人费解。举个例子，我妈妈的母语是威尔士英语（a na-
tive speaker of Wenglish），因为她来自南威尔士，而我的母语是英
语，因为我在伦敦长大。

- 👤 freecloud13

我出生在意大利，但我是斯洛文尼亚人（Slovenian）。在意大利，
斯洛文尼亚是一个被承认的少数民族。所以斯洛文尼亚语（Slovene）
无疑是我们的第一语言（first language）——它是我在家里说的唯一
语言，也是当地学校的教学语言。但要说到意大利语，我从来不知道
如何界定它，因为我既讲斯洛文尼亚语，也讲意大利语，我在意大利
长大，吃意大利食品，浸染意大利文化，等等。难道是"近似母语"
（native-like）？很多人一直在说："如果你出生在意大利，你就是意
大利人"（if you were born in Italy, you're Italian）——我真想要尖
叫……

- 👤 ithaka_ girl

我也一直在问自己类似的问题。

我的儿子是双语的（俄语和乌克兰语）。对于这两种语言，他并
没有表现出任何偏好。那么，哪一个是他的第一语言？

至于他的"母语"（mother tongue），也不是很清楚，是不是因为
我是他的母亲，而我是俄罗斯人，因此他的母语是俄罗斯语？

- 👤 chasingthecrow

我认为我的母语（mother tongue）是上海话——是我学会的第一
种语言，现在已经忘了很多了；而英语是我的第一语言、首要语言
（first language）——是我实际上说得最流利的语言。

- 👤 dichroic

一个很有趣的问题。我有一个朋友，他的第一语言（first lan-
guage）是他加禄语（Tagalog），这是他5岁前唯一使用的语言。但5

岁左右他随家移居美国，现在已经不会讲他加禄语了，只能听懂一些。听他说英语，没有人会觉得这是他的第二语言。

- 👤 azuire

我认为"母语"（mother tongue）和"第一语言"（first language）之间没有任何区别，因为他们都是我们在家学会的第一种语言。就我而言，我有两个"母语"——英语和乌尔都语（Urdu），因为我从小生长在一个完全的双语家庭。

我生长在一个讲华语的社区，但华语不是我的母语或我的第一语言，但是我所遇见的每一个华人都认为华语是我的母语（a native speaker）。可能是因为"母语说话人"往往暗示语言的流利性，然而并不是所有的"母语说话人"讲话都那么流利。

- 👤 cafecomics

葡萄牙语是我的母语（mother tongue），是我父母的语言，也是我讲的第一种语言。但法语是我的首要语言（first language），我的日常语言。我在上学前就开始讲法语。尽管我在学校里学了近十年的葡萄牙语，但还是很差劲。我用法语思维，用法语做梦。我的母语现在已经不够流利了，我总是在找词，在捞话（fishing for words）。

我是地道的法语说话者（a native speaker of French）。葡萄牙语已经不是我侄子和侄女的母语了。他们的母亲是法国人，我兄弟也不教他们葡萄牙语了。

- 👤 sooverthetop

如果我在法国长大，我的父母既教我法语，又教我英语，我会认为两种语言都是我的母语（a native speaker of both）。

- 👤 manarai

我的直觉是"母语"（mother tongue）是和祖先、血统（ancestry）联系在一起，而"第一语言"（first language）是与熟练程度（proficiency）联系在一起的。母语是一个人的祖先的语言，不管说得是否流利，而第一语言是一个人最流畅、最熟练的语言。

至于"说本地语者"（native speakers），我觉得主要取决于语言习得的环境，这个语言必须是该地区广泛使用，而且身边的每一个都在讲的语言。这意味着，如果一个波兰家庭移居到美国，随迁的孩子的英语优于波兰语，我会说，这孩子的母语是波兰语，而第一语言是英语，当然孩子也是地道的英语说话人（a native speaker of English）。

声明一下，这只是我个人的理解。

● 🧑 muckefuck

许多爱尔兰人往往将爱尔兰语（Irish）作为他们的"本族语"（native language），其实按照语言学的定义，那里99%的人都是讲英语。他们的逻辑似乎是，"爱尔兰语是爱尔兰的本族语（native language），我是一个土生土长的爱尔兰人，因此爱尔兰语是我的本族语"。

● 🧑 redatdawn

"母语"（mother tongue）是与文化联系在一起的：你的母语是你所在国家或文化群体中占主导地位的语言，你不仅从家人，而且从周围的社区学习该语言。"本族语"（native language）是一个人从小就讲的主要语言，说话时轻松、舒适和自然。"第一语言"按照字面意义，是一个人所学到的第一个语言。

在这一点上，我的女朋友是一个有趣的例子。我们俩都生活在美国白人圈中，毫无疑问英语是我们的母语（mother tongue）。然而，我的女朋友在一到四岁时，生活在印度的寄养家庭，所以她的第一语言（first language）是印地语（Hindi）。四岁后，她回到亲生母亲身边生活。因此英语可以看作她的第二语言。但我仍然认为英语是她的"本族语"（native language），因为她很快就忘记了印地语，现在已经也不会说了。其实，我想，如果她重新开始学习印地语，这将被视为她的第二语言。听起来很古怪，是吧？

● 🧑 bonsly

我感觉我的"母语"（mother tongue）和"本族语"（native tongue）都是西班牙语。但我的英语讲得比西班牙语好得多。我家在墨西哥，所以从小我在家里用西班牙语，在外用英语（不是双语家庭）。英语到底是不是我的"母语"，我很困惑。我总觉得把英语作为我的"母语"不大合适。

我的妹妹也是在只讲西班牙语的家庭中长大，但她从来没有真正学会，现在也不愿意说。她能听懂一些西班牙语，会说上几句，仅此而已。因此，可以说她的"母语"是英语的。但是人们想当然地认为，既然她是墨西哥，她的"母语"就是西班牙语，英语只是她的第二语言。尽管"母语"往往与人们的文化/种族背景有关，我认为并不总是这样。

- 🧑 star_ cabaret

第一语言（first language）：成长过程中习得的主要语言（primary language）。不一定是第一个习得的语言。

母语（mother tongue）：父母或祖父母的本族语（native language(s)）。我的两个母语是标准美语和牙买加英语。

本族语说话者（native speaker）：自幼习得的语言的流畅程度已达到本地人水平是说话者。

在我家乡，许多人的母语是西班牙语（英语也许也是他们的母语），但他们的第一语言都是英语。其中有些人的西班牙语不够流利，难以被认作是西班牙语本族语说话者。

我的一位香港来的朋友，从小在家学会了粤语。当她全家移居美国后，也是在家学会了英语，又在教堂学习普通话（Mandarin）。她认为粤语和英语都是她的母语，因为都是成长过程中在家学会的。不过比起粤语和普通话，她的英语最流利，最像本地语。虽然她六岁就开始学普通话，但她不认为那是她的母语。

- 🧑 muckefuck

我认为，母语是占主导地位的家长说的语言（Mother Tongue is the language spoken by the dominating parent）。第一语言（first language）是儿童或任何人选择的能够流利使用的语言。操本地语者（native speaker）是指能够像社区大部分人那样说话的人。

例如，我有一个孙女，她的父母是印度人，母亲说印地语（Hindi)，父亲说泰卢固语（Telagu），父母双方的英语也都很好。由于父母都在工作，孩子由讲完全不同语言的人照料。有趣的是，因为签证问题，护理人每半年就要变更一次。因此孩子学到了很多语言。在她三岁时，所有这些语言她都说得同样流利。但由于生活在美国，孩子将英语作为她的第一语言（first language）。

• 🧑 Bjrnar Munkerud

我认为"母语"（mother tongue）和"本族语、本地语"（native language）是同义词。我的母语是挪威语，而我的第一语言（first language）是英语。我觉得"母语"是一个相对抽象的概念，它不一定是你母亲的语言，但应该是你最先习得的或幼儿时期使用最多的语言。

我把挪威语作为我的母语，是因为它是我以前和现在与家人和朋友交流使用的语言。我把英语作为我的第一语言。"第一"在这里是指"主要（primary）语言"。英语能够成为我的第一语言，是因为它是我的思维语言（thinking language），比如，我自言自语时，在诅咒时，或数数计算时，都用这种语言。

参考文献

Allard, R. and R. Landry. Ethnolinguistic vitality beliefs and language mainte-
nance and loss. In W. Fase, K. Jaespaert, and S. Kroon (eds.) *Mainte-
nance and loss of minority languages.* Amsterdam: Benjamins. 1992.

Baker, C. 2001. *Foundations of Bilingual Education.* Glevedon: Multilingual
Matters.

Benedicto, E. 2004. Linguistics rights in the Nicaraguan Atlantic Coast: Ac-
tions on the ground within the legislative framework of the Estatuto de Autono-
mia. In Argenter, J. and R. M. Brown (eds.). *Endangered languages and
linguistics rights: on the margins of nations.* Proceedings of the Eigth FEL
Conference. Barcelona.

Berman, R. and D. Slobin. 1994. *Relating Events in Narrative: A Crosslinguis-
tic Developmental Study.* Hillsdale, NJ: Lawrence Erlbaum.

Bloomfield, L. 1984 [1933]. *Language.* Chicago: University of Chicago
Press.

Breiner – Sanders, K. E., et al. 2000. Actfl proficiency guidelines—speak-
ing: revised 1999. *Foreign Language Annals*, 33 (1).

Brown, K. 2006. *Encyclopedia of Language and Linguistics.* Elsevier Ltd.

Byram, M. and C. Brumfit. 2000. *The Routledge Encyclopedia of Language
Teaching and Learning.* Routledge.

Cherciov, M. 2011. *Between Attrition and Acquisition: the Dynamics between
Two Languages in Adult Migrants.* PhD thesis of University of Toronto.

Chomsky, N. 1965. *Aspects of the Theory of Syntax.* MIT Press.

Coulmas, F. 1981. Spies and native speakers. In F. Coulmas (ed.), *A fest-
schrift for native speaker.* The Hague: Mouton, pp. 355 – 367.

Coulmas, F. 2010. *Sociolinguistics: The Study of Speakers' Choices*. Beijing Foreign Language Teaching and Research Press.

Crystal, D. 2000. *Language Death*. Cambridge: Cambridge University Press.

Cummins, J. 1978. Educational Implications of Mother – Tongue Maintenance in Minority language Groups. *The Canadian Modern Language Review*, 34 (3), pp. 395 – 416.

Cummins, J. 1984. *Bilingualism and special education: Issues in assessment and pedagogy*. Clevedon, England: Multilingual Matters.

Davies, A. 1991. *The Native Speaker in Applied Linguistics*. Edinburgh University Press.

Davies, A. 2003. *The Native Speaker: Myth and Reality*. Clevedon: Multilingual Matters.

Davies, A. 2004. The Native Speaker in Applied Linguistics. In Alan Davies and Catherine Elder (eds.), *The Handbook of Applied Linguistics*. Blackwell Publishing Ltd.

Davies, E, and A. Bentahila. 1989. On mother and other tongues: The notion of possession of a language. *Lingua*, 78 (4).

De Houwer, A. 2009. *Bilingual First Language Acquisition*. Multilingual Matters.

De Swaan, A. 2010. Language Systems. In Nikolas Coupland (ed.), *The Handbook of Language and Globalization*. Blackwell Publishing Ltd.

De Vries, J. 2006. Language Surveys. In K. Brown (ed.), *Encyclopedia of Language and Linguistics* (Vol. VI). Elsevier Ltd.

Downes, W. 1998. *Language and Society* (2nd edition). Cambridge: Cambridge University Press.

Edwards, J. 2009. *Language and Identity: Key Topics in Sociolinguistics*. Cambridge: Cambridge University Press.

Ferguson, C. A. 1959. Diglossia. *Word* 15, pp. 325 – 340.

Fishman, J. A. 1972. Domains and the Relationship between Micro – and Macrosociolinguistics. In J. J. Gumperz and D. Hymes (Eds.), *Directions in Sociolinguistics: The Ethnography of Communication*. New York: Holt, Rinehart and Winston, Inc. pp. 435 – 453.

Fishman, J. A. 1980. Minority Language Maintenance and the Ethnic Mother Tongue School. *Modern Language Journal*, 64 (2) .

Fishman, J. A. 1991. *Reversing Language Shift: Theoretical and Empirical Foundations of Assistance to Threatened Languages.* Clevedon: Multilingual Matters.

Fishman, J. A. 2001. *Can Threatened Languages Be Saved – Multilingual Matters.* Clevedon: Multilingual Matters.

Fishman, J. A. 2004. The Primordialist – Constructivist Debate Today: The Language – Ethnicity Link in Academic and in Everyday – Life Perspective. In Daniele Conversi (ed.), *Ethnonationalism in the Contemporary World: Walker Connor and the Study of Nationalism*, London: Routledge.

Freeland, J. 2013. Righting Language Wrongs in a Plurilingual Context: Language Policy and Practice in Nicaragua's Caribbean Coast Region. In J. W. Tollefson (ed.), *Language Policies in Education: Critical Issues* (2nd Edition), Routledge.

Genesee, F. and E. Nicoladis. 2008. Bilingual First Language Acquisition. In E. Hoff and M. Shatz (eds.), *Blackwell Handbook of Language Development*, Oxford: Blackwell Publishing Ltd.

Gumperz, J. 1982. *Discourse Strategies.* Cambridge: Cambridge University Press.

Gumperz, J. 1983. *Language and Social Identity.* Cambridge: Cambridge University Press.

Haarmann, H. 1990. Language planning in the light of a general theory of language: A methodological framework. *International Journal of the Sociology of Language*, 86, pp. 103 – 126.

Hackert, S. 2012. *The Emergence of the English Native Speaker: A Chapter in Nineteenth – century Linguistic Thought.* Walter de Gruyter Inc.

Halliday, M. A. K. 2003. *The Language of Early Childhood (Collected Works M. A. K. Halliday)*, London: Continuum.

Halliday, M. A. K. 2004. On the Transition from Child Tongue to Mother Tongue. In J. J. Webster (ed.), *Language of Early Childhood.* London: Continuum.

Hamers, J. F. and Blanc M. H. A. 2008. *Bilinguality and Bilingualism* (Second edition). Cambridge: Cambridge University Press.

Haugen, E. 1966. Linguistics and language planning. In W. Bright (ed.) *Sociolinguistics*, The Hague: Mouton.

Hornberger, N. H. 2008. *Encyclopedia of Language and Education. 2nd.* London: Springer.

Hymes, D. H. 1972. On communicative competence. In J. B. Pride and J. Holmes (eds.), *Sociolinguistics.* Harmondsworth: Penguin, pp. 269 – 293.

Hymes, D. H. 1974. *Foundations of Sociolinguistics: An Ethnographic Approach.* Philadelphia: University of Pennsylvania Press.

Irvine, J. T. 2006. Speech and language community. In K. Brown (ed.). *Encyclopedia of Language and Linguistics.* London: Elsevier Ltd.

Jackson J. 1974. Language identity of the Colombian Vaupe's Indians. In Bauman R and Sherzer J (eds.). *Explorations in the ethnography of speaking.* Cambridge: CUP.

Jenkins, R. 2008. *Social Identity* (3rd edition). New York: Routledge.

Johnson, D. C. 2013. *Language Policy.* Palgrave Macmillan.

Joseph, J. E. 2004. *Language and Identity: National, Ethnic and Religious.* London: Palgrave Macmillan.

Kachru, B. 1985. Standards, codification and sociolinguistic realism: the English language in the outer circle. In Randolph Quirk and Henry Widdowson (eds.), *English in the World: Teaching and Learning the Language and Literatures.* Cambridge University Press, pp. 11 – 30.

Kachru, B. 2005. *Asian Englishes: Beyond the Canon.* University of Washington Press.

Kamusella, T. 2015. *Creating Languages in Central Europe during the Last Millennium.* New York: Palgrave Macmillan.

Kontra, M, R., T. Phillipson, T. Skutnabb – Kangas, and T. Varady. 1999. *Language: A Right and a Resource. Approaching Linguistic Human Rights.* Budapest: Central European University Press.

Kravchenko, A. V. 2010. Native speakers, mother tongues and other objects of wonder. *Language Sciences*, 32 (6), pp. 677 – 685.

Labov, W. 1972. *Sociolinguistic Patterns*. Philadelphia: University of Pennsylvania Press.

Labov, W. 1973. The Boundaries of Words and Their Meanings. In Charles – James N. Bailey and Roger W. Shuy (eds.), *New Ways of Analyzing Variation in English*. Washington, D. C. : Georgetown University Press.

Labov, W. 1982. Building on empirical foundations. In W. P. Lehmann and Y. Malkiel (eds.) . *Perspectives on Historical Linguistics*. Philadelphia: John Benjamins.

Lakoff, G. and M. Johnson. 1980. *Metaphors we live by*. Chicago: University of Chicago Press.

Lambert, W. E. , et al. 1960. Evaluational Reactions to Spoken Languages. *Journal of Abnormal and Social Psychology*, 60 (1), pp. 44 – 51.

Le Page, R. 1986. Acts of Identity. *English Today*, 2 (4) .

Le Page, R. and A. Tabouret – Keller. 1985. *Acts of Identity: Creole – based Approaches to Language and Ethnicity*. Cambridge: Cambridge University Press.

Lee, J. 2005. The Native Speaker: An Achievable Model? *Asian EFL Journal*, 7 (2), pp. 152 – 163.

Lenneberg, E. 1967. *Biological Foundations of Language*. New York: John Wiley and Sons.

Li Wei. 1994. *Three Generations Two Language One Family: Language choice and language shift in a Chinese community in Britain*. Clevedon: Multilingual Matters.

Li Wei. 2007. *The Bilingualism Reader* (2nd edition) . London: Routledge.

Malmkjaer, K. 2004. *The Linguistics Encyclopedia* (2nd Edition) . Routledge.

Martin – Jones M, Romaine S. 1986. Semilingualism: A Half – Baked Theory of Communicative Competence. *Applied Linguistics*, 7 (1) .

Matthews, P. H. 1997. *Oxford Concise Dictionary of Linguistics*. Oxford: Oxford University Press.

Mayer, M. 1969. *Frog, Where Are You?* New York: Dial Books for Young Readers.

Medgyes, P. 1992. Native or non – native: Who's worth more? *ELT Journal*, (4).

Mesthrie, R. 2010. New Englishes and the native speaker debate. *Language Sciences*, 32 (6).

Miyaoka, O., O. Sakiyama, M. E. Krauss. 2007. *The Vanishing Languages of the Pacific Rim.* Oxford University Press.

Morales, E. 2002. *Living in Spanglish: A search for Latino identity in America.* New York: St. Martin's Press.

Morgan, M. H. 2014. *Speech Communities: Key Topics in Linguistic Anthropology.* Cambridge: Cambridge University Press.

Moseley, C. 2007. *Encyclopedia of the world´s endangered languages.* Routledge.

Paikeday, T. M. 1985. *The Native Speaker Is Dead!* New York: Paikeday Publishing.

Patrick, P. L. 2002. The speech community. In J. K. Chambers, P. Trudgill, and N. Schilling – Estes (eds). *The Handbook of Language Variation and Change.* Oxford: Blackwell.

Pattanayak, D. P. 1981. *Multilingualism and Mother Tongue Education.* Delhi: Oxford University Press.

Pattanayak, D. P. 2003. Mother Tongues: The problem of Definition and the Educational Challenge. In Adama Ouane (ed.), *Towards a Multilingual Culture of Education.* UNESCO Institute for Education.

Qi Ruying. 2011. *The Bilingual Acquisition of English and Mandarin: Chinese Children in Australia.* New York: Cambria Press.

Romaine, S. 2007. Preserving Endangered Languages. *Language and Linguistics Compass*, 1 (1 – 2).

Rubin, J. and B. H. Jernudd. 1971. *Can Language Be Planned? Sociolinguistic Theory and Practice for Developing Nations.* Honolulu: Hawaii University Press.

Sapir, E. 1921. *Language: An introduction to the study of speech.* New York: Harcourt, Brace and company.

Saville – Troike, M. 2003. *The Ethnography of Communication: An Introduc-*

tion. 3rd edition. Blackwell Publishing Ltd.

Schmid, M. S. 2011. *Language Attrition: Key Topics in Sociolinguistics.* Cambridge: Cambridge University Press.

Seliger, H. W. and R. M. Vago. 1991. *First language attrition.* New York: Cambridge University Press.

Silverstein, M. 1998. Contemporary transformations of local linguistic communities. *Annual Review of Anthropology*, 27.

Singh, R. 2006. Native Speaker. In K. Brown (ed.), *Encyclopedia of Language and Linguistics.* Elsevier Ltd.

Skutnabb – Kangas, T. 2000. *Linguistic genocide in education or worldwide diversity and human rights?* Mahwah, New Jersey: Lawrence Erlbaum Associates Publisher.

Skutnabb – Kangas, T. 2008. Bilingual education and Sign language as the mother tongue of Deaf children. In Kellett Bidoli, Cynthia J. and Ochse, Elana (eds.), *English in International Deaf Communication.* Bern: Peter Lang.

Skutnabb – Kangas, T. and R. Phillipson. 1989. Mother tongue: the theoretical and sociopolitical construction of a concept. In U. Ammon (ed.). *Status and function of languages and language varieties.* Walter de Gruyter.

Skutnabb – Kangas, T. and R. Phillipson. 1994. Linguistic human rights, past and present. In T. Skutnabb – Kangas and R. Phillipson (eds.), *Linguistic human rights: overcoming linguistic discrimination.* Berlin: Mouton de Gruyter.

Skutnabb – Kangas, T. 1981. *Bilingualism or Not: The Education of Minorities.* Clevedon: Multilingual Matters.

Spolsky, B. 2004. *Language Policy.* Cambridge: Cambridge University Press.

Swadesh, M. 1955. Towards greater accuracy in lexicostatistic dating. *International Journal of American Linguistics*, (21), pp. 121 – 137.

Tajfel, H. 1981. Social Stereotypes and Social Groups. In J. Turner and H. Giles (eds.), *Intergroup Behaviour.* Oxford: Blackwell, pp. 144 – 167.

Tan Ying – Ying. 2014. English as a 'mother tongue' in Singapore. *World Englishes*, 33 (3).

UNESCO. 1953. *The Use of Vernacular Languages in Education*：*The Report of the UNESCO Meeting of Specialists*. Paris：UNESCO.

UNESCO. 2011. Towards UNESCO Guidelines on Language Policies：a Tool for Language Assessment and Planning.

Van Lier, L. 1995. *Introducing Language Awareness*. Penguin Books.

Velupillai, V. 2015. *Pidgins*，*Creoles and Mixed Languages*：*An Introduction*. Amsterdam：John Benjamins Publishing Company.

Waas, M. 1996. *Language attrition downunder*. Frankfurt：Peter Lang.

Weinreich, U. 1953. *Languages in contact*：*findings and problems*. New York：Mouton.

Yip, V. and S. Matthews. 2007. *The Bilingual Child*：*Early Development and Language Contact*. Cambridge University Press.

Zuckermann, G.、徐佳：《复兴语言学：一个新的语言学分支》，《语言教学与研究》2013 年第 4 期。

［以］埃班（A. Eban）：《犹太史》，阎瑞松译，中国社会科学出版社 1988 年版。

［英］埃杰（D. Ager）：《语言规划与语言政策的驱动过程》，外语教学与研究出版社 2012 年版。

艾力·伊明：《多元文化整合教育视野中的维汉双语教育研究》，民族出版社 2011 年版。

［美］安德森（B. Anderson）：《想象的共同体：民族主义的起源与散布》（增订本），吴叡人译，上海人民出版社 2011 年版。

班弨：《关于母语和本族语》，《民族语文》2005 年第 6 期。

班弨：《论母语与"半母语"》，《暨南学报》（人文社科版）2008 年第 5 期。

鲍林杰（D. Bolinger）：《语言要略》，方立等译，外语教学与研究出版社 1993 年版。

北京大学语言学教研室：《语言学名词解释》，商务印书馆在 1960 年版。

［英］贝克（C. Baker）：《双语与双语教育概论》，翁燕珩等译，中央民族大学出版社 2008 年版。

［美］布龙菲尔德（L. Bloomfield）：《语言论》，袁家骅等译，商务印书馆 1980 年版。

［德］布斯曼（H. Bussmann）：《语言学词典》，陈慧瑛等编译，商务印书馆 2003 年版。

蔡冰：《"语言能力"是什么?》，《语言科学》2013 年第 6 期。

曹景行：《香港"母语教学"的困惑》，载曹景行《香港十年》，上海辞书出版社 2007 年版。

查雯：《族群冲突理论在西方的兴起、发展及局限》，《国外社会科学》2013 年第 6 期。

陈保亚：《从核心词分布看汉语和侗台语的语源关系》，《民族语文》1995 年第 5 期。

陈保亚：《序言》，载汪锋《语言接触与语言比较——以白语为例》，商务印书馆 2012 年版。

陈昌来：《对外汉语教学概论》，复旦大学出版社 2005 年版。

陈定远：《英语已逐渐成为新加坡人的母语》，新加坡《联合早报》2013 年 9 月 9 日。

陈恩泉：《双语双方言问题研究》，国际文化出版公司 2011 年版。

陈建伟：《对母语概念的理论述评》，《喀什师范学院学报》2014 年第 1 期。

陈孔立：《从"台湾人认同"到双重认同》，《台湾研究集刊》2012 年第 4 期。

陈新仁：《全球化语境下的外语教育与民族认同》，高等教育出版社 2008 年版。

陈妍、邱小军：《母语为汉语的听者听英语时的空间去掩蔽现象研究》，《声学学报》2011 年第 2 期。

程祥徽：《方言与共同语》，（香港）海峰出版社 1997 年版。

程祥徽：《中文回归集》，（香港）海峰出版社 2000 年版。

崔希亮：《国家语言资源的保护、开发和利用》，《中国语言战略》2012 年第 1 辑。

达·巴特尔：《母语与语言安全问题——纪念第十二个国际母语日》，《内蒙古社会科学》2011 年第 3 期。

戴庆厦：《论语言关系》，《民族研究》1990 年第 2 期。

戴庆厦：《语言调查教程》，商务印书馆 2013 年版。

戴庆厦：《云南里山乡彝族语言使用现状及其演变》，商务印书馆 2009

年版。

戴庆厦、何俊芳:《论母语》,《民族研究》1997 年第 2 期。

戴庆厦、张弼弘:《论仫佬族的语言观念》,《中南民族学院学报》1990
　年第 1 期。

戴炜华:《新编英汉语言学词典》,上海外语教育出版社 2007 年版。

邓瑶、何稳菊:《云南大理喜洲白族居民语言生活调查》,《民族翻译》
　2012 年第 3 期。

刁晏斌:《新时期语法变异现象研究述评》,《语言文字应用》2003 年第
　2 期。

丁石庆:《北方较小民族母语衰变与语言保护》,载周庆生、侯敏主编
　《中国语言生活状况报告 (2013)》,商务印书馆 2013 年版。

丁石庆:《社区语言与家庭语言:北京少数民族社区及家庭语言调查研
　究》,民族出版社 2007 年版。

丁信善:《关于 21 世纪语言生态和语言主题的思考——Crystal "语言革命
　说"综述》,《外语与外语教学》2006 年第 11 期。

[美] 董鼎山:《我在美国三十年》,人民日报出版社 1988 年版。

董燕萍、赵晨:《导读》,载克罗尔、德格鲁特主编《双语认知的心理语
　言学研究》,外语教学与研究出版社 2010 年版。

额·乌力更:《也论母语和民族语言》,《黑龙江民族丛刊》2000 年第
　3 期。

范雨臣、张零贵:《生活在约旦河西岸》,中国广播电视出版社 2006
　年版。

方文:《学科制度和社会认同》,中国人民大学出版社 2008 年版。

方小兵:《多语环境下 "母语" 概念的界定:困境与出路》,《语言文字应
　用》2015 年第 2 期。

方小兵:《联合国教科文组织母语观念在中国的传播与发展》,《琼州学院
　学报》2014 年第 4 期。

方小兵:《母语意识视域下的母语安全研究》,《江汉学术》2016 年第
　1 期。

方小兵:《语言保护三个着眼点:资源、生态与权利》,《民族翻译》2013
　年第 4 期。

[法] 房德里耶斯 (J. Vendryes):《语言》,岑麟祥、叶蜚声译,商务印

书馆 2012 年版。

冯军、王磊:《留守的"洋娃娃"》,《新京报》2012 年 12 月 6 日。

冯学锋、李晟宇:《母语与母语教育》,《长江学术》2006 年第 3 期。

冯志伟:《现代术语学引论》(增订本),商务印书馆 2011 年版。

付义荣:《社会流动:安徽无为傅村父亲称谓变化动因》,《中国语文》 2008 年第 2 期。

傅振国:《300 年后汉语会消亡吗?》,《文汇报》,2010 年 2 月 28 日。

高海洋:《甘柏兹教授谈社会语言学》,《语言教学与研究》2003 年第 1 期。

高梅:《语言与民族认同》,《满族研究》2006 年第 4 期。

高晓芳:《晚清洋务学堂的外语教育研究》,商务印书馆 2007 年版。

高一虹等:《从结构观到建构观:语言与认同研究综观》,《语言教学与研 究》2008 年第 1 期。

郭骏:《关于城市语言调查的几点思考》,《语言文字应用》2013 年第 4 期。

郭熙:《多元语言文化背景下母语维持的若干问题:新加坡个案》,《语言 文字应用》2008 年第 4 期。

郭熙:《华语规划论略》,《语言文字应用》2009 年第 3 期。

郭友旭:《语言权利的法理》,云南大学出版社 2010 年版。

郭志刚、李睿:《从人口普查数据看族际通婚夫妇的婚龄、生育数及其子 女的民族选择》,《民族社会学研究通讯》(北京大学内刊) 2012 年第 112 期。

郭忠华:《中国社会建设:话语省思与策略选择——以 citizenship 翻译为 中心的分析》,《马克思主义与现实》2013 年第 4 期。

[德] 哈贝马斯:《交往行动理论》,重庆出版社 1994 年版。

[英] 哈特曼 (R. R. K. Hartmann)、[英] 斯托克 (F. C. Stork):《语 言与语言学词典》,黄长著等译,上海辞书出版社 1981 年版。

韩礼德 (M. A. K. Halliday):《韩礼德语言学文集》,湖南教育出版社 2006 年版。

韩震:《国家认同:想象的共同体,还是基于历史进程的民族构建》,《中 国社会科学报》2011 年 5 月 11 日。

何九盈:《汉语三论》,语文出版社 2007 年版。

何丽：《濒危语言保护与语言复兴》，《云南民族大学学报》2014 年第
　　3 期。

［德］洪堡特（W. von Humboldt）：《论人类语言结构的差异及其对人类
　　精神发展的影响》，姚小平译，商务印书馆 2002 年版。

洪宗礼、柳士镇、倪文锦：《母语教材研究》，江苏教育出版社 2007
　　年版。

胡素华：《藏缅语族部分语言使用的变迁》，民族出版社 2011 年版。

黄德宽：《国家安全视域下的语言文字工作》，《语言科学》2014 年第
　　1 期。

黄行：语言识别与语言群体认同，《民族翻译》2009 年第 2 期。

黄旭东：论文化全球化下的中国母语安全，《福建论坛》2009 年第 4 期。

黄宣范：《语言、社会与族群意识：台湾语言社会学的研究》，（台湾）文
　　鹤出版有限公司 1994 年版。

黄永坚：《双语双方言多文化背景下的语用矛盾探析》，载陈恩泉主编
　　《双语双方言（九）》，（香港）汉学出版社 2006 年版。

［英］吉登斯（A. Giddens）：《现代性与自我认同》，赵旭东、方文译，
　　三联书店 1998 年版。

矫福军：《第二语言习得过程中的文化因素》，《吉林师范大学学报》2006
　　年第 6 期。

金志远：《论国家认同与民族（族群）认同的共生性》，《前沿》2010 年
　　第 19 期。

劲松：《多民族和多语言国家中的母语确认》，《北方民族大学学报》2011
　　年第 5 期。

［美］卡普兰（R. B. Kaplan）、［澳］巴尔道夫（R. B. Baldauf Jr.）：
　　《太平洋地区的语言规划和语言教育规划》，梁道华译，外语教学与研
　　究出版社 2014 年版。

［美］卡斯特（M. Castells）：《认同的力量》（第二版），曹荣湘译，社会
　　科学文献出版社 2006 年版。

［德］卡西尔（E. Cassirer）：《人论》，甘阳译，上海译文出版社 1985
　　年版。

［马来西亚］柯嘉逊：《检讨教育法令须民主磋商》，载邓日才主编《当代
　　马华文存·7 教育卷·80 年代》，（马来西亚）华人文化协会出版社

2001 年版。

［英］克里斯特尔（D. Crystal）：《剑桥语言百科全书》，中国社会科学出版社 1995 年版。

［英］克里斯特尔（D. Crystal）：《现代语言学词典》，沈家煊译，商务印书馆 2007 年版。

［美］库帕（R. Cooper）：研究语言传播所用的分析框架：以希伯来语为例，《国际社会科学杂志》1985 年第 4 期。

［美］拉波夫：《拉波夫语言学自选集》，北京语言文化大学出版社 2001 年版。

［法］拉孔布、［法］维斯曼：《语言的未来·对古典研习的再思考》，梁爽译，译林出版社 2012 年版。

［英］赖特（S. Wright）：《语言政策与语言规划——从民族主义到全球化》，陈新仁译，商务印书馆 2012 年版。

［美］兰伯特（W. E. Lambert）：《双语现象的社会心理》，载祝畹瑾编《社会语言学译文集》，北京大学出版社 1985 年版。

蓝东兴：《贵州少数民族口述传播史研究》，民族出版社 2010 年版。

李腊花：《论武汉年轻人对武汉方言普通话和英语的态度》，硕士学位论文，武汉理工大学，2005 年。

李如龙：《对双语教学的几点理解》，《山西大学学报》2007 年第 3 期。

李如龙：《方言与共同语的对立与统一》，载程祥徽主编《方言与共同语》，（香港）海峰出版社 1997 年版。

李嵬：《谁、为什么和怎么样保持或放弃使用哪种语言》，《中国语言战略》2012 年第 1 辑。

李现乐：《试论言语社区的层次性》，《东北大学学报》2010 年第 3 期。

李永燧：《论民族语、母语和第一语言》，《民族研究》1999 年第 3 期。

李宇明：《词典收录字母词问题笔谈——形译与字母词》，《中国语文》2013b 年第 1 期。

李宇明：《当今人类三大语言话题》，《云南师范大学学报》2008 年第 4 期。

李宇明：《儿童语言的发展》（第 2 版），华中师范大学出版社 2004 年版。

李宇明：《论母语》，《世界汉语教学》2003 年第 1 期。

李宇明：《论语言生活的层级》，《语言教学与研究》2012 年第 5 期。

李宇明：《序言：重视隐性语言政策研究》，载李英姿《美国语言政策研究》，南开大学出版社 2013 年版。

［英］理查兹等（J. Richards, et al.）：《朗曼语言学词典》，刘润清等译，山西教育出版社 1993 年版。

联合国教科文组织：《本地语在教育中的应用：联合国教科文组织 1951 年专家会议报告》，载周庆生编《国外语言政策与语言规划教程》，语文出版社 2001 年版。

联合国教科文组织：《多语并存世界里的教育》，联合国教科文组织巴黎总部 2003 年版。

联合国教科文组织：《语言评估和语言规划的工具——联合国教科文组织语言政策指针》，胡文芝译，《西北民族大学学报》2015 年第 1 期。

《联合早报》社论：《家长应在家中营造双语环境》，（新加坡）《联合早报》2013 年 9 月 14 日。

《联合早报》社论：《提高华语文的社会地位》，（新加坡）《联合早报》2014 年 7 月 7 日。

梁海彬：《新加坡的母语课题》，（新加坡）《联合早报》2013 年 9 月 15 日。

刘泓：《解读族群》，《学习时报》2004 年第 216 期。

刘江涛、田佑中：《从二元性到二重性：吉登斯对社会学方法规则的超越》，《河北学刊》2003 年第 3 期。

刘照雄：再论普通话水平测试的性质与特点，《国家语言文字工作委员会普通话培训测试中心编《第三届全国普通话水平测试学术研讨会论文集》，语文出版社 2009 年版。

刘壮、阎彤、邱宁：《人的语言能力水平是可比的——Can do 理念对汉语能力标准的意义》，《语言文字应用》2013 年第 4 期。

吕明臣：《聋儿语言意识的建立与早期干预》，《语言文字学论坛（第 1 辑）》，中国社会科学出版社 2002 年版。

罗桂花：《互动语言学：语言产生于互动 互动塑造语言》，《中国社会科学报》2013 年 10 月 29 日。

罗时英：《我国濒危语言保护的困境与出路》，《光明日报》2013 年 12 月 17 日。

洛克夫：《语言的战争》，新华出版社 2001 年版。

马戎：《民族社会学——社会学的族群关系研究》，北京大学出版社 2004
　　年版。

马戎：《中国民族地区的语言区域与语言应用模式论》，《语言战略研究》
　　2016 年第 1 期。

倪传斌：《外语磨蚀的影响因素研究》，世界图书出版公司 2012 年版。

潘洞庭：《英语名词的文化蕴涵及其应用研究》，上海交通大学出版社
　　2011 年版。

潘文国：母语能力是外语学习的天花板，《语言教育》2013 年第 3 期。

彭聃龄：《语言与脑》，《光明日报》2006 年 11 月 21 日。

彭彧：《魏斯格贝尔的"母语和母语教育"理论及其对汉语汉字研究与教
　　学的启示》，博士学位论文，复旦大学，2010 年。

[瑞士] 皮亚杰（J. Piaget）：《发生认识论原理》，王宪钿译，商务印书
　　馆 1981 年版。

[瑞士] 皮亚杰：《结构主义》，倪连生、王琳译，商务印书馆 1984 年版。

朴永馨：《特殊教育辞典》，华夏出版社 2006 年版。

戚雨村等：《语言学百科词典》，上海辞书出版社 1993 年版。

钱乃荣：《语言自会择优除劣》，《东方早报》2013 年 3 月 2 日。

钱伟量：《语言与实践：实践唯物主义的语言哲学导论》，社会科学文献
　　出版社 2003 年版。

秦晨：《从 identity 到"认同"：巴别塔的困境——以中国英语学习者为对
　　象的研究》，《社会科学研究》2012 年第 2 期。

秦秀白：《导读》，载特鲁吉尔等著《英语：国际通用语》，外语教学与研
　　究出版社 2000 年版。

全国科学技术名词审定委员会：《语言学名词》，商务印书馆 2011 年版。

[美] 萨丕尔（E. Sapir）：《语言论——言语研究导论》，陆卓元译，商务
　　印书馆 2002 年版。

萨仁娜：《社会互动中的民族认同建构：关于青海省河南蒙古族认同问题
　　的调查报告》，中央民族大学出版社 2011 年版。

[美] 萨义德（E. W. Said）：《东方学》，三联书店 2000 年版。

沙平："变语配对"实验方法的应用，《语文建设》1988 年第 4 期。

沙平：方言对共同语学习的影响及其对策，《语文建设》1996 年第 10 期。

施春宏：语言事实和语言学事实，《汉语学报》2010 年第 4 期。

侍建国：《汉民族语言"和而不同"》，《中国社会科学报》2014 年 6 月
　18 日。

束定芳：论隐喻的本质及语义特征，《外国语》1998 年第 6 期。

司富珍：《语言论题——乔姆斯基生物语言学视角下的语言和语言研究》，
　中国社会科学出版社 2008 年版。

[以] 斯波斯基（B. Spolsky）：《语言政策——社会语言学中的重要论
　题》，张治国译，商务印书馆 2011 年版。

苏金智：《中国语言文字使用情况调查中的双语双方言问题》，《语言文字
　应用》2002 年第 1 期。

孙宏开：《语言识别与民族》，《民族语文》1988 年第 2 期。

孙君：《世界著名心理学家皮亚杰》，北京师范大学出版社 2013 年版。

孙晓先等：《上海市学生普通话和上海话使用情况调查》，《长江学术》
　2007 年第 3 期。

[瑞士] 索绪尔：《普通语言学教程》，高名凯译，商务印书馆 1980 年版。

汤志祥：《广州话·普通话·上海话 6000 常用词语对照手册》，（香港）
　中华书局 2005 年版。

[日] 田中克彦：《言语、民族与国家》，（日本）岩波书店 1991 年版。

[美] 托尔夫森（J. Tollefson）：《语言教育政策：关键问题》，俞玮奇译，
　外语教学与研究出版社 2014 年版。

工辉：《澳大利亚语言政策研究》，中国社会科学出版社 2010 年版。

王佶旻：《语言测试概论》，北京语言大学出版社 2011 年版。

王鉴：《民族教育学》，甘肃教育出版社 2002 年版。

王珏：《母语及与之有关的八大关系》，载潘文国主编《汉语国际推广论
　丛》（第 3 辑），华东师范大学出版社 2009 年版。

王莉、崔凤霞：《我国少数民族聚居区内的汉语言认同问题研究——以新
　疆维吾尔族聚居区为例》，《甘肃社会科学》2009 年第 5 期。

王玲："有 + VP"句式使用情况的调查，《中国社会语言学》2005 年第
　1 期。

王玲：《言语社区基本要素的关系和作用——以合肥科学的社区为例》，
　《语言教学与研究》2009 年第 5 期。

王宁、孙炜：《论母语与母语安全》，《陕西师范大学学报》2005 年第
　6 期。

王又平：《"母语化"：激活汉语言的生机与灵性》，载王又平《新时期文学转型中的小说创作潮流》，华中师范大学出版社 2001 年版。

王悦、张积家：《优势与劣势并存：双语经验产生的认知效应》，《中国社会科学报》2012 年 10 月 29 日。

王宗炎：《语言问题求教集》，外语教学与研究出版社 2003 年版。

文军：《西方社会学经典命题》，江西人民出版社 2008 年版。

［新加坡］吴俊刚：《新加坡家庭疏于营造双语环境，教改难逆华文命运》，中国新闻网 2009 年 12 月 8 日。（http：//www. chinanews. com/hwjy/news/2009/12 – 08/2006529. shtml）

伍君仪：《出国太早母语忘光》，《广州日报》2012 年 7 月 29 日（A10版）。

夏历：《农民工言语社区探索研究》，《语言文字应用》2007 年第 1 期。

肖德法、张积家：《第二语言习得与外语教学》，成都电子科技大学出版社 1994 年版。

肖建飞：《语言权利的研究：关于语言的法律政治学》，法律出版社 2012年版。

肖自辉、范俊军：《语言生态的监测与评估指标体系——生态语言学应用研究》，《语言科学》2011 年第 3 期。

谢世涯：《新加坡华语运动的成就与反思》，《"第四届华语文教学研讨会"论文集》1994 年 12 月 30 日。

徐大明：《导读》，载威廉·唐斯（William Townes）《语言与社会》，外语教学与研究出版社 2011 年版。

徐大明：《母语平等政策的政治经济效益》，《云南师范大学学报》2013年第 6 期。

徐大明：《社会语言学实验教程》，北京大学出版社 2010 年版。

徐大明：《社会语言学研究》，上海人民出版社 2007 年版。

徐大明：《试论宽松的语言政策》，载李向玉编《澳门语言文化研究（2011）》，澳门理工学院 2012 年。

徐大明：《言语社区理论》，《中国社会语言学》2004 年第 1 期。

徐大明：《语言变异与变化》，上海教育出版社 2006 年版。

徐大明：《语言资源管理规划及语言资源议题》，《郑州大学学报》2008年第 1 期。

徐大明、陶红印、谢天蔚：《当代社会语言学》，中国社会科学出版社
　　1997 年版。

徐杰：《宽式国际华语的性质与标准》，载徐杰《语言规划与语言教育》，
　　学林出版社 2007 年版。

徐杰：《双语规划与双语教育：新加坡的经验与教训》，载陈恩泉主编
　　《第九届双语双方言研讨会国际论文选集》，（台湾）汉学出版社 2006
　　年版。

徐世璇：《语言濒危原因探析——兼论语言转用的多种因素》，《民族研
　　究》2002 年第 4 期。

薛才德：上海市民语言生活状况调查，《语言文字应用》2009 年第 2 期。

严复：《救亡决论》，载郑振铎编《晚清文选》（卷下），中国社会科学出
　　版社 2002 年版。

严学宭：《严学宭民族研究文集》，民族出版社 1997 年版。

［新加坡］杨德昌：《英语不能定位为华族母语的原因》，新加坡《联合早
　　报》2013 年 11 月 4 日。

杨立权：《语言多元与国家一体：当代中国语言政策研究》，博士后出站
　　报告，南京大学，2013 年。

杨梅菊：《新加坡华语之路 30 年》，《国际先驱导报》，2009 年 4 月 10 日。

姚小平：《西方语言学史》，外语教学与研究出版社 2011 年版。

姚小平：《语言的生存竞争和自然选择》，《中华读书报》2012 年 6 月
　　6 日。

姚星亮等：《国外污名理论研究综述》，《国外社会科学》2014 年第 3 期。

叶鹏飞：《弃母语无法产出新文化》，新加坡《联合早报》2013 年 9 月
　　17 日。

游汝杰：《方言和普通话的社会功能与和谐发展》，《修辞学习》2006 年
　　第 6 期。

游汝杰、邹嘉彦：《社会语言学教程》，复旦大学出版社 2004 年版。

于善江：《从奥克兰华人日常对话看语码转换和母语保持》，《语言教学与
　　研究》2006 年第 4 期。

俞玮奇：《城市青少年语言使用与语言认同的年龄变化》，《语言文字应
　　用》2012 年第 3 期。

俞玮奇：《语言态度调查方法的比较研究》，《中国社会语言学》2008 年

第 1 期。

俞约法、贺善镛：《苏联外语教学界近年来的论战和变革》，《语言学资料》1965 年第 5 期。

袁越：《来自父亲的母语》，《三联生活周刊》2011 年第 43 期。

曾洪伟：《幼儿英语教育与国家语言文化安全》，《教育评论》2007 年第 2 期。

曾晓洁：《现代汉语母语教育演进研究》，博士学位论文，湖南师范大学，2011 年。

[新加坡] 张从兴：《别让母语争论拖后腿》，新加坡《联合早报》2013 年 10 月 20 日。

张海洋：《中国的多元文化与中国人的认同》，民族出版社 2006 年版。

张宏莉：《当代哈萨克斯坦民族关系研究》，世界知识出版社 2007 年版。

张倩：《青岛年轻人语言态度研究》，硕士学位论文，北京语言大学，2003 年。

张先亮、苏珊：《语言认同：通往语言和谐之路》，《中国社会科学报》2011 年 12 月 6 日。

张向东：《语言意识的觉醒与 "人的发现"》，《甘肃社会科学》2010 年第 2 期。

张兴权：《接触语言学》，商务印书馆 2012 年版。

张志公：《语言教学》，《中国大百科全书·语言文字卷》，中国大百科全书出版社 1988 年版。

张治国：《中美语言教育政策比较研究：以全球化时代为背景》，北京大学出版社 2012 年版。

赵凤珠：《景洪市嘎洒镇傣族语言文字使用现状及其演变》，商务印书馆 2010 年版。

赵蓉晖：《中国外语规划与外语政策的基本问题》，《云南师范大学学报》2014 年第 1 期。

赵世举：《语言与国家》，商务印书馆、党建读物出版社 2014 年版。

赵守辉：《语言规划国际研究新进展——以非主流语言教学为例》，《当代语言学》2008 年第 2 期。

赵守辉、王一敏：《语言规划视域下新加坡华语教育的五大关系》，《北华大学学报》2009 年第 3 期。

赵汀阳：《天下体系的一个简要表述》，《世界经济与政治》2008 年第 10 期。

真田信治等：《社会语言学概论》，王素梅、彭国跃译，上海译文出版社 2002 年版。

郑惠芳：《棒棒糖与烟火》，新加坡《联合早报》2014 年 5 月 4 日。

郑惠芳：《文化母语里找自信》，新加坡《联合早报》2011 年 4 月 3 日。

郑小四、李新平：《英语改变命运》，云南科技出版社 2009 年版。

周国炎：《仡佬族母语生态研究》，民族出版社 2004 年版。

周明朗：《语言认同与华语传承语教育》，《华文教学与研究》2014 年第 1 期。

周明朗：《语言意识形态和语言秩序：全球化与美中两国的多语（教育）战略》，《暨南学报》2009 年第 1 期。

周庆生：《国外语言政策与语言规划进程》，语文出版社 2001 年版。

周有光：《语文闲谈》（续编下），生活·读书·新知三联书店 1997 年版。

朱世达：《美国社会动向》，《书摘》2000 年第 6 期。

朱晓农：《科学主义：中国语言学的必由之路》，《语文导报》1 987 年第 11 期。

庄永康：《四十年来新马华人面对的"母语"问题》，载何启良等编《马来西亚、新加坡社会变迁四十年（1965—2005）》，南方学院出版社 2006 年版。

邹嘉彦、游汝杰：《汉语与华人社会》，复旦大学出版社 2001 年版。

左宏愿：《原生论与建构论：当代西方的两种族群认同理论》，《国外社会科学》2012 年第 3 期。

［美］佐伊基（A. M. Zwicky）：《社会语言学演讲录》，刘明霞等译，北京语言学院出版社 1989 年版。

后 记

本书是在我 2014 年博士论文《多语环境下的母语建构和母语社区规划研究》的基础上修改、补充、完善而成的。

首先要感谢导师徐大明先生。先生学贯中西，博闻强识。上课时常能直接引用英语原文，丝毫不差。有时在南京大学中国语言战略研究中心办公室或社会语言学实验室与老师探讨问题时，先生常常会思索片刻，然后径直走到书架，抽出一本书，迅速翻开到某一页。一看，果然刚才这个问题，已经被国内外的某位大家思考过，并发表过自己的真知灼见。先生诲人不倦，从论文的选题到研究框架的搭建，从田野调查到最后的论文写作，我研究的每一步都得益于先生宏阔的视野和敏锐的问题意识。先生平常话语不多，有时会低下头沉思半刻，然后寥寥数语，犹如醍醐灌顶，让人茅塞顿开。每次跟先生交流都能感受到先生的真知灼见，先生惊人的洞悉力和高屋建瓴的评述让人回味无穷。

感谢论文的评审专家与答辩委员会成员，他们是王海啸、刘俐李、陈新仁、马清华和张治国，诸位教授为论文的观点、框架和术语使用提供了宝贵的修改意见。

感谢北京语言大学李宇明教授的引领、点拨和鼓励；感谢日本成蹊大学石刚教授为我介绍日本的母语研究现状，甚至放弃休息时间和游玩南京的机会，逐字逐句为我修订论文；感谢法国学者米可（Ale xis Michaud）指点我语料搜集方法；感谢支持和协助我语言调查工作的云南大学杨绍军教授、纽约州立大学王苏博士、云南省临沧师范高等专科学校赵义平老师、云南大学研究生何稳菊同学。

感谢以色列的陆缇（Sarit Ludin）同学。她在南大文学院攻读语言学硕士，善于观察，聪慧过人，能说 13 种语言，特别支持我做双母语研究，还经常举例给我启发：说自己的双重国籍就是一种双重认同，既喜欢爸爸又喜欢妈妈，不能强迫"二选一"。她的独特经历和独到见解给我的文章增色不少。

感谢南京大学社会语言学实验室为我们提供了一个交流和学习的平台，感谢实验室成员杨立权、蔡冰、郭骏、王玲、葛燕红、奚洁、孙德平、俞玮奇、李现乐等诸位博士。

感谢爱妻端木礼蕙对我读博的支持。我常常在工作之余、节假日中伏案工作，但总能得到她的理解和默默支持。在资料检索、提纲梳理、图表处理的困倦、困顿和烦躁中，一杯热腾腾的牛奶端到眼前，总是顿时会让倦意全消。感谢女儿方愈在我疲倦时帮我捶肩，她对论文的"神评"也常常给我灵感。

感谢责任编辑宫京蕾女士。她工作认真负责，非常专业且颇有耐心，为本书的出版付出了大量的精力。

深知自己兴趣广泛，但钻研不深；用功虽勤，但成果不大；又兼"理论新奇"的癖好，唯恐成为"空空道人"，又怕将舶来的观点穿凿附会，或者吹毛求疵。一直期望观察、描写和解释的充分性兼备，然而火候不够，积淀不深，交稿之际总觉得还没能够很好地论证自己的思考和分析。还望方家多多指正。

论文初稿完成之时正值酷暑，陶苑北门，烈日当空，蝉鸣不已；博士论文定稿之际，江宁大学城，落叶缤纷，秋风送爽。

路漫漫其修远兮，吾将上下而求索。感谢一路走来给我帮助、鼓励和支持的老师、同学、朋友和家人。

方小兵

记于南京方山陶苑

初稿于 2016 年大雪

定稿于 2017 年小暑